本书为华中科技大学自主创新研究基金项目（HUST2015AB002）
"《老子》对德国文学的影响与'文化走出去'研究"成果

谭渊

[德]海因里希·戴特宁 等 著

经典西传与文明互鉴

——汉学家卫礼贤与道家思想在德语世界的传播

武汉大学出版社
WUHAN UNIVERSITY PRESS

图书在版编目(CIP)数据

经典西传与文明互鉴：汉学家卫礼贤与道家思想在德语世界的传播／谭渊等著 . -- 武汉：武汉大学出版社，2024.12.
ISBN 978-7-307-24584-6

Ⅰ . B223.05

中国国家版本馆 CIP 数据核字第 2024G51X17 号

责任编辑:韩秋婷　　　　责任校对:鄢春梅　　　　版式设计:韩闻锦

出版发行:**武汉大学出版社** 　（430072　武昌　珞珈山）
（电子邮箱：cbs22@whu.edu.cn　网址：www.wdp.com.cn）
印刷:湖北云景数字印刷有限公司
开本:720×1000　　1/16　　印张:17.5　　字数:259 千字　　　插页:3
版次:2024 年 12 月第 1 版　　2024 年 12 月第 1 次印刷
ISBN 978-7-307-24584-6　　　定价:89.00 元

前　言

　　"我们应该做点什么!"2010 年当海因里希·戴特宁教授和我第一次站在礼贤书院旧址前仰望先贤故居时,我们共同发出了这样一声感慨。于是,经过一年准备,我们共同发起了"纪念卫礼贤翻译《道德经》100 周年暨翻译研讨会",而那场研讨会便是诸位眼前这本小书的源头。

　　卫礼贤(Richard Wilhelm, 1873—1930)是 20 世纪德国最具影响力的汉学家,也是德国汉学从"业余"走向"专业"过程中的代表性人物。在短短 57 年的人生旅程中,他有 23 年是在中国度过的。在中国学者的支持下,卫礼贤对中国文化特别是先秦典籍进行了系统而深入的研究。他完整翻译过的典籍有《论语》《孟子》《大学》《中庸》《礼记》《老子》《庄子》《列子》《易经》《吕氏春秋》,节译的经典则包括《诗经》《三国演义》《西游记》《聊斋志异》。在 1924 年回到德国担任法兰克福大学汉学教授之后,他在努力向西方介绍中华文化的同时,于短短几年间写下了《孔子与儒教》《老子与道教》《老子的生平与成就》《中国心灵》《东亚——中国文化圈的形成与变迁》《中国文学史》《中国文化史》《中国哲学》《中国的经济心理学》等一系列著作。尤其是他完成的《道德经》和《易经》德译本被视为难以超越的巅峰之作,不仅在百年之后仍享有盛誉,而且被转译成其他各种西方文字,为中国传统文化在世界上的传播作出了巨大贡献。卫礼贤的不懈努力使他最终成为中德之间负有盛名的文化使者之一,在中德文化交流史上留下了光辉的一页,他也被赞誉为东西方"两个世界的使者"。

　　卫礼贤的一生充满传奇色彩。他毕业于著名的图宾根神学院,在 1899 年作为传教士被派往当时刚刚被德国强占的胶州湾,然而他在 25

年后离开中国时却欣慰于自己从未给中国人施洗。不仅如此，这位传教士还在青岛发起建立"尊孔文社"，捐出自家宅院兴建藏书楼，用以保存中国古代文化典籍，并向西方大力推介他眼中具有永恒价值的儒家道家学说，在西方殖民主义盛行的时代开启了一场以"东方之光"为核心的逆向"文化传教"。最后，卫礼贤成为法兰克福大学汉学教授和蜚声世界的汉学家，他用自己的一生为中西文明交流互鉴作出了贡献。

为纪念这位伟大的德国汉学家，本书作者们于2011年首次相聚武汉，探讨为卫礼贤带来巨大声誉的1911年《道德经》德译本。此后数年间，与会的中德学者对卫礼贤的成长道路、学术思想、典籍翻译以及他对传播中国文化的贡献进行了更为系统、全面的研究和探讨。这为本书奠定了坚实的基础。

本书由中德学者共同执笔完成，重点探讨了卫礼贤和他对道家思想在德语世界传播的贡献，就1911年版《道德经》德译本的产生背景、语言特征、传播效果和接受情况进行了全方位的讨论。为全面呈现主题，作者们努力从不同角度切入，从卫礼贤的早期心路历程到1911年版《道德经》德译本的独特魅力，从道家思想在西方世界中的传播轨迹到德语文学家对道家典籍的广泛接受，研究视角多样却又有机地融为一体。

本书第一部分第一章"两个世界的使者——从传教士到汉学家的卫礼贤"概述了卫礼贤的人生旅程和他的主要汉学成就。1899年卫礼贤来到中国后不久就对中国和中国百姓产生了良好印象，决定以人道主义的态度对待中国人，并在阻止流血冲突、救助弱势中国百姓方面作出了贡献，这为他进一步在当地开办学校和医院创造了良好条件。此后，卫礼贤作为教育家在中国赢得了广泛尊重，并与中国官员以及旧式文人交往频繁，由此对中国传统文化也有了更为深入的了解。从1902年起，卫礼贤翻译了多部中国经典，同时还发表了大量研究中国的论文和时事评论。而他在这一时期的最高成就则体现在对《道德经》和《易经》的翻译中。这两个经典译本对后世都影响深远，并且颠覆了西方传教士和汉学家历来所遵循的文化殖民策略，奠定了卫礼贤作为20世纪德国最重要的翻译家和汉学家的地位。

在众多西方来华传教士中，卫礼贤的逆向"文化传教"可谓独树一帜。本书第一部分第二章"卫礼贤的传教方法"探索了作为传教士的卫礼贤如何一步步转变为中国文化的积极传播者。文中指出，作为一位基督教传教士，卫礼贤在中国没有发展一个中国人加入基督教，相反，他在办学、翻译中国典籍、评介中国文化和向中国引进德国文化方面成绩显著，最终成为赫赫有名的"汉学家"。尽管如此，卫礼贤并没有改变自己对上帝和基督的坚定信仰，他只是采取了与其他传教士不同的新传教方法，而这种传教方法的改变又与其对基督教的独特理解和对人类社会的终极关怀有密切关系。卫礼贤坚信，基督不仅仅是一位宗教领袖，他还是人性的神圣代表，他所代表的是整个人类。在上帝面前，人人平等。欧洲人一点也不比中国人优越，基督徒更不是个个都好。中国文化是"一种高度发达的、理性的文化"，足以弥补西方文化的欠缺。传教工作的崇高目标就是促进东西方文化的交流，在东西方之间建立真正和睦的关系，为"上帝之国的大统一"奠定基础。

卫礼贤1911年出版的《道德经》德译本无疑是学术界探讨的热点，本书第一部分第三章着重分析了该译本中的西方神学、文学与哲学元素。文中指出，在翻译《道德经》的过程中，卫礼贤一方面针对德语世界读者的"先在结构"，大量引用来自《圣经》、歌德作品的重要概念和经典名句对《道德经》进行转译和阐释，在中德文化之间架起沟通的桥梁，从而降低了德国读者接受道家思想的难度；另一方面则有意识地运用优美的文学语言，模仿路德、歌德、尼采的表达方式和西方哲学语言对《道德经》进行了系统性的重构，为这部道家经典构建起极具感召力的文风，从而取得了良好的传播效果，大大推动了道家思想在德国的传播。

卫礼贤的《道德经》德译本出版后影响了诸多德国文化名人，本书第一部分第四章介绍了诺贝尔文学奖获得者赫尔曼·黑塞对卫礼贤《道德经》译本的接受。文中指出，黑塞曾阅读和比较了当时出版的多个《道德经》德译本，并越来越多地表达出对卫礼贤译本的偏爱。通过卫礼贤译本，黑塞尝试着"凭借勤奋和真正的努力"理解了《道德经》中的基本思想，接受了卫礼贤的观点。同时，他自己也移情于已经成为一切智慧和智者化身的老子，在自己的思考中同样将智慧和语言的表达形式对立起来。在其著作中，黑塞也一再强调卫礼贤为他指出了一个重要方向，打开了一个新的世界。在这个新的世界里，黑塞也发展了其个人的思想。因此，对于黑塞来说，卫礼贤扮演的不仅仅是老子介绍者的角色，而且还为他树立起了一个榜样，推动黑塞同样凭借其思想和作品为东西方之间的相互理解作出了卓越的贡献。

在道家思想影响研究方面，本书第一部分第五章探讨了著名表现主义作家德布林对《庄子》译本的接受。本章指出，由于道家思想在当时德国社会中的影响力，德布林在小说《王伦三跃记》的创作过程中，从头至尾吸纳了《庄子》里的多则谈话和寓言。德布林对它们加以不同程度的运用转化，使之巧妙融入小说文本，创生出新奇独特的文学意境和艺术风貌。德布林没有到过中国，也不懂汉语，对庄子思想和意象的借鉴以"精神漫游"为主，即尽可能多地研读相关西文译介。通过对《庄子》当时在西欧和德国译介情况的梳理以及将其中代表作与德布林借用《庄子》所生成的文本进行多角度比对分析，我们可以确定，德布林研习《庄子》的途径多种多样，而卫礼贤译本仅是这部"中国小说"的众多资料来源之一。

在对道家思想的文学接受方面，著名剧作家、诗人布莱希特的诗歌《老子流亡路上著〈道德经〉的传奇》占有突出地位。本书第一部分第六章详尽梳理了该诗与卫礼贤《道德经》译本之间的关系。本章指出，布莱希特对老子及道家文化的借鉴研习贯穿其一生，老子的生平经历和相关传说也一再被布莱希特当作文艺素材反复进行加工利用，其中，布莱希特尤其对老子出关典故情有独钟，在近 15 年的时间里三次运用同一素材进行文艺创作和思想表达。理论上，布莱希特获悉老子其人其事其思的途径众多，而在迄今为止的考据研究实践中可以被初步认定为最重要途径的则是卫礼贤 1911 年《道德经》德译本。通过对比分析卫礼贤德译本和布莱希特笔下老子出关文本，可以发现，就作家和素材之间的交互关系而言，素材对作家创造性的激发作用似有被低估之嫌。此外，对布莱希特的老子出关文本也不应孤立看待，而需纳入布莱希特和中国传统文化整体关系框架中进行考察。

同时，道家思想还对布莱希特的人生产生了深远影响。本书第一部分第七章将布莱希特接受道家思想的历程与他在流亡时期的个人经历结合起来进行了分析。本章将《老子流亡路上著〈道德经〉的传奇》放入德国流亡文学的历史语境进行了探讨，重点剖析了德国诗人在文学创作中如何借助中国历史上的榜样来反思流亡文学中的现实问题，指出布莱希特在该诗中将"柔弱胜刚强"的道家思想与"谁战胜谁"的革命思考创造性地结合起来，展示了他对反法西斯斗争道路的思考，鼓励了身处困境的流亡文学家。同时，布莱希特借描写老子出关赋予了流亡新的意义：流亡之路并不意味着逃亡和沉沦，它同样可以成为一条传播真理的传奇道路。此外，布莱希特还将他从卫礼贤《庄子》译本中获得的启迪融入了《大胆妈妈和她的孩子们》《四川好人》等戏剧创作，通过戏剧表达了他对流亡者生存策略的反思。

本书第一部分第八章为结语，对本书所提的观点进行了总结。

各章节的分工如下：第一、三、七、八章由谭渊负责撰写，第二章由孙立新撰写，第四章由马剑撰写，第五、六章由罗炜撰写。

本书第二部分收录了中外学者在"纪念卫礼贤翻译《道德经》100 周年暨翻译研讨会"上所作的德语报告。

德国维尔茨堡大学柯兰霓博士（Dr. Claudia von Collani）在报告 *Das Daodejing im Kulturaustausch zwischen China und Europa*（《中欧文化交流中的〈道德经〉》）中梳理了 1911 年之前西方世界对《道德经》的接受历史。报告首先回顾了景教在中国的传播历史，介绍了景教徒在译文中对儒家、佛教和道教术语的运用，随后介绍了 17—18 世纪耶稣会传教士对儒家、道家思想的研究，分析了"索隐派"对中国古代文献的解读，并特别介绍了《道德经》的第一个拉丁文译本（1788）。该报告还分析了《道德经》研究与西方职业汉学发端的紧密联系，指出法国汉学家雷慕沙、儒莲、德国汉学家冯·斯特劳斯、冯·普兰克纳、格利尔以及英国汉学家理雅各的译本对《道德经》的传播作出了重要贡献，使《道德经》作为哲学著作逐渐得到了欧洲人的广泛认可。

笔者的报告 *Richard Wilhelms Beitrag zur Verbreitung von Daodejing* (《卫礼贤对〈道德经〉传播的贡献》)介绍了卫礼贤来华初期与中国文化的接触以及他对道家思想在德国传播的贡献。报告指出，卫礼贤受其岳父布卢姆哈特和前辈汉学家花之安影响，在与中国人进行文化交流之初就采取了一种平等的态度，努力通过学习去掌握中国文化中的核心要素。在开办学校的过程中，他也要求中国学生同时学习中国传统文化，实现中西方知识的结合。通过创办学校，卫礼贤与当地的中国学者建立了往来，并在中国朋友的帮助下成功地深入了中国文学和传统文化的世界，从传教士转型为一名学者，并在翻译中国经典的过程中成为向西方介绍中国文化的优秀翻译家和汉学家。在成为职业汉学家后，卫礼贤更是向德国人积极传播他从中国文化中发现的"永恒精神和道德价值"，对中国文化特别是道家思想在德国社会中的传播作出了卓越贡献。

戴特宁教授的报告 „*Andeutungen des Unaussprechlichen*"：*Richard Wilhelms deutsches Daodejing*(《对"不可言传"的"意会"：卫礼贤的〈道德经〉德译本》)指出：100 多年前，卫礼贤着手将《道德经》翻译为德语时，不仅要翻越"道可道非常道"这样一座语言大山，而且面临着在东西方两大思想体系之间架起一座文化桥梁的使命。戴特宁教授借鉴施莱尔马赫的翻译理论，详尽分析了卫礼贤在译作中对中国文化的尊重以及其对歌德、路德、尼采等人作品的巧妙借用，指出他所采取的并非一般意义上的异化或归化翻译，而是通过融汇中西，打开了一条东西方文化交流的大道，从而造就了一部百余年来在德语世界享有盛誉的《道德经》译本。

山东大学孙立新教授所作报告 *Über Richard Wilhelms Missionsmethode* (《卫礼贤的传教方法》)和北京大学马剑副教授所作报告 *Hermann Hesses Rezeption der Taoteking-Übersetzung von Richard Wilhelm*(《赫尔曼·黑塞对卫礼贤〈道德经〉译本的接受》)的主要内容已在前文(第一部分第二、第四章)简介中作了说明，在此就不再重复。

研讨会的最后一篇报告 *Eine kritische Betrachtung über die Subjektivität* in der Übersetzung Richard Wilhelms（《对卫礼贤译本主观性的批判性研究》）的作者是华中科技大学德语系学生李腾。该报告节选自其毕业论文，其与众不同之处在于，在中外学者对卫礼贤译本的一片叫好声中，作者保持了独立、清醒的判断力，在对译文内容进行认真分析的基础上，指出了卫礼贤在"先入之见"影响下所作出的几次误译和过度阐释。该报告宣读之后，不出意料地引起了与会者的激烈讨论，对于一个学生敢于"冒犯"卫礼贤，有些与会者颇为不满。但笔者认为，这篇报告尽管还有很多不成熟之处，但这种批判性的研究有其独特的学术价值。在一片叫好声中，批评性的意见往往更显珍贵，体现了一种不为主流意见所左右的独立思考能力。因此，编者将其保留在了本书中。此外，在研讨会举行时，李腾已赴德国留学，因此报告最后由研究生邓婷婷代为宣读。

此外，需要说明的是，《道德经》在德语中有多种拼音转写形式，卫礼贤最常用的是 Tao Te King、Taoteking 或 Tao te king。随着《道德经》逐渐在德语世界成为家喻户晓的东方典籍，第二次世界大战以后，Taoteking 的拼写方法逐渐普及；近年，随着中国的汉语拼音走向世界，Daodejing 这一拼写方法也得到了越来越多的认可。因此，本书采用 Taoteking、Daodejing 这两种拼写方法，只在引用卫礼贤原文时，为尊重原作者，才继续使用旧拼写方式 Tao Te King。

卫礼贤的汉学生涯虽然只有 30 年，但却是中德文化交流史上的重要一页，其译著的影响力直到今天都还不容小觑。本书的作者们谨希望通过推出眼前这本粗陋之作为相关研究注入新的动力，为加强中外文明交流互鉴研究、"讲好中国故事，传播中国声音"提供有益的参考，同时也为中德文化交流作出一份应有的贡献。而这也正是对卫礼贤这位伟大汉学家的最好纪念！

2023 年正值卫礼贤诞辰 150 周年，本书作者们谨以此书对这位功绩卓著的汉学家表示深深的敬意！对卫礼贤在中西文明交流方面的伟大贡献表示诚挚的感谢！

目　　录

第一部分
卫礼贤与道家思想在德语世界的传播

In den letzten zwanzig Jahren hat das alte, geistige China, das vorher kaum einigen Gelehrten bekannt war, uns durch Übersetzungen seiner alten Bücher, durch den Einfluß seines alten Geistes zu erobern begonnen. Erst seit zehn Jahren ist Lao Tse in allen Sprachen Europas durch Übertragungen bekannt geworden und zu gewaltigem Einfluß gelangt.

此前还根本不为一些学者所知的古老的中国思想在近二十年中通过古代典籍的译本、通过古老精神的影响征服了我们。而直到近十年，老子的著作才被译成欧洲所有语言，老子由此声名鹊起并产生了巨大影响。

——Hermann Hesse/赫尔曼·黑塞

1

导　言

在 20 世纪德国产生世界性影响的汉学家首推卫礼贤，他不仅被赞誉为东西方"两个世界的使者"，而且是德国汉学从"业余"走向"专业化"过程中的代表性人物。卫礼贤原名理夏德·威廉，1899 年来华后取名卫希圣，字礼贤，有时亦署名为尉礼贤，后因得知"尉"字会使人联想起军队中的尉官，故此转而使用"卫礼贤"之名。

卫礼贤于 1899 年以德国新教传教士的身份来到青岛，后来却成为中国文化在西方的积极传播者，创建了法兰克福大学汉学系和中国学社。民国时期著名学者张君劢在悼念卫礼贤的《世界公民卫礼贤》(1930)一文中曾回忆道："卫礼贤作为一名神学家和传教士来到中国，离开中国时却成为孔子的学生。他有一次曾对我说：'令我感到宽慰的是，作为一介传教士，我从未给一个中国人施洗。'"①卫礼贤翻译出版的《论语》(1910)、《道德经》(1911)、《列子》(1911)、《庄子》(1912)、《孟子》(1916)、《易经》(1924)、《吕氏春秋》(1928)、《礼记》(1930)等中国典籍曾经震撼了千万德语读者的心灵，并因此获得了"文化使者"的美誉。可以说，卫礼贤的个人经历几乎就是德国汉学研究从为殖民服务走向促进东西方文化交流的一个缩影。

卫礼贤 1911 年发表的译本《道德经——老者的真谛与生命之书》②(Taoteking. Das Buch des Alten vom SINN und LEBEN)在德国汉学史上具有里程碑意义。德国莱布尼茨奖获得者、哥廷根大学教授海因里希·戴

---

① Carsun C. Richard Wilhelm, der Weltbürger [C]//Dem Andenken Richard Wilhelms. Frankfurt a. M.: Vereinigung der Freunde ostasiatischer Kunst Köln, 1930: 26.

② 后文按中国传统称谓，皆称《道德经》。

特宁（Heinrich Detering）曾评价道："对道家经典在德国的传播与影响而言，它就相当于路德译本之于《圣经》。"①它着眼于德语世界读者所熟悉的概念体系和东西方思想的相通之处，大量借用西方文学、神学、哲学、社会学概念阐释道家思想，从而架起了一座沟通东西方文化的桥梁，对 20 世纪德国出现的"道家热"起到了重要推动作用。据统计，卫礼贤的《道德经》德译本到 2000 年已至少印行 33 次，此外还有法、英、荷等多种文字的转译本②，著名作家赫尔曼·黑塞（Hermann Hesse，1877—1962）、阿尔弗雷德·德布林（Alfred Döblin，1878—1957）、布莱希特（Bertolt Brecht，1898—1956）等人都曾从这一译本中获得创作灵感。③ 迄今为止，卫礼贤的《道德经》译本仍然是德语世界中最经典的中国古代典籍译本，对道家思想在德语世界的传播作出了不可磨灭的贡献。

---

① Detering H. Bertolt Brecht und Laotse[M]. Göttingen：Wallstein, 2008：25. 马丁·路德 1517 年拉开德国宗教改革运动的序幕后，为打破罗马教会对《圣经》解释权的垄断，让德国百姓都能自己去阅读《圣经》，他耗时 12 年完成了《圣经》的德语翻译工作。路德德语翻译的实用性和生动性使得其译本具有长久的生命力，为德语走向统一奠定了坚实的基础，也为此后德语文学的语言、风格和品位奠定了基础。革命导师恩格斯曾在《自然辩证法》中盛赞路德"创造了现代德国散文"，赞誉路德用德语创作的赞美诗是"十六世纪的《马赛曲》"。[德]弗里德里希·恩格斯. 自然辩证法[M]. 中共中央马克思恩格斯列宁斯大林著作编译局，译. 北京：人民出版社，1971：7-8.

② Grasmück O. Geschichte und Aktualität der Daoismusrezeption im deutschsprachigen Raum[M]. Münster：LIT, 2004：65-66.

③ Detering H. Bertolt Brecht und Laotse[M]. Göttingen：Wallstein, 2008：25-52.

第一章　从传教士到汉学家的卫礼贤

卫礼贤1873年5月10日出生于德国南部名城斯图加特，父亲是一位手工业者，在他9岁那年便早早离开了人世。由于家庭经济陷入困境，卫礼贤作为家中长子按照母亲意愿转入人文中学学习，并于1891年考入由教会资助的图宾根新教神学院，从而获得了完整的高等教育。在著名大学城图宾根完成神学学业后，1895年8月，卫礼贤通过了神学职业资格考试，并于同年被授予斯图加特修道院所属教堂的牧师职位，此后成为维姆斯海姆的代理牧师。

1897年1月，卫礼贤来到温泉小镇巴特·鲍尔（Bad Boll）担任代理牧师。他在这里遇到了日后的精神导师克里斯托夫·弗利德里希·布卢姆哈特（Christoph Friedrich Blumhardt，1842—1919）。布卢姆哈特原为巴特·鲍尔地区的新教牧师，在其父去世后接手了当地疗养院的领导职责。在为疗养者提供心灵上的治疗过程中，他取得了惊人的成就，成为当地名人。在政治上，布卢姆哈特反对业已沦为资产阶级统治工具的基督教会，于1899年放弃牧师身份，宣布支持社会主义并加入德国社会民主党，次年进入符腾堡州议会。布卢姆哈特还是一位著名的"宗教社会主义者"，他不仅自认为是耶稣的门徒和继承者，而且发展了一套革命性的新神学理论，宣称"每个人都是被上帝所信任的"，人们根本不需要归附教会以成为基督教徒，因为上帝的爱无所不包，异教徒也可以直接进入天国。这套所谓的"直接基督教"理论完全颠覆了当时的主流基督教教义。如果说在卫礼贤的神学思想中"包容的理想和西方的神学传统是根本相通的"[①]，那么布卢姆哈特的理论无疑是其最重要的来源。

---

① 范劲.卫礼贤之名——对一个边际文化符码的考察[M].上海：华东师范大学出版社，2011：416.

尤其是布卢姆哈特不赞成中国的基督教化，这一思想后来对卫礼贤产生了难以估量的影响。① 布卢姆哈特在 1901 年 1 月 21 日给卫礼贤的信中写道："他们（中国人）根本不需要成为什么基督徒"，无论一个人是来自东方还是西方，"谁遵从上帝的意愿，按照上帝的旨意做事，谁就是天国的孩子"。② 这正是卫礼贤日后没有为任何一个中国人施洗，反而走上"文化传教"道路的思想之源。

一、初到中国

与此同时，德国教会正悄然改变着千年来故步自封的局面。1884年，德国和瑞士教会在文化名城魏玛联合成立了传教组织基督教同善会（Allgemein Evangelisch-Protestantischer Missionsverein，1929 年更名为东亚传教会），它从一开始便显示出与传统传教组织的不同之处，不仅倡导在东方文明古国中传播一种"非教条主义的基督教伦理"，而且关注教育以及医疗领域的工作，其章程中明确写道："它的目的是：将基督教及其精神文化与现存的真理要素结合在一起，并传播到非基督教徒中。"③1898 年，同善会招募新的神职人员到东方去传教。在布卢姆哈特的影响下，卫礼贤应征加入同善会，决定到中国去实践新教义。1899年 5 月，卫礼贤以牧师和传教士身份来到刚刚被德国强占的青岛。在这里，他结识了德高望重的德国传教士花之安（Ernst Faber，1839—1899）。花之安于 1864 年来到中国，曾出版《儒教汇纂》《中国宗教导论》《自西徂东》等著作，并对《列子》等中国哲学经典文献进行了译介。

---

① Bauer W. Zeugen aus der Ferne. Der Eugen Diederichs Verlag und das deutsche China-Bild［C］//Hübinger G. Versammlungsort moderner Geister. Der Eugen Diederichs Verlag-Aufbruch ins Jahrhundert der Extreme. München：Diederichs, 1996：455.

② ［德］阿尔布莱希特·埃舍. 卫礼贤与巴特·鲍尔［C］.//孙立新，蒋锐. 东西方之间——中外学者论卫礼贤. 济南：山东大学出版社，2004：64.

③ Bitterli U. Die „Wilden" und die „Zivilisierten"：Grundzüge einer Geistes- und Kulturgeschichte der europäisch-überseeischen Begegnung［M］. München：Beck, 1976：339.

他作为备受尊重的汉学前辈，成为卫礼贤最早的汉学启蒙老师。在他的鼓励和引导下，卫礼贤在攻克语言关后不久便开始了对中国古代典籍的翻译和研究。①

卫礼贤来到中国后没有像很多殖民者一样舒舒服服地躲在租界里，也没有像民族主义者一样被偏见遮蔽住双眼，将中国人视为落后的野蛮民族，而是很快便带着中国随从到九十里外的即墨镇去考察中国百姓的生活。虽然异国的客舍、农村、黑夜不断给他带去不安的感觉，但是他马上发现："除了一般性的好奇但绝非友善的态度（因为外国人对青岛的占领）之外，我没有受到任何骚扰。"②在与中国儿童玩耍的过程中，他甚至对中国儿童的自由成长产生了深深的好感。后来，他将对中国的这些良好印象都写进了《中国心灵》（Die chinesische Seele）一书。而在回到青岛之后，卫礼贤又对在码头上辛苦劳作却屡遭欧洲人蔑视的中国苦力产生了深深的同情，在他充满怜悯的眼中，苦力们"不只是苦力，他们也是人，有人的欢乐和痛苦，不得不为生活奋斗……他们存钱、挣钱，冒着巨大的自我牺牲赡养年迈的双亲"。这一系列与中国下层人民的接触使卫礼贤日益坚信"所有的民族都是友好、忠实、善良的"，唯一正确的道路就是以人道主义的态度去对待他们。这个发现意义重大，按卫礼贤的话来说，这为他"打开了通向中国人心灵的道路"③。

当卫礼贤于1899年来到中国时，德国殖民者正在山东兴建铁路，意图依靠武力将整个山东变成其势力范围，这种帝国主义侵略行径自然激起了中国人民的强烈反抗。当德国皇帝派出军队参加八国联军到中国镇压义和团时，卫礼贤一针见血地指出："如果说中国发生的义和团运动是它落后于时代的象征，那么，得胜的各国联军似乎是为了显示所谓

① Wilhelm S. Richard Wilhelm. Der geistige Vermittler zwischen China und Europa[M]. Düsseldorf, Köln：Diederichs, 1956：86.

② ［德］卫礼贤. 中国心灵[M]. 王宇洁，罗敏，朱晋平，译. 北京：国际文化出版公司，1998：9.

③ ［德］卫礼贤. 中国心灵[M]. 王宇洁，罗敏，朱晋平，译. 北京：国际文化出版公司，1998：17.

'文明国家'的粗鲁和残忍而来的，而且这种粗鲁和残忍一点儿也不比外国人谴责的中国人差。"①1900年夏，德国殖民者在修建胶济铁路时，由于无视当地农民的利益而激起了高密人民的反抗，殖民当局采取了武力镇压的手段，在冲突中打死打伤多名中国百姓，制造了"高密血案"。此时已经具有一定声望的卫礼贤受其中文老师之邀，决定不顾危险前往冲突地点"努力调解误会，挽救更多人的生命"②。11月初，卫礼贤抵达高密，在中国官员、百姓和德国军队之间反复斡旋，尽最大努力阻止了德国讨伐队的再次出击，终于使双方以谈判方式结束了武装对峙。最后，德国殖民当局对遇害的中国百姓进行了抚恤，并修改铁路设计，增加了铁路涵洞以利于中国农民通行，缓和了与当地百姓的冲突。随后，卫礼贤又和中国助手在高密建立临时医院以救助受伤百姓，特别是妇女和儿童，不久后，他受过护理训练的妻子卫美懿（Salome Wilhelm）也加入进来帮忙护理病人。虽然卫礼贤无法帮助中国百姓彻底摆脱殖民压迫，但是他阻止流血、救助弱者的做法为他赢得了很高声望，也为他进一步在当地开办学校和医院创造了良好条件。

在来到中国后的最初几年中，卫礼贤首先是作为一位传教士和教育家在行使职责。在1899年9月花之安因病去世后，卫礼贤一方面接替他的牧师工作，每周日为德国海军主持礼拜，另一方面则继承前辈遗志，为在青岛建立学堂、发展教育而四处奔走。1900年5月，卫礼贤租用房舍，与妻子一起为中国男孩开办了"德华神学校"（Deutsch-Chinesisches Seminar）。次年，其办学计划得到同善会的资助，于是学校正式建起校舍，并定名为"礼贤书院"，采用3年小学、4年中学的七年制教学。与一般教会学校大不相同的是，礼贤书院并不向学生宣扬基督教，而是采取"中学为体，西学为用"的教育方针，聘请了一批中国知识分子与外籍人员一起担任教员，在巩固汉语并掌握一

①　[德]卫礼贤.中国心灵[M].王宇洁，罗敏，朱晋平，译.北京：国际文化出版公司，1998：17.

②　[德]卫礼贤.中国心灵[M].王宇洁，罗敏，朱晋平，译.北京：国际文化出版公司，1998：18.

定德语知识的基础上，向学生传授数学、地理等自然科学和社会科学知识，同时也没有忽视对学生进行中国传统文化教育。他在学校的开学仪式上说：

> 另一方面，我们的学生是中国人，我们不想把他们变成别的什么东西。这就是为什么我们认为让他们接受尽可能好的中国教育同样也很重要，因此在我们的课程规划中加入了典籍课程和其他在中国被看重的教育内容，我们希望学生们也能在这方面加以必要的关注；因为如果你只接受外国教育，却因本国知识（的匮乏）而感到羞愧，那就像一只仅有一侧翅膀的鸟儿，那翅膀对它是没有用的，因为它根本无法飞翔。①

由于相关教材匮乏，卫礼贤身体力行，亲自主持编写了《德汉语言练习册》（1902）、《德汉语言教科书——汉语课文》（1903）、《动物学概论》（1913）等多部教学用书。1903 年，学校迁入教会山新址即后来的青岛第九中学所在地，规模进一步扩大，卫礼贤又从德国运来大量标本、教学用具和科学仪器，使办学力量大为增强，先后培养了千余名优秀毕业生。

在引入德国中小学教育之后，1904 年，卫礼贤又建议中德双方联合建立高等学府，并于五年后正式创办了青岛特别高等学堂。此外，1905 年卫礼贤还受同善会委托，与妻子在青岛建立了一所女子学校，并以妻子的名字命名为"美懿书院"，1912 年后更名为"淑范女子学校"。由于办学成绩优异，1906 年，山东巡抚杨士骧在巡视青岛后奏请清政府赏赐给卫礼贤四品顶戴及"道台"的荣誉头衔，使他成了青岛赫赫有名的"卫大人"。

---

① Wilhelm R. Bei der Einweihung der Deutsch-chinesischen Schule am 20. Juni 1901[J]//Zeitschrift für Missionskunde und Religionswissenschaft, 1901(16)：279-280.

二、从初涉汉学到成就斐然

在兴办学校的过程中，卫礼贤与中国官员以及旧式文人交往频繁，对中国文化、儒家典籍也有了更为深入的了解。当时礼贤书院所聘请的中国教员大多为科举出身的清末举人或贡生，其中不乏饱读诗书之士，如卫礼贤最早的经学老师邢克昌就是举人出身，卫礼贤对《论语》《大学》《诗经》等儒家典籍的学习及早期翻译大多得到了他的帮助。1902 年，卫礼贤首次在上海出版的德文杂志《远东》上发表了他翻译的《三字经》，次年又在青岛发表学术报告《孔子在人类代表人物中的地位》，这也成为卫礼贤汉学家生涯的起点。此后，卫礼贤一发不可收拾，先后在同善会的《传教信息与宗教学杂志》（ *Zeitschrift für Missionskunde und Religionswissenschaft* ）、上 海《德文新报》（ *Der Ostasiatische Lloyd*，又译为《东亚劳埃德报》) 等德文报刊上发表了他节译的《诗经》(1904)、《大学》(1905)、《论语》(1905)、《三国演义》(1906)、《聊斋》(1910)、《吕氏春秋》(1910) 等中国经典，同时还发表了大量研究中国哲学、风俗、历史、科学史、外交史的论文以及关于中国时局的评论。

对卫礼贤而言，东方思想无疑正是同善会章程中所说的"现存的真理要素"中最为重要的一环。1909 年，卫礼贤开始了与欧根·迪特里希斯出版社(Eugen Diederichs Verlag) 的合作。1910 年，他的《论语》全译本率先在欧根·迪特里希斯出版社出版。从这一时期的双方通信可以得知，卫礼贤在 1910 年 3 月就已经有了一个几乎囊括所有中国儒家道家重要经典的庞大翻译计划，但道家经典《道德经》最开始仅排在第七位。① 卫礼贤之所以如此犹豫，是因为《道德经》"已经被多次翻译过，

---

① Wilhelm R. Brief an Eugen Diederichs [C]//Diederichs U. Eugen Diederichs. Selbstzeugnisse und Briefe von Zeitgenossen. Düsseldorf, Köln：Diederichs, 1967：172.

几乎没有再次翻译的必要"①。但显然他很快便被欧根·迪特里希斯出版社说服，在同年9月的通信中，卫礼贤承认："《道德经》在欧洲比孔子的《论语》更有吸引力。"并提到翻译工作已经开始："我为老子忙得不可开交。一切程序都必须十分仔细，这比我在翻译《论语》时还要麻烦许多。我经常会对一段写上个5~6遍，希望能得到最贴切的翻译方式。但我希望能在10月基本完工。"②

1911年，代表这一时期中文书籍德译最高成就的译本——卫礼贤的《道德经》终于问世。事实上，尽管卫礼贤的《道德经》并非德语区的首个译本，而且后来在德国又陆陆续续有100多种译本问世，但在影响力方面却无一能与之媲美。该译本仅在20世纪就再版21次，并被转译成英语等各国文字，影响了一大批德语世界的文化名人。《道德经》取得的巨大成功无可争议地开启了卫礼贤作为中国思想经典翻译权威的辉煌。随后，卫礼贤在1912年又连续出版了《庄子南华真经》《列子冲虚真经》的译本。此后，《孟子》(1914)、《大学》(1920)等译作也相继问世，卫礼贤在整个欧洲文化界赢得了巨大声誉，从而奠定了他作为20世纪德国最重要的翻译家和汉学家的地位。

1911年武昌起义爆发后，辛亥革命的浪潮席卷全国，一时间，恭亲王溥伟和徐世昌、赵尔巽等大批清朝遗老纷纷跑到被德国强占的青岛寻找避难所，一些深受儒家传统文化熏陶的饱学之士如康有为、辜鸿铭等文化界名人也来到青岛寓居。这批遗老宿儒的到来为卫礼贤进一步深入研究中国古代典籍创造了更为有利的条件。而辜鸿铭的著作也通过卫礼贤的译介传播到了德国，在德国文化界引起震动。卫礼贤与这些清朝遗老硕儒结交后，很快为儒家文化所折服。1913年，卫礼贤贡献出自己的网球场，修建起一座中国式的"尊孔文社"，定期举办讲演会，由中国人和德国人轮流主讲。1914年，卫礼贤又在尊孔文社旁的私宅花

① Wilhelm R. Brief an Eugen Diederichs [C]//Diederichs U. Eugen Diederichs. Selbstzeugnisse und Briefe von Zeitgenossen. Düsseldorf, Köln: Diederichs, 1967: 176.

② Wilhelm R. Brief an Eugen Diederichs [C]//Diederichs U. Eugen Diederichs. Selbstzeugnisse und Briefe von Zeitgenossen. Düsseldorf, Köln: Diederichs, 1967: 178.

园里修建了一座藏书楼，用于收藏中国传统文化经典，这座藏书楼也成为中国最早用现代方法管理的公共图书馆之一。在延请学者主持文社时，原山东巡抚、两江总督周馥向卫礼贤推荐了京师大学堂总监督兼学部副大臣、著名音韵学家劳乃宣（1843—1921）。劳乃宣以七旬高龄来到青岛后，建议卫礼贤翻译《易经》，以传承"濒于消亡"的文化传统。卫礼贤采纳了这个建议，开始向劳乃宣学习《易经》。卫礼贤在《中国心灵》一书中写道："我们工作得非常认真，他用汉语解释经文，我做笔记，然后我自己将其译成德语。在此基础上，我再将德语译文译回汉语，而不参考原书。他则进行比对，检查我是否在所有细节上都精准无误。而后我再对德语文本进行文字上的修改润色，并探讨细节问题。最后，我再对译本进行三四遍修改，并加上最重要的注释。"①但 1914 年 8 月第一次世界大战的爆发打乱了他们的合作，日军、英军很快包围了青岛，并对德国殖民政府下了最后通牒。面对战争的威胁，为躲避战火，卫礼贤的妻子带着他们的孩子离开青岛去了北京，劳乃宣也去了济南和曲阜。卫礼贤则因为要主持医院和教区工作而留了下来，他积极组织起红十字会，努力拯救在炮火下呻吟的无辜平民。因为同善会是由德国和瑞士合作管理，而瑞士是中立国，所以在日军占领青岛后，礼贤书院仍得以继续开办。但卫礼贤与劳乃宣的合作只能中断。1917 年张勋复辟失败后，劳乃宣返回青岛，两人恢复合作直到 1920 年夏天卫礼贤返回德国。在卫礼贤离开青岛时，劳乃宣对他寄予厚望，希望他能够尽快出版《易经》译本，将中国文化传播到西方。而劳乃宣则在青岛继续主持礼贤书院工作，直至 1921 年去世。

卫礼贤回到德国后，经常被邀请举行关于中国和中国文化的讲座，他还利用这段时间对自己的著述进行了整理，为日后成为职业汉学家打下了基础。由于对中德文化交流充满热情，他不久后接受了柏林外交部的委任，1922 年 5 月以德国驻北京公使馆科学参赞的身份再次启程前往中国。这一新的身份使他得以活跃在北京的教育界、文化界，并与新

---

① Wilhelm R. Die Seele Chinas[M]. Wiesbaden: Marixverlag, 2009: 184.

文化运动中的重要人物胡适、蔡元培结识，在他们的支持下建立起"东方学社"，后来还接受蔡元培的聘书，到北京大学担任德语系教授，为推动东西方之间的文化交流作出了贡献。

三、开辟汉学研究新天地

1924 年夏，卫礼贤收到莱茵河畔法兰克福大学聘请他担任中国文学与文化教授的聘书。卫礼贤长期梦寐以求的就是向自己的国家和同胞们传播中国文化，因此他告别了中国的朋友们，回到德国，正式转型为一名职业汉学家。

在重返德国的同时，卫礼贤也将其对中国文化的热爱和对中国思想的深刻理解带回了故乡。卫礼贤先是在私人基金会的支持下成为法兰克福大学汉学讲座教授，不久后成为正式教授。1925 年 11 月，卫礼贤又在法兰克福大学创建中国研究所（China-Institut），并创办了 Sinica 等学术期刊，从而将一大批德国文化名人吸引到了身边。在他们的共同努力下，德国汉学逐步摆脱了高高在上、曲高和寡的局面。卫礼贤翻译的中国典籍不仅走入千万德国人的家庭，而且还被转译成法、英、荷、意等多种文字，产生了惊人的影响。

也是在 1924 年，卫礼贤十年努力的成果——《易经》德译本终于问世了。这一划时代的译作不仅对《易经》进行了翻译、整理和全面阐释，还加入了凝结着他和劳乃宣两人多年合作心血的详尽注释，将西方的易学研究推上了一个前所未有的高度，也为德国汉学赢得了巨大声誉。在德国和瑞士，这一译本受到了心理学家荣格（Carl G. Jung，1875—1961），诺贝尔文学奖获得者赫尔曼·黑塞（Hermann Hesse，1877—1962），哲学家阿尔贝特·史怀哲（Albert Schweitzer，1875—1965）、马丁·布伯（Martin Buber，1878—1965）、赫尔曼·凯泽林（Hermann Keyserling，1880—1946）等人的高度推崇。在欧洲其他国家，他的《易经》德译本被转译为英语、荷兰语、意大利语、西班牙语，成为在西方流传最广的《易经》译本。黑塞在他重要的著作之一《玻璃球游戏》中多次引用卫礼贤的《易经》译本。荣格则亲自为该书英语译本作序，指出此前英国汉学家理雅各的《易经》译本并没能让西方人理解，而"卫礼贤的努力却打开了理解这个文本象征意义的大门——这常常是异常神秘的"①。不仅如此，荣格还将卫礼贤翻译的《易经》作为自己首创的"共时性原则"的理论依据，开辟了分析心理学的一片新天地。

卫礼贤在《易经》翻译上取得的巨大成功使他一跃成为 20 世纪西方较为重要的汉学家之一，也终于使他得到了德国汉学界的承认。1925年 11 月，卫礼贤创办中国研究所后，许多对中国文化感兴趣的著名学者慕名前来参加讲座和进行交流。这一时期也成为卫礼贤的又一创作高峰期。《易经》德译本问世后，《吕氏春秋》《礼记》全译本也相继出版。他关于中国的著述也更加丰富：《老子的生平与成就》《中国心灵》《孔子与儒教》《东亚——中国文化圈的形成与变迁》《中国文化史》《中国哲学》《中国的经济心理》都诞生在这一时期。此外，卫礼贤还为德国人编纂汉语教科书和工具书，举办中国艺术展览和讲座，殚精竭虑地向德国人介绍中国文化，并与荣格合作研究了他翻译的《太乙金华宗旨》（即《金花的秘密》），在中国传统"内丹"学说和西方心理学之间架起了沟通的桥梁。

卫礼贤 1925 年所作的报告《东方与西方》尤其展现了他对自己作为两个世界间的"文化使者"的独特理解。他在报告的开头提出两个问题：中国和东方所蕴含的最根本的力量是什么？从这里有什么光辉照耀到西方和西方的发展道路上，或者说中国以它丰富的文化遗产向西方提供了什么？卫礼贤的答案是：中国具有"高度发达的文化和所谓永恒的精神与道德价值观"，其对西方的意义则首先在于"告诉我们如何找到平静和自我肯定，并从平静与自我肯定中得到力量。从内部作用于事物，而不是在追求成功的道路中将自我遗失于外部世界"。因为在西方文化中，"人们将自己与它［自然］相对立。人们尝试去认知它、去统治它，同

---

①　李雪涛. 卫礼贤《易经》德译本的翻译过程及底本初探［J］. 世界汉学，2012（9）：169.

样,也对它的力量表示敬意。因而人疏远母亲而走上自己的道路。这裂痕越清晰,生活就变得越机械化。人越寻求辅助去征服自然,就越处于这种外部力量之下"。因此,西方文化虽然偏好"对自主的人进行最终强化,由此使他能够应对整个外部世界",但是在寻求对抗"当代欧洲人的仇恨与狂热"的工具时,西方恰恰需要东方的思想来抵抗"西方的没落"。① 后人将卫礼贤的一系列报告整理出版,文集的名字就叫《东方之光》。对此,华裔加拿大学者夏瑞春(Adrian Hsia)总结道:"德国整整几代人对中国思想的了解都归功于卫礼贤。开始时,他在中国为基督教信仰传教,最终在德国成为了中国文化的传播者。"②

正当卫礼贤为推动中德文化交流而鞠躬尽瘁、勤奋著述时,他的身体却因常年的奔波辛劳而严重透支。从 1929 年年初开始,卫礼贤便患上了严重的肠胃病,身体日渐虚弱,他早已安排好的一些讲座也不得不临时取消。更加不幸的是,卫礼贤早年在往返于中德之间时就感染了一种罕见的热带疾病,导致他身体每况愈下。尽管如此,1929 年 5 月,卫礼贤还是义无反顾地踏上巡回演讲的旅程,为遭受大饥荒的中国北方八省募集捐款。如 5 月 23 日,卫礼贤抱病前往柏林,发表了题为"中国的建设"的演讲,并将募得的 2000 多马克转交给了中国大使馆,几家德国大公司也响应他的号召捐赠了药品。

1929 年 7 月,尽管卫礼贤已经不得不频繁进出医院,但他还是开始了《礼记》的翻译工作。7 月 29 日,他致信欧根·迪特里希斯出版社,称自己正在努力翻译《礼记》,而这将是一部很有意思的译作。此后,卫礼贤在重病中完成了《礼记》的翻译工作,并希望能够在 1930 年年初看到该书的出版。然而,1930 年 2 月,卫礼贤病情恶化,转入图宾根热带疾病研究所接受治疗。3 月 1 日星期六下午 3 点半,杰出的汉学家卫礼贤与世长辞,时年不足 57 岁。

---

① Wilhelm R. Ost und West[M]//Wilhelm S. Der Mensch und das Sein. Jena: Diederichs, 1931: 132-140.

② Hsia A. Nachwort[C]//Hsia A. Deutsche Denker über China, Frankfurt a. M.: Insel, 1985: 388.

　　在其短短 30 年的汉学研究生涯中，卫礼贤共为后人留下了 28 部著作、200 多篇学术论文以及大量介绍性的文章。对其著述手稿的整理出版工作则至今都还没有完成。毋庸置疑，我们要感谢卫礼贤的努力，正因为他的不懈追求，"东方朝圣"才会在 20 世纪二三十年代的德国成为一种风尚。黑塞在纪念卫礼贤时写道："没有什么比卫礼贤在近 20 年里译成德文的中国经典更重要、更珍贵。是它们给我和很多人打开了一个新世界，没有这个世界，我们真不愿再活下去。"①

　　纵观卫礼贤的一生，他虽然是牧师和传教士出身，没有接受过专业汉学教育，但其却实现了无数汉学家难以企及的成就。无论是来到中国后的真诚付出，还是他返回德国后对传播中国文化所作出的巨大贡献，都使他无愧为中德交流史上最伟大的文化使者。

---

　　① Hsia A. Hermann Hesse und China [C]. Frankfurt a. M.: Suhrkamp, 1981: 341.

第二章　卫礼贤的传教方法

作为一位基督教传教士，卫礼贤没有劝说过任何中国人皈依基督教，相反，他在办学、翻译中国典籍、评介中国文化和向中国引进德国文化方面成绩显著，最终成为赫赫有名的汉学家。尽管如此，卫礼贤并没有放弃传教事业，他只是采取了与其他传教士不同的新传教方法，而这一转变又是与其对基督教的独特理解和对人类社会的终极关怀紧密相连的。

一、对传教使命的新理解

卫礼贤信仰上帝和耶稣，大学期间专修神学，毕业后担任过代理牧师和牧师。① 为了能够外出"到遥远的地方去宣讲耶稣的福音"②，他在1899年加入同善会，并如愿以偿地被派到了刚刚被德意志帝国占领的青岛，成为一位基督教新教传教士。

然而，在到达中国之后不久，卫礼贤就确立了一种全新的传教方法。这一方法用他本人的话来说就是："约束自己按照基督教的基本原则过简单的生活，通过学校和医院来产生影响，与普通人共同生活并从

---

① 关于卫礼贤的生平事迹，请参阅［德］吴素乐. 卫礼贤（1873—1930）传略［C］//孙立新，蒋锐. 东西方之间——中外学者论卫礼贤. 济南：山东大学出版社，2004：30-53.

② ［德］阿尔布莱希特·埃舍. 卫礼贤与巴特·鲍尔［C］//孙立新，蒋锐. 东西方之间——中外学者论卫礼贤. 济南：山东大学出版社，2004：63.

精神上接近他们……"①此语包含三层意思：

第一层意思是"约束自己按照基督教的基本原则过简单的生活"。对于这一话语，我们不能仅仅按照字面意思理解为衣食的简朴，它实际表明了一种平和的工作作风。在青岛，卫礼贤及其家人居住在安逸的、完全欧洲化的环境中，雇有厨师，保姆和家庭教师，这种生活根本不能说是"简单的"，与广大中国民众的生活水准相比甚至近乎奢侈。但与那些"对另一个民族和思想怀有不近人情的误解"②、在中国耀武扬威、横行霸道的欧洲人完全不同，卫礼贤对中国民众怀有深切同情，时刻关心他们的处境和遭遇，尽力为他们提供帮助。他尤其不能容忍传教士强迫中国人入教受洗，欲使中国"迅速地福音化"的狂热劲头，坚决主张平静地、循序渐进地开展工作。③

第二层意思是"通过学校和医院来产生影响"。办学、办医院本来是传教士常用的传教手段，属于间接传教的方法。办学的主要目的是向中国基督教社团的下一代施加宗教影响，培养基督教青年担任传教工作的助手。因此，宗教在传教学校教育中一般占有重要地位。同样，医疗传教也是"一种有效的劝人皈依基督教的工具"④，它不仅可以消除中国人"根深蒂固的狂妄自大"，充分展示西方文明的优越性，而且也可以

① Wilhelm R. Die Seele Chinas[M]. Berlin：Reimar Hobbing, 1926：32. 此书有王宇洁、罗敏、朱晋平等人翻译出版的中文本：《中国心灵》(国际文化出版公司1998年版)。可能因为此中文本系根据原著英文本转译，个别地方与德文本有出入。笔者在引用时参阅了德文和中文两个版本，凡遇与德文本有较大不同的地方，都以德文本为主，并另加翻译。其余引文则直接采自中译本。

② [德]W.F. 奥托. 卫礼贤——人格肖像[C]//孙立新，蒋锐. 东西方之间——中外学者论卫礼贤. 济南：山东大学出版社，2004：6.

③ Rennstich K. Die zwei Symbole des Kreuzes. Handel und Mission in China und Südostasien[M]. Stuttgart：Quell, 1988：218.

④ Gründer H. Christliche Mission und deutscher Imperialismus. Eine politische Geschichte ihrer Beziehungen während der deutschen Kolonialzeit (1884—1914) unter besonderer Berücksichtigung Afrikas und Chinas[M]. Paderborn：Schöningh, 1982：352.

赢得中国人对西方人的信任和好感，接受和皈依基督教。①

卫礼贤办学虽然是为了传教，但他在学校工作中看到的是西方真正的"社会任务"，即基督教文化民族对非基督教民众的"思想教育"职责。与此同时，他在学校工作中看到了德中文化双向交流的最佳可能性。②卫礼贤还以赢得中国人的信任为要务，希望通过中国官方的认可，使其学生能够参加国家考试，进入上流社会，自上而下地产生影响。他在办学过程中，坚持中西并重，既实行西式教育，又不放弃中国的教育，既要让学生掌握西方的历史文化和科学技术，又不使他们远离本民族的文化。他也摒弃所有强迫性的宗教教育，不开设宗教课，不举行基督教宗教节日庆典。晨祷时《圣经》章节与中国经籍文本的宣讲交替进行。星期天做礼拜，但学生参加与否完全凭借自愿。③

第三层意思是"与普通人共同生活并从精神上接近他们"。卫礼贤虽然身为基督教传教士，担负着指导人们的灵性生活的重任，但他决不自以为高人一等，更不颐指气使地凌驾于中国人之上，指手画脚。相反，他尽力淡化自己所担负的"神职"，以礼待人，谦卑恭顺。当他听闻德国殖民当局派遣军队镇压高密农民反对铁路铺设行动后，迅速奔赴事发现场进行调解，竭力阻止新的流血冲突。他还设立救护所，救治受伤者，安抚无辜难民。卫礼贤积极结交中国政府官员，与熟读儒家经典的旧文人过从甚密。他聘任平度籍举人邢克昌等担任礼贤中学的教员，讲授中国古典文化。他也拜他们为师，并在他们的指导下刻苦学习和研究中国古典作品。在青岛的时候，卫礼贤还多次到崂山道观与道士们谈经论道，与康有为也建立了不浅的交情。1911年辛亥革命爆发之后，许多逊清王公贵族、高官大臣迁居青岛，寻求德国殖民当局的庇护。卫

① Schultze N. Die ärztliche Mission in China[J]//Evangelisches Missionsmagazin, 1884(28): 29.

② [德]豪斯特·格林德. 卫礼贤——德国的自由派帝国主义者和中国的朋友[C]//孙立新，蒋锐. 东西方之间——中外学者论卫礼贤. 济南：山东大学出版社，2004: 90.

③ Gerber L. Richard Wilhelms Missionsarbeit im deutschen Pachtgebiet Kiautschou[C]//Hirsch K. Richard Wilhelm. Botschafter zweier Welten. Berlin: IKO, 2003: 167-199.

礼贤看到这些遗老中有不少是出身翰苑的饱学之士，便马上与他们建立了密切联系，并与他们一起创办了尊孔文社和藏书楼。在北京，他也积极参与北京大学研究所国学门的活动，参加了柯劭忞、罗振玉、王国维等人创办的"东方学社"，与著名新儒家学者张君劢一起编纂德汉词典。新文化运动兴起后，卫礼贤又与蔡元培、胡适和梁漱溟等人建立和保持着密切联系。正是通过与中国知识界和文化界的接触，卫礼贤对中国人的精神生活有了比较深入的了解，也对基督教传教的意义和作用产生了新的认识。

由此可见，卫礼贤的传教方法是十分独特的，它在很大程度上背离了传教士的一般工作。洗礼和建立宗教社团的活动完全被放弃了。与之相反，教学和研究工作被赋予了中心意义。那么，此类传教活动的最终目标是什么？对于这个问题，卫礼贤只是笼统地说："至于由此将产生什么样的结果，我听凭圣灵的创造。"①联系他的其他话语，我们可以发现他实际上把工作的重点放到了促进东西方文化交流和创立一种综合性世界文化上了。他要以此为人类统一的共同体奠定基础，为"上帝的统治"开辟道路。

卫礼贤写道："过去，东方和西方没有建立联系，各民族各自走自己的路，创造了独特的文明、习俗和组织机构，彼此很不一致。因为缺乏了解，些许传闻只能使人深感惊奇。现在，时代变了。铁路和蒸汽船导致了前所未有的交往，而这种交往还在不断发展，它也以不容抗拒的必要性把各民族联系在一起了。这肯定是上帝的旨意，我们必须对此加以特别关注。上帝不仅希望在各民族之间开展贸易往来，而且也希望使人们越来越多地知道，我们人类在上帝面前均为兄弟姐妹，在上帝面前不存在中国人和欧洲人的区别。因此，各民族的任务是，尽力谋求相互理解和尊重，把各自所拥有的珍贵的精神财富悉数拿出来进行交流。"②

---

① Wilhelm R. Die Seele Chinas[M]. Wiesbaden: Marixverlag, 1926: 32.

② Wilhelm R. Eröffnungsrede bei der Feier der Eröffnung der chinesischen Tagesschule in Tapautau[J]. Zeitschrift für Missionskunde und Religionswissenschaft, 1901(16): 279.

卫礼贤相信，传教对于文化交流和文化融合具有无比重要的意义。在他看来，"传教使命同中世纪的圣战一样，在现代有着重要的意义"。它将不可避免地导致东方和西方的思想交换。而在现代传教中的这一交换"或许是世界历史所提供的最大和最重要的一次，它不仅是两个相距极其遥远的文化区域的综合，而且也是两个人类时代的综合"①。它必将为东方和西方带来巨大转变，必将克服它们的对立，也必将实现其相互补充。由此可见，卫礼贤"所追求的目标十分远大，那就是要实现所有世界性大宗教的最深层要求，即人性与正义，和平与各民族人民的友好"②。

二、精神导师布卢姆哈特

卫礼贤传教方法的改变与克里斯托夫·布卢姆哈特的精神指导和传统传教方法所暴露的种种弊端有密切关系。

克里斯托夫·布卢姆哈特原为德国南部小镇巴特·鲍尔基督教新教牧师，他在父亲去世后承担了当地疗养院的领导职责和疗养者的灵魂拯救工作，但很快就发展成为一位著名的"宗教社会主义者"。布卢姆哈特对于未来充满信心，坚信会有一个更好的世界到来，认为《圣经》所承诺的拯救史已经隐含在世界历史之中了，现实世界的所有事变都是朝着它演进的。布卢姆哈特还认为，耶稣基督自古以来始终都是无特权者和无产者的救主，他特别眷顾穷人，祝福他们死后升天，这充分体现了上帝对世界的爱——不只爱个别人或只爱那些公开标榜的基督徒。他反对当时已成为资产阶级的工具、已经忘记了广大民众需求的基督教会，反对德意志帝国政府镇压工人的政策。他看到一股活跃的社会力量正在发挥作用，这股力量清楚地意识到诸如正义、人类之爱、自由等上帝的意图，并试图在政治上加以推行，那就是：社会民主！因此，他在

---

①　Wilhelm R. Die Seele Chinas[M]. Wiesboden：Marixverlag, 2009：230.

②　[德]阿尔布莱希特·埃舍. 卫礼贤与巴特·鲍尔[C]//孙立新，蒋锐. 东西方之间——中外学者论卫礼贤. 济南：山东大学出版社，2004：64-65.

1899 年毅然放弃牧师头衔，宣布加入德国社会民主党，并代表该党进入符腾堡州议会。

布卢姆哈特视野开阔，他是站在全世界和全人类的高度上信仰上帝、思考人生并身体力行的。他自认为是耶稣的门徒和继承者，把"社会民主党"看作上帝推进拯救史的工具！他发展了一套革命性的新神学，认为"上帝信任所有人"，或者说"每个人都是被上帝所信任的"。人们根本不需要归附上帝，成为基督教徒，因为上帝早就降临在人们身边了。上帝的爱无所不包，爱是通向世界的钥匙。世界各民族都是平等的，异教徒可以直接进入天国。"异教徒没有转变成为基督教徒也可以进入上帝之国。他们是为基督而来的，不是为基督教徒及其不吉利的教会而来的。人子(Menschensohn)的原则、人性的原则、社会的义务、通过和平和机构处理政治事务的行为已经开始启动，在异教徒当中也是如此，这是基督精神传遍全球的第一步。不是基督教徒，不是伊斯兰教徒或佛教徒，而是真正的人将成为未来宗教的表现。无论人怎么想、怎么做，都不能阻止各国人民向着追求统一、争取实现更高级目标的人性大踏步前进，在这里，弱者和有缺陷的人将得到体谅和帮助，以便促进其发展。"①这一新神学完全颠倒了当时流行的皈依要求和大部分教会教义学说，对卫礼贤也产生了巨大影响。

1897 年，卫礼贤以代理牧师的身份来到巴特·鲍尔。他很快就与布卢姆哈特一家建立了亲密关系，视布卢姆哈特为精神导师，并娶其女儿为妻。布卢姆哈特则把卫礼贤看作自己的传教士，通过各种各样的方式指导他在中国的活动。布卢姆哈特不赞成中国的欧洲化和基督教化，主张"在那个民族中，用他们自己的语言和习俗，把反映在基督身上的上帝的本质自然、真实地表现出来，以至于我们欧洲人也可以从中学习不少东西，为一种鲜活的本质而受到激励"②。中国人"根本不需要成为

① Rennstich K. Die zwei Symbole des Kreuzes. Handel und Mission in China und Südostasien[M]. Sturgarty：Quell, 1988：217.

② [德]阿尔布莱希特·埃舍. 卫礼贤与巴特·鲍尔[C]//孙立新, 蒋锐. 东西方之间——中外学者论卫礼贤. 济南：山东大学出版社, 2004：63-64.

什么基督徒，我们根本没有理由让这个名称出现在异国他乡。谁遵从上帝的意愿，按照上帝的旨意做事，谁就是天国的孩子，不管他出身于孔子还是出身于教父。基督作为真理和生活的实践者站在所有待发展的事物之上"①。

　　当卫礼贤到达中国后，他很快就发现原先的传教实践存在着许多问题。传教士不厌其烦地宣讲了大量教条，但是没有受过教育的中国教徒对这些教条根本无法理解。传教士还极力从儒家学说中挑毛病，像对其他宗教一样对它进行百般诋毁，这就极大地伤害了中国人的情感和伦理原则，就连比较开明的社会上层人士也不能容忍。更为严重的是，传教士利用物质利益吸引教徒，依靠"炮舰外交"干预诉讼，导致一些不法分子浑水摸鱼，横行乡里，敲诈勒索非基督教民众。"这种行为非但没有给中国人和教会带来和平，反而造成了恶性循环，教会为了袒护他的教民不断向官府施加压力，用炮舰或其它外交手段相威胁，中国官府只得让步并为讨好教会而镇压百姓，最后积重难返，人民忍无可忍只好造反。他们焚烧教堂，经常不断地杀死传教士，后来外国力量只得出面干涉，派遣炮舰执行处罚，例如占领青岛便是一例——所有的事又都重新开始。"②

　　当然，无论在什么时候，也不管在什么国家，都有一些传教士心地善良、态度虔敬、作风正派。对于先他而来中国的德国传教士花之安、黎力基（Rudolf Lechler），英国传教士仲均安（Alfred George Jones）、库守龄（S. Couling）和李提摩太（Timothy Richard）等人，卫礼贤还是十分尊重的。他也看到美国传教士丁韪良（William Martin）对中国人祖先崇拜思想表示了一定程度的理解，并不得不为此忍受其正统派同事的严厉谴责。此外，狄考文（C. W. Mateer）和柏尔根（Bergen）在山东的传教工作

---

　　① 参见 1901 年 1 月 21 日布卢姆哈特致卫礼贤的信，转引自［德］阿尔布莱希特·埃舍. 卫礼贤与巴特·鲍尔［C］//孙立新，蒋锐. 东西方之间——中外学者论卫礼贤. 济南：山东大学出版社，2004：64.

　　② ［德］卫礼贤. 中国心灵［M］. 王宇洁，罗敏，朱晋平，译. 北京：国际文化出版公司，1998：181-182.

也富有成效。卫礼贤特别称赞美国、英国和瑞典各种大学传教团的活动，认为它们以自由和充分理解的精神为基督教教育工作作出了贡献。①

同样，中国教徒也不都是些"低级、怪异"的人，并不都是怀着不可告人的目的加入教会的。相反，有相当一部分教徒"出自虔诚的信仰，并想以传教为生，将终身奉献给这一事业"。许多出国留学的年轻人不仅学到了西方的文化，而且接受了基督教信仰。许多教会组织在当今中国的社会生活中发挥着重大作用。孙中山、冯玉祥以及其他一些革命领袖都皈依了教会。卫礼贤十分欣慰地看到在中国也形成了不少本土基督教教会。它们越来越多地摆脱了传教士错误的影响，积极寻求经济上和政治上独立自主，密切联系本国同胞。中国的教会现在不再是一个与大多数中国人格格不入和对立的团体了，相反，它积极地和富有创造性地参与了普通生活。基督教徒也彼此联系了起来。人们以共同性为重，相互容忍特殊的东西；某些在欧洲作为历史负担而传承下来的分裂因素，在这里消失了，人们走向了一个勇敢地超越传教士之间的不同的统一的中国教会。就是在新教徒与天主教徒之间，基督教信仰共同性的情感也克服了分裂因素。②

但是这些传教成果仍不能彻底改变传统传教方法所引起的诸多矛盾，不能从根本上消弭东西方之间的紧张关系，因为其神学基础依然是狭隘的西方中心论。而为了使福音在中国得以全面展现，必须寻找到一种植根于中国人心灵的表达，要使对福音的宣讲接近于中国教育的精神，要树立"一种去教条化的、中国化的基督教"。

卫礼贤认为在中国"根本就没有什么异教徒；因为所谓异教徒，只是指那种被认为是另类的人，据此，人们不是使他皈依就是罚他下地狱"。欧洲人并不优越于中国人，基督教徒也不优越于"异教徒"。在上帝面前，人人都是平等的。现实中的人，不论是欧洲人还是中国人，也

① Wilhelm R. Die Seele Chinas[M]. Wiesboden：Marixverlag, 2009：225.
② Wilhelm R. Die Seele Chinas[M]. Wiesboden：Marixverlag, 2009：226.

不论是基督徒还是"异教徒",均为上帝的子民。"与受到再三强调的种族对立观点不同,我认为十分珍贵的是,人们只要稍有一点善意就会到处发现人的存在,共同的人的纽带比把人分隔开来的东西更重要。"①卫礼贤坚决反对"反异端"宗教体制的粗暴行为,主张"在中国的传教士不能再从一种优越的立场观点出发,自认为属于一个文化民族而面对的是一种较低层次的文化,他们必须采取一种人对人的态度"②。在卫礼贤看来,"所有的民族都是友好的、忠实的、善良的,只要你以人道的方式对待他们,不要老想着从他那儿为自己获取什么,不管是金钱还是劳动,或者,更痛苦的,为了永久地奴役而企图改变他们,或诱使他们加入异己的制度"③。

卫礼贤坚信:"世界历史的发展进程把握在一双强有力的手中,所有发生的事件(包括破坏性的和毁灭性的事件)都有助于使我们的主耶稣基督成为人类的统治者。在出自他那里的生活力量当中,我们看到了中国民众的唯一希望。"④"基督不仅仅是一个宗教的领袖和创始者。他还是人性的神圣代表,他作为人类的领袖,代表了统一的整个人类。这一人性具有非凡的意义,在中国肯定会像在欧洲一样,成为现实。"⑤他认为基督教同样会成为中国未来的宗教,只是"不会以现在存在的教会这种形式,这些教会都是在极为特殊的环境中建立起来的。并不是每一个教会都拥有基督教的全部真理。它们只是必需的框架,临时的建构,

---

① Wilhelm R. Bericht von R. Wilhelm über 1. Juli-1. November 1899 [M]// Zeitschrift für Missionskunde und Religionswissenschaft, 1900(14): 29-31.

② [德]豪斯特·格林德. 卫礼贤——德国的自由派帝国主义者和中国的朋友[C]//孙立新, 蒋锐. 东西方之间——中外学者论卫礼贤. 济南:山东大学出版社, 2004: 93.

③ [德]卫礼贤. 中国心灵[M]. 王宇洁, 等译. 北京:国际文化出版公司, 1998: 11.

④ Rennstich K. Die zwei Symbole des Kreuzes. Handel und Mission in China und Südostasien[M]. Stuttgart: Quell, 1988: 218.

⑤ [德]卫礼贤. 中国心灵[M]. 王宇洁, 等译. 北京:国际文化出版公司, 1998: 143.

不经历很多的困难和繁琐，它们很难从一个地方移植到另外一个地区"①。对于中国人来说，洗礼是不合适的，因为用水举行洗礼的做法原本起源于日耳曼人的风俗，不是为"富有智慧的人"（Geistesmenschen）设立的，如果硬要为后者举行洗礼则应当用"圣灵和火"。② 对于中国这样一个"新传教区域"也不应当采用"非洲的方法"，就是说不应当建立以传教士为中心的家长制基督教共同体的方法，而是应当采用耶稣召集门徒的方法，建立一个本土化的但又具有强烈普世性的"基督见证人共同体"（Gemeinde wirklicher Erkenner）。③

由此可见，卫礼贤并没有放弃基督教信仰，只是其神学观念比传统教条开放得多。他相信对于在中国的传教工作来说，"重要的基本原则之一就是必须对他人报以极大的信任，借此，他们当中的好东西便可以显露出来并被用来服务上帝"④。那么，卫礼贤又是怎样看待中国文化的呢？

三、卫礼贤对中国文化的认识

与大多数传教士不同，卫礼贤对中国文化深怀敬意，他不仅通过艰苦卓绝的深入研究洞悉了其中的许多奥妙，而且发现了弥补西方文化缺陷的良药。

19 世纪时，基督教传教士普遍把中国看作一个贫穷、落后、停滞

---

① ［德］卫礼贤. 中国心灵［M］. 王宇洁，等译. 北京：国际文化出版公司，1998：143.

② Gerber L. Richard Wilhelms Missionsarbeit im deutschen Pachtgebiet Kiautschou ［C］//Hirsch K. Richard Wilhelm. Botschafter zweier Welten. Berlin：IKO，2003：176-177.

③ Gerber L. Richard Wilhelms Missionsarbeit im deutschen Pachtgebiet Kiautschou ［C］//Hirsch K. Richard Wilhelm. Botschafter zweier Welten. Berlin：IKO，2003：176-177.

④ Wilhelm R. Bericht von R. Wilhelm über 1900［J］. Zeitschrift für Missionskunde und Religionswissenschaft，1901（16）：90.

的"异教大国"，认为中国人低级粗俗、道德败坏；中国里里外外都衰败不堪，法律崩坏，政治腐败，道德水准下降到最低点；中国文化已经不能继续发展了，它已经衰老不堪，失去了活力，不能适应现代生活严肃的、奋发向前的发展要求。他们认为只有"强盛的、充满活力的"西方国家才能给中国输入"新鲜血液和新生活"，使它从数百年的冬眠中醒来。他们认为西方文化是预告天亮的黎明晨光，只有它才能推动中国向前发展。而西方文化的基础是基督教，基督教精神构成了西方文化的精髓，只有基督教才能救中国。因此，中国迫切需要基督教。

当时大多数传教士也坚决反对中国传统的信仰、习俗、礼仪和权威，要求用西方文化取代中国的传统文化，主张维护殖民体系，赞同殖民列强所实行的武力政策及其对中国人民反抗斗争的严厉镇压。虽然不能不承认中国人民拥有勤劳、好客、主持正义等优秀品质，拥有较高的智力水平和较强的集体精神，因为"上帝之光偶尔也会照射到异教徒当中，中国的情况比其他异教国家或原始部落要好些"，但是他们从未把中国人看作是与西方人地位平等的。中国人只是比"原始的""未开化"的野蛮民族和其他"异教民族"好一些，与西方人相比仍是"低级的""劣等的"。在这种观念背后隐伏着强烈的种族歧视态度和基督教-西方文化"优越论"思想。正是基于对中国文化的蔑视和对基督教-西方文化的"优越性"的坚信，传教士们极力把全世界都纳入西方文化体系，使之"基督教化"和"文明化"。

卫礼贤对中国的看法与之完全不同。他反对欧洲人对祖先崇拜的夸大其词①，也反对欧洲人对中国官员的"腐败"的严厉指责。他还认为，所谓溺婴是中国民间的一种风俗的说法不过是那些以偏概全的传教士荒谬的杜撰，而"黄祸"论只是欧洲人心中的空洞的幻影。②卫礼贤特别反对那种认为中国人很残忍的观点。因为"不能说所有的人都是残忍的，

---

① ［德］卫礼贤.中国心灵［M］.王宇洁，罗敏，朱晋平，译.北京：国际文化出版公司，1998：322.

② ［德］卫礼贤.中国心灵［M］.王宇洁，罗敏，朱晋平，译.北京：国际文化出版公司，1998：315.

就好像不能说人是好是坏一样。至多也只能说某种习惯和风俗有一定的传统"①。在卫礼贤看来，中国人一点都不残忍，相反，他们可能是人类大家庭中最温顺的一员。中国人是富有同情心的，他们在任何需要帮助的情况下都会表现出友好的和乐于助人的态度。② 就连中国人的反洋教斗争也是可以理解的。中国人并非都对外国人充满敌意，他们只是想挣脱西方人制造的令世界窒息的泥沼。③ 卫礼贤还反对那种认为中国停滞的观点，他认为中国人的民族意识已经觉醒，中国绝不会衰落，她有能力使自己摆脱"白色恐怖"。④

　　卫礼贤尤其对中国人的生活智慧具有浓厚兴趣："中国人从未脱离世俗母胎，也使他们在作为宇宙的世界中找到了最终和谐。他们虽然看到了现实世界中许多不如人意的事情，但没有因此而悲观厌世。他们清楚地知道，世上万物最终都会达到和谐境地。"⑤在中国，个人被牢固地置于宗族、国民和人类重叠的有机组织中。中国社会的秩序恰恰是建立在下列认识基础之上的，即每个人都有其自然的、属于他自己的位置，他的存在由此得到充分认可，任何逾越都是不合法的，也是不合要求的。因此，在中国人的世界观中，狂妄自大的虚傲没有任何地位，因为任何人都不能对别人占据的位置产生争议，要求非分之得并非英雄行为，而是犯罪，但是争取其合法地位却是合情合理的。因此，中国人一方面有无条件为其合法地位而奋斗的坚韧性，另一方面又会心满意足，不抱任何不切实际的幻想。在中国没有重大的悲剧性，虽然悲惨之事、

---

　　①　[德]卫礼贤. 中国心灵[M]. 王宇洁，罗敏，朱晋平，译. 北京：国际文化出版公司，1998：221.

　　②　[德]卫礼贤. 中国心灵[M]. 王宇洁，罗敏，朱晋平，译. 北京：国际文化出版公司，1998：221-222.

　　③　[德]卫礼贤. 中国心灵[M]. 王宇洁，罗敏，朱晋平，译. 北京：国际文化出版公司，1998：204.

　　④　[德]卫礼贤. 中国心灵[M]. 王宇洁，罗敏，朱晋平，译. 北京：国际文化出版公司，1998：204.

　　⑤　[德]卫礼贤. 中国心灵[M]. 王宇洁，罗敏，朱晋平，译. 北京：国际文化出版公司，1998：182.

可怕之事、由错误导致的恶果经常发生，但是中国人内心从不厌弃世界，因为义务的大小不是建立在不同基础之上，而是构成一种统一的联系。在中国有一系列的义务，人们只要心地善良就能正确行事。中国人爱生活，更爱义务。如果两者不可兼得，则舍生取义。这种积极的生活态度足以排除所有的悲剧性。中国人也很爱面子，强调名正言顺，外在的与内心的通常都会被调节到和谐状态。以上都是卫礼贤对中国文化的理解。

任何文化都不是无源之水、无根之木。中国文化也以一定的经济和地理关系为基础，对此，卫礼贤有很好的说明。他指出，中国文化是一种"农业形式的文化"，它首先是以广阔的地域为前提的。在这里，只要正确地安排现有生产力，就可以保证人们过上温饱的日子。其次，它也是以社会内部高贵者与低贱者、富人与穷人之间紧张关系的适度为前提的。只有这样，紧张关系才可以通过习俗和等级秩序来加以调解，富人和高贵者能够承担其社会义务，并从家庭关系和谨慎的考虑出发，与其他阶层团结在一起。再次，联结各社会阶层的统一纽带还没有出现断裂，在抵御外来侵犯时，全体国民能够本能地集合于一体。① 应当说，这种认识是比较深刻的，它充分考虑到了中国传统文化的特殊性质和它赖以生存的物质基础。传统的中国文化，的确是小农经济和农业社会的产物和反映。

卫礼贤还看到，古老的中国文化在西方先进经济、技术和军事的威逼下，面临着严重危机。他写道：西方的机器文化因为简易，在世界范围内胜利进军，所向披靡，到处破坏着土著居民的文化传统。西方列强同样以武力打开中国大门，侵占了中国大片领土，并在其势力范围内完全剥夺了中国人的权利。中国成了西方列强的剥削对象，金钱大量外流，贫困化程度日益加剧。西方商品的大规模倾销剥夺了数以百万计农业、手工业者的生路，造成了严重的无产阶级化问题，与之相应，中国的社会道德水准日益下降，中国文化赖以维持的大家庭分崩离析。②

---

① Wilhelm R. Ost und West[C]//Bauer W. Richard Wilhelm. Botschafter zweier Welten. Düsseldorf, Köln: Eugen Diederichs, 1973: 184-185.

② Wilhelm R. Politische Entwicklungen in China[J]. Sinica, 1927(2): 153-164.

"欧洲金钱向前推进，欧洲的军事力量远远优越于中国，中国的顽固排拒越来越无力。欧洲的思想观念像瘟疫一样到处传播，严重侵蚀着中国文化，有的甚至像毒药一样渗透到中国文化的肌体内，并且毒性愈来愈大。"①

尽管如此，卫礼贤对中国人和中国文化仍情有独钟。他断言，中国文化与西方文化具有同等地位和同等价值。中国文化虽然古老，但这决不意味着它比西方文化低级，因为"在某些方面，老者与年轻者并无高下之分"②。中国文化与西方文化之间不是原始与高级、粗糙与精细、不完善与完善的关系。卫礼贤还强调，中国人无论在保存其传统还是在接受新事物方面，都具有无与伦比的高超能力。欧洲精神并没有彻底摧毁中国人的顽强生命力。相反，在某些方面，中国人完全能够很好地适应欧洲精神，例如妇女问题在很短时间内就得到了很好的解决。③卫礼贤写道："欧洲文明的入侵并没有使中国人彻底衰亡，这一点完全不同于我们在别的地方所经历的情形。在那里，欧洲文明在原始的土著居民当中可谓所向披靡。中国人民具有无与伦比的顽强生命力，没有任何迹象表明中国人的大脑容量有限，不能接受欧洲的科学。相反，欧洲的科学很容易被中国人接受，甚至连许多手工业者都能够很快习惯外来的坐标系。数千年来练就的技巧和中国文化的方法，使他们很容易做到这一点。"④

总的来说，卫礼贤认为中国文化是"一种高度发达的、理性的文化"⑤，它是"一种植根于自然本能不间断生存之中的文化，是一种美化自然的文化"⑥，它展示了一种"追求和谐、遵循宇宙和社会中组织理性

---

① Wilhelm R. Die Krisis der chinesischen Kultur[J]. Sinica, 1928(3)：224.

② Wilhelm R. Ost und West[C]//Bauer W. Richard Wilhelm. Botschafter zweier Welten. Düsseldorf, Köln：Eugen Diederichs, 1973：187.

③ Wilhelm R. Die Krisis der chinesischen Kultur[J]. Sinica, 1928(3)：225.

④ Wilhelm R. Die Krisis der chinesischen Kultur[J]. Sinica, 1928(3)：224.

⑤ Wilhelm R. Die Krisis der chinesischen Kultur[J]. Sinica, 1928(3)：167.

⑥ Wilhelm R. Die Krisis der chinesischen Kultur[J]. Sinica, 1928(3)：211.

的理想"①。它也展示了"一种营养均匀的和谐平衡状态，在此，全体的共同事业承载并支撑着个体家庭，正如个体家庭构成国家权力和财富一样"②。因此，中国人的生活是"比较幸福和满足的，从未因思想单调而萎靡不振"，即使那些处于社会最下层的中国人的生活也是如此。③ 中国文化恰恰可以弥补西方文化的欠缺。中国人的生活智慧是一剂"良药"，是"拯救现代欧洲的有效工具"。④ 中国人对"内心世界、人、生活艺术、组织化"的重视，正好可以纠正西方人思想的片面性，因为除了外在世界、客观事物、技术、制度外，内心世界、人、生活艺术、组织化也非常重要。卫礼贤把这种认识称作"来自东方的光辉"，欧洲人"急需其照耀"⑤。

四、卫礼贤对西方文化的反思

在研究中国文化的同时，卫礼贤也反观自身，对西方文化进行了认真检讨。通过反省，他对西方文化的本质特征及其缺陷有了比较深刻的把握，也提出了在综合东西方文化的基础上创立一种世界文化的主张。

自 18 世纪中叶起，随着资本主义生产方式的确立和资本主义经济的大发展，乐观主义进步观和基督教-西方文化"优越论"在西方社会普遍流行，海外殖民扩张和海外传教活动大规模展开。到 19 世纪末，地球上一半多的土地和三分之一的人口均被西方列强所占领和控制，基督

---

① Wilhelm R. Ost und West[C]//Bauer W. Richard Wilhelm. Botschafter zweier Welten. Düsseldorf, Köln: Eugen Diederichs, 1973: 184.

② Wilhelm R. Die Grundlagen der chinesischen Kultur[J]. Sinica, 1927(2): 167.

③ Wilhelm R. Ost und West[C]//Bauer W. Richard Wilhelm. Botschafter zweier Welten. Düsseldorf, Köln: Eugen Diederichs, 1973: 184.

④ Wilhelm R. Ost und West[C]//Bauer W. Richard Wilhelm. Botschafter zweier Welten. Düsseldorf, Köln: Eugen Diederichs, 1973: 187-188.

⑤ Wilhelm R. Ost und West[C]//Bauer W. Richard Wilhelm. Botschafter zweier Welten. Düsseldorf, Köln: Eugen Diederichs, 1973: 175-176.

教传教士深入海外，足迹遍布世界各地。然而，帝国主义国家为重新分割世界、夺取世界霸权而展开的激烈斗争，也使资产阶级的自由民主理念受到了严重冲击，使欧洲的世界领导地位受到严重破坏。

对于西方文化的特征和缺陷，卫礼贤很早就开始了深刻反思。在他看来，西方文化的突出特征就是"生活的不断机械化和合理化"①。因为欧洲精神具有强烈的"向外推进"的冲动，它以研究客观物质世界为重点，以"改造和控制"客观物质世界为主要目标。通过研究和实践，人们认识到"物质材料的原子结构"，发现了客观物体所具有的"因果关系"，于是用"机械的观点"来看待和处理客观物体、用"强权"手段来控制客观物体，便成为欧洲人或西方人惯常的思维和习用的方法。"数学-机械科学和广义的技术"日益兴盛，最终导致欧洲现代文明的形成和发展。② "西方人在最近一个世纪里创造了一种机械文明，它胜过有史以来在地球上出现的所有发明创造，其影响波及全人类，而不仅仅是某一个别文化。各种各样的机器第一次发挥出巨大作用；它们不再依赖于人力或畜力，而是强迫机械帝国供其使役。"③

卫礼贤深知工业革命和机器大生产是人类历史上史无前例的重大变革，它不仅在经济方面，而且也在社会和政治方面产生了重大影响。他看到，在历史上，畜力的使用曾经促使父权制取代母权制，使男性获得了统治地位。因为用牛耕田需要较大的力气，需要男人来做，妇女因力气小，只能从事家务劳动，这就自然而然地提高了男人的权力和地位。现在机器"造成了男女平等"，它极大地节省了力量，妇女和儿童几乎可以同男人一样进行操作。机器还"造成了无产阶级化"④，大批民众丧

①　Wilhelm R. Ost und West[C]//Bauer W. Richard Wilhelm. Botschafter zweier Welten. Düsseldorf, Köln: Eugen Diederichs, 1973: 177.

②　Wilhelm R. Licht aus Osten[C]//Bauer W. Richard Wilhelm. Botschafter zweier Welten. Düsseldorf, Köln: Eugen Diederichs, 1973: 167.

③　Wilhelm R. Ost und West[C]//Bauer W. Richard Wilhelm. Botschafter zweier Welten. Düsseldorf, Köln: Eugen Diederichs, 1973: 189.

④　Wilhelm R. Ost und West[C]//Bauer W. Richard Wilhelm. Botschafter zweier Welten. Düsseldorf, Köln: Eugen Diederichs, 1973: 189.

失了自身劳动力以外的所有生产资料，不得不走进工厂，孤立无援地遭受"企业主的剥削"①。其政治后果是："不仅家长制的婚姻关系告停，而且英雄式的世袭国家也不复存在。平民大众获得了胜利。"机器文明还有强烈的扩张性，"它必然要向世界各地进行扩张。而且它到达哪里，哪里的本土文化就要消失。正如外来的老鼠赶跑家鼠一样，机器文明对于全人类所有其他生存形式都会发生毁灭性的影响"②。"机器文化毁灭所有其他文化，因为它太简易了。"③

　　然而，卫礼贤更清楚地洞察到了西方文化中所隐含的弊端，他批评"欧洲精神在个人修养和社会组织方面的失灵"④。在卫礼贤看来，欧洲社会主要是以一大批专业人员为支柱的，这些人的强项在于不断发展的专门化，而面对所有不属于他们专业范围的领域，他们只能是一帮"原子人和物质人"（Atommenschen und also Massenmenschen）。他们习惯于从机械和技术的角度来观察人以及人与人之间的交往，习惯于用"强权"手段来调整、处理社会组织事务。这当然是很不合适的。卫礼贤指出："欧洲社会组织的目标是帝国主义。帝国主义即强权政治。当这个目标被一些实力几乎相同的权力集团所追求时，世界大战就必然要发生。这个不可避免的必然结果足以说明强权政治的荒谬性。"他还特别指出：强权政治是"现代欧洲精神固有的特性"，因此，"厌恶和仇恨情绪弥漫在这个文化圈的各成员国之间，它们也使我们看不到欧洲各国本质上的一致性。兄弟之间的相互敌对可能会使他们完全忘记他

　　① Wilhelm R. Ost und West［C］//Bauer W. Richard Wilhelm. Botschafter zweier Welten. Düsseldorf, Köln: Eugen Diederichs, 1973: 194.
　　② Wilhelm R. Ost und West［C］//Bauer W. Richard Wilhelm. Botschafter zweier Welten. Düsseldorf, Köln: Eugen Diederichs, 1973: 189.
　　③ Wilhelm R. Ost und West［C］//Bauer W. Richard Wilhelm. Botschafter zweier Welten. Düsseldorf, Köln: Eugen Diederichs, 1973: 190.
　　④ Wilhelm R. Licht aus Osten［C］//Bauer W. Richard Wilhelm. Botschafter zweier Welten. Düsseldorf, Köln: Eugen Diederichs, 1973: 168.

们本来同出一家"。①

卫礼贤深信，中国精神对于人类的继续发展有无比重要的意义。"如果我们扪心自问，中国以其丰富的历史遗产可向我们提供什么东西的话，那么我们就不会抑制这样的见解，即中国自古至今的绵延不绝，对于人类继续发展恰恰具有命中注定的意义。"②欧洲必须承认其他有才智的民族为世界民族社会中完全平等的成员，必须放弃它迄今在实践中一贯实行的独裁统治。③ 它必须向东方学习，虚心接受中国文化中对西方有益的东西；中国人独特的精神气质和生活智慧，对于西方人特别重要。

欧洲人必须学会像中国人那样过孩子般的生活。"古代中国的生活智慧拥有孩子般的单纯力量。中华民族虽然十分古老，但他绝不带任何年迈的气象，而是像孩子一样和善无害地生活着。这种和善完全不同于无知或原始，它是深晓事物大义的人才能具有的特性。从这种和善中，生命之泉会不断流出汩汩新水。因此，一个中国人会全然不计他曾做过什么，他对外界作出了何种贡献，他只关心自己作为一种存在到底是什么的问题。这种存在不是毫无生气的暂时存在，而是一种力量强大的、具体的现实，它能产生影响，并且影响巨大，因为它不考虑自己，只表达一些理所当然的、无意识的东西。这就给予人们莫大的安宁，使其自制。中国人的眼光并不停留在自己带有偶然性的小我上，而是深入人类的根底。他们听天由命地生活着，并因此而成为自主者，不为表面的波涌而动摇。有一句中国谚语说得好：'大事化小，小事化了。'对于领袖们来说还要具备耐心，不要仓促行事，只追求表面上的成功。他们善于

---

①　Wilhelm R. Licht aus Osten[C]//Bauer W. Richard Wilhelm. Botschafter zweier Welten. Düsseldorf, Köln: Eugen Diederichs, 1973: 168.

②　Wilhelm R. Ost und West[C]//Bauer W. Richard Wilhelm. Botschafter zweier Welten. Düsseldorf, Köln: Eugen Diederichs, 1973: 187.

③　Wilhelm R. Ost und West[C]//Bauer W. Richard Wilhelm. Botschafter zweier Welten. Düsseldorf, Köln: Eugen Diederichs, 1973: 195.

对刚刚萌生的事物施加影响，能够长时间施展塑造的魔力。"①卫礼贤认为这就是西方人所需要的，而古老的中国又能够给予的东西。简言之，在中国人的生活智慧方面，西方人必须甘当小学生。

卫礼贤对西方文化的反省和批判，在一定程度上是与当时在西方社会已经出现的反对占统治地位的世界观和价值观的精神思潮相联系的。然而，与那些厌倦文明、敌视进步、不再信任人的理性的悲观主义论者不同，卫礼贤并没有完全否定西方文化的价值，相反，他充分肯定机器文明对未来人类文化的重要性，认为西方的科学技术将成为人类的共同财产，"机器技术的胜利进军为每一种未来可能的文化都奠定了一般基础"②。卫礼贤也看到，欧洲现代文明的崩溃与先前一些文明的衰落过程——逐渐停滞、僵化和粗糙不同，欧洲及其文明已达到相当完善精致的程度。像欧洲对世界大战中用于自我残害的破坏机器的"天才"构思，在以前时代是未曾有过的。欧洲文化的精神基础虽然崩溃了，但是它的文化手段仍继续存在，即使今天，欧洲的科学技术仍居世界各国之首。③ 西方文化还拥有这样的精神力量：它们在人类未来的发展中对其他民族也有重要价值，这就是"个人独立自主的自由性"④。因为在未来社会中，束缚个人的自然羁绊将越来越松弛，社会组织将越来越有意识、合理化和自由。将来文化灵魂的承担者不再是团体，而是个人。⑤ 卫礼贤认为，西方文化中的自由主义传统，必将成为全人类的宝贵财富。因此，西方人没有理由自暴自弃，而应当对自身文化的优缺点有全

---

①　Wilhelm R. Ost und West[C]//Bauer W. Richard Wilhelm. Botschafter zweier Welten. Düsseldorf, Köln: Eugen Diederichs, 1973: 187-188.

②　Wilhelm R. Ost und West[C]//Bauer W. Richard Wilhelm. Botschafter zweier Welten. Düsseldorf, Köln: Eugen Diederichs, 1973: 195-196.

③　Wilhelm R. Ost und West[C]//Bauer W. Richard Wilhelm. Botschafter zweier Welten. Düsseldorf, Köln: Eugen Diederichs, 1973: 193.

④　Wilhelm R. Ost und West[C]//Bauer W. Richard Wilhelm. Botschafter zweier Welten. Düsseldorf, Köln: Eugen Diederichs, 1973: 198.

⑤　Wilhelm R. Ost und West[C]//Bauer W. Richard Wilhelm. Botschafter zweier Welten. Düsseldorf, Köln: Eugen Diederichs, 1973: 196.

面准确的认识，自觉地扬长避短。他们也应当虚心向其他民族学习，积极寻求纠正西方文化弊端的良策。

卫礼贤满怀信心地指出，未来的人类完全能够缔造一种新文化，一种不受时间和空间条件限制、综合所有文化遗产特别是东西方文化遗产而形成的世界文化。"过去的遗产必须作为文化的基础来利用。这些遗产现在已不能再自然而然和纯粹偶然地进入未来的人的精神，人们必须通过新式教育有意识地把它灌输到新一代人的头脑里，它会成为一种新的自我塑造传统。在植物种植和动物饲养中人们已经获知：新的物种是完全可以被创造出来的，这些物种因为符合人的意志，所以会比自然的物种更富有生命力。人们可以像对待别的自然物一样来与它们打交道。在植物界、动物界可能的事情，在人类世界同样会是可能的。实际上，人们也总是以这样的方法来传播文化。"①而要摆脱时间和空间上的限制，必须要做到两个方面。首先是深入自己的潜意识，根据神秘主义的统一观和直觉本能来认识人的存在，开辟新的生路。这是东方文化中好的方面。其次，它需要进一步加强个人的独立自主，直到获得力量并能够抵御外部世界的所有压力。这是西方文化中好的方面。"在这块土地上，东方和西方作为互不可缺的姐妹团聚在一起。"②

总而言之，卫礼贤并没有放弃传教使命，他只是反对现有的教会和传教的实践，试图寻求一种新的传教方法。而这种传教策略的转变不仅有着独特的神学背景，而且也是建立在对东西方文化的深刻理解的基础之上的。如果仅仅把卫礼贤看作一位汉学家，而不了解其神学背景和宗教思想在他从传教士到汉学家的转变过程中所发挥的重要作用，就不可能对他的事业作出恰当的评价。

---

① Wilhelm R. Die Krisis der chinesischen Kultur[J]. Sinica, 1928(3)：228-229.

② Wilhelm R. Ost und West[C]//Bauer W. Richard Wilhelm. Botschafter zweier Welten. Düsseldorf, Köln：Eugen Diederichs, 1973：198.

第三章　卫译《道德经》中的西方
神学、文学与哲学元素

　　在促进东西方文化交流方面，卫礼贤最重要的贡献便是对中国典籍的译介。以 1902 年首次发表《三字经》的德语译文为发端，卫礼贤开始努力尝试以一种适应西方读者阅读习惯的形式将儒家典籍呈现出来。1904—1905 年，他节译的《诗经》《大学》《论语》先后发表。尽管这些早期译作并未引起很大反响，却已然彰显了日后贯穿卫礼贤翻译活动的文化会通原则，即尽量在中西文化之间寻找"最大公约数"，以接受者喜闻乐见的形式来推动东方文化在西方的传播。

　　要想让西方读者顺利接纳一个几乎完全陌生的东方哲学体系，译者就必须先在东西方之间架起一座语言沟通的桥梁，必须充分考虑同时代德语世界接受者的"先在结构"和"期待视野"。从语言环境来看，卫礼贤不得不有意识地将德语读者所熟悉的德国哲学、神学概念运用在中国典籍译本中，用西方思想来阐释道家思想。宋健飞指出："在分析、总结了前人翻译《道德经》的得失后，卫礼贤认为，要让这样一本'中国的圣经'能为德国读者理解并领会字里行间的含义，必须找到一种目的语受众所熟悉的文化语言。身为牧师和传教士的卫礼贤，自然地将目光投向了德语世界家喻户晓的《圣经》里的语汇。"①事实上，卫礼贤译本在德语世界取得成功，很大程度上来源于其译本中高度艺术化的语言，尤其是他针对德国普通读者的语言习惯和教育水平，大量使用路德版《圣经》和歌德作品中的词汇来重构《道德经》中的语言体系，从而使之更容

---

　　① 宋健飞. 卫礼贤与德译《道德经》[J]. 东方翻译，2012(1)：53.

易被大众读者所接受。正如黑塞所指出的，与其他汉学家的译本相比，"卫礼贤译本以更强劲有力、更确切和更富个性化的语言而见长，因此也更为通俗易懂"①。同时，来自《圣经》和德国哲学的名言警句、论证方式被卫礼贤大量用于对《道德经》的注释，这不仅大大提升了译本的可读性，而且使东方智慧在读者面前展现出了与同时代德国哲学和思想文化相通的一面，从而在西方中心主义和文化帝国主义依然盛行的年代，开辟了一条"生机勃勃的逆向车道"②，在中德文化之间架起一座新的文明交流互鉴的桥梁。

一、神学还是哲学？

卫礼贤的日记显示，早在 1910 年 1 月 31 日，他就已经开始着手准备《道德经》的翻译工作。1910 年 3 月 6 日，卫礼贤在与欧根·迪特里希斯出版社商讨《论语》译本的标题、插图时，提出了翻译中国宗教与哲学系列丛书的计划，不过，如前文所述，道家经典《道德经》《庄子》在那时仅排在第七位，另一部道家经典《列子》反倒作为"泛神论哲学"的代表名列第二。是因为从 1870 年首个《道德经》德语全译本问世以来，此时在德语世界中至少已经有 8 个风格各异的《道德经》译本。其中尤以神学家维克多·冯·施特劳斯（Victor von Strauß，1809—1899）的1870 年全译本最为著名，它带有内容极为丰富的导言和注解，篇幅长达 440 页，曾被著名社会学家马克斯·韦伯（Max Weber，1864—1920）等人多次引用。但卫礼贤很快便被说服，优先考虑了《道德经》的翻译工作，同年年底他便完成了全部翻译工作。当时就职于青岛特别高等学堂（德华大学）的赫善心博士（Harald Gutherz，1880—1912）因为早年也研究过老子哲学，所以对卫礼贤的翻译工作产生了浓厚的兴趣。卫礼贤

---

① Hesse H. Weisheit des Ostens［C］//Hsia A. Hermann Hesse und China. Frankfurt a. M.：Suhrkamp，1981：97.

② Detering H. Bertolt Brecht und Laotse［M］. Göttingen：Wallstein，2008：32.

只要有新的段落翻译出来，就会朗读给赫善心听，让他对译本质量和可读性作出评价。在正式出版的译本序言末尾，卫礼贤还附上了赫善心从社会学角度撰写的一篇《道德经》研究论文。作为对老子"小国寡民"理想的进一步解说，他们还一起翻译了《桃花源记》，并将译文也发表在了这一译本中。

《道德经》在德语世界的早期译介深受基督教神学的影响。如施特劳斯译本努力将《道德经》阐释为一种"原始基督教"，试图将其中的玄学思想纳入基督教神学体系。在对《道德经》第14章的阐释中，施特劳斯根据18世纪西方传教士的研究，将文中出现的"夷""希""微"三个字音译为I、Hi和Wei，再将其与希伯来语中的上帝之名"耶和华"等同起来，以证明老子早已知道"上帝之名"和"三位一体"的奥秘。① 这种带有西方中心主义和文化殖民政策烙印的思想在当时的欧洲颇有市场，其影响甚至一直持续到20世纪上半叶。卫礼贤对此的看法则截然不同，正如岳父布卢姆哈特训导他的那样——中国人"根本不需要成为什么基督徒"②，中国经典也没有任何必要被纳入所谓"原始基督教"体系。因此，卫礼贤非但没有将《道德经》纳入西方神学体系，或是将道家经典视为可以由西方学者任意曲解的东方学研究对象，相反，他在译著中不断提醒读者要对自己的"先入之见"保持清醒的认识，不要因道家思想与基督教神学之间具有相似性便将二者混为一谈，而要将《道德经》视为超越时空的思想经典，将"东方之光"视为救世之道。正如卫礼贤1910年10月8日在从青岛寄往德国的一封信中所说：

> 我们这个时代的汉学家还是没有丢掉陈旧的神学思想偏见，用自己的标准去衡量非基督教的现象。而我始终坚信，现在要想真正

① 谭渊，熊姣. 施特劳斯《道德经》译本的深度翻译解读 [C]//德意志研究2018. 武汉：武汉大学出版社，2019：113-120.

② [德]阿尔布莱希特·埃舍. 卫礼贤与巴特·鲍尔 [C]//孙立新，蒋锐. 东西方之间——中外学者论卫礼贤. 济南：山东大学出版社，2004：64.

理解一种与我们如此迥异的现象，唯有充满爱心地沉浸其中，并具有不带成见去加以理解的诚意。①

因此，在对《道德经》第 14 章的注释中，卫礼贤不仅放弃了对"夷""希""微"的音译，而且还写道："通过中文的发音来找出希伯来语中 I、Hi 和 Wei 对应的上帝之名的尝试，可以视为终结了。"②他尤其针对施特劳斯译本写道：

> 也许无法否认，此处所描述的关于"道"（神性）的观念，与以色列人的一些观念存在可比性。……但即便没有直接的接触，这类一致性也很容易理解。这种关于神性的观念只不过反映出人们在神性认知方面发展到了一个特定的意识阶段。此外，老子非人格化的泛神论构想和以色列人关于上帝的轮廓这一鲜明的历史人物形象间的根本性差异是不容忽视的。③

换言之，在卫礼贤眼中，《道德经》并非一部东方先知关于基督教上帝的神学著作，与"原始基督教"也没有什么关系，相反，当西方文明走向衰落，当基督教在 20 世纪德国逐步失去吸引力时，《道德经》在某种程度上应替代《圣经》成为一种令同时代德语读者耳目一新的"解脱之道"。诚然，卫礼贤也要借助《圣经》中的修辞向德语世界读者介绍《道德经》，但他的借鉴和引用更多是在语言表层和表达形式方面，隐藏在基督教式的宣教、歌德式的修辞、尼采式的语录之下的依然是来自

---

① Wilhelm R. Brief an Eugen Diedrich am 8. Okt. 1910[C]//Diederichs U. Eugen Diederichs. Selbstzeugnisse und Briefe von Zeitgenossen. Düsseldorf, Köln: Diederichs, 1967: 179.

② Laotse. Taoteking. Das Buch des Alten vom SINN und LEBEN[M]. Wilhelm R., verdeutscht und erläutert. Jena: Diederichs, 1911: 94.

③ Laotse. Taoteking. Das Buch des Alten vom SINN und LEBEN[M]. Wilhelm R., verdeutscht und erläutert. Jena: Diederichs, 1911: 94.

东方的智慧。

　　这首先体现在对"道"一词的解读与翻译上。卫礼贤将《道德经》译为《老者的真谛与生命之书》(*Das Buch des Alten vom SINN und LEBEN*)。对于为何要将"道"翻译成"真谛(真意/思)"(SINN),卫礼贤在前言中解释说,要用一个欧洲语言中的单词来概括"道"是根本不可能的,只能勉强将其翻译为"上帝""道路""理性"或"逻各斯"(λόγος/logos),或者干脆就采用音译方法来回避翻译问题。卫礼贤非常清楚,在可选项中与"道"最为接近的西方哲学概念是来自古希腊哲学的λόγος,他在注释中特别强调:"在中国,翻译《圣经》中的λόγος时大学使用了'道'字。"①而卫礼贤将"道"译成德语中的"Sinn"一词虽与此有关,但这种译法却并非直接出自《圣经》,而是源于歌德名著《浮士德》(*Faust*)中的"书斋"一场。在那一场中,浮士德决心重新翻译《圣经》,但刚一动笔就被《约翰福音》首句中的希腊语词汇λόγος/logos难倒了,为此他绞尽脑汁,先后将《约翰福音》第一句译为"太初有言(Wort)""太初有真(Sinn)""太初有力(Kraft)""太初有为(Tat)",并把"有为"作为了自己的人生指南。卫礼贤对自己选择用Sinn(λόγος/logos)来翻译"道"进行了详细解释,并指出Sinn一词在德语中也有多重含义,原本就有"道路、方向"的意思,其引申意义也与中文的"道"多有契合,因此二者含义大致相当。为了让读者注意到译文中出现的Sinn一词在含义上有别于通常使用中的意义,卫礼贤在此特地使用了大写的SINN。② 而通过前言中的这番解读,SINN即"道"在德语译本中就具有了源语语境之外的另外两重文化编码——马丁·路德开创的《圣经》翻译与阐释以及德语世界最伟大的文学作品《浮士德》。SINN背后的独特文化编码不仅使《道德经》的翻译进入了德国文学和神学之间的叠加区域,并且在接受过程中召唤起德语世界的读者对《圣经》和《浮士德》的回忆。这种针对

---

　　① Wilhelm R. Einleitung[M]//Laotse. Taoteking. Das Buch des Alten vom SINN und LEBEN. Jena: Diederichs, 1911: XV.

　　② Wilhelm R. Einleitung[M]//Laotse. Taoteking. Das Buch des Alten vom SINN und LEBEN. Jena: Diederichs, 1911: XV-XVI.

特定读者"先在结构"的潜在召唤对于"经典"的塑造和深入人心同样至关重要。它暗示读者：摆在他们面前的翻译作品具有崇高的地位，与德语世界中的《圣经》和《浮士德》相比也毫不逊色。

在对"德"字进行翻译时，卫礼贤同样在《圣经》中进行了探寻。他没有将其译成常见的"美德"，而是从《道德经》第 51 章"德畜之……长之育之，成之熟之，养之覆之"一句出发，联系《圣经》中的相似喻像，将"德"译成了大写的 LEBEN（生命）。对此，他在译本前言中解释道："这里也须对反复出现的'德'字的译法加以说明。必须指出，中文里对它的定义是'道生之，德蓄之'。因此我们参考《约翰福音》第一章第四节中所说的'生命在它（注：逻各斯）里头，那生命就是人的光'，将这个字译为生命（LEBEN）。"①

在对《道德经》第 38 章中出现的"上德"和"下德"进行评注时，卫礼贤又写道："'高尚的生命'指的是与'真谛'和谐一体，从而在自身中就拥有了生命，它不同于'低下的生命'那种只是派生出来的方式。"②在同一处，卫礼贤还指引读者将"上德"与《约翰福音》第 5 章第 26 节中因"天父"而得到的永恒生命进行比较，将"下德"与《马可福音》第 8 章第 35 节里面因贪婪尘世而丧失的世俗生命进行比较，使《圣经》经文成为对《道德经》的注脚。

为了突出 LEBEN 的特定含义，卫礼贤在《道德经》译本中使用的也是大写的 LEBEN。这种做法是参考了德语《圣经》中对"至高神"之名的大写。对具有基督徒背景的德语读者来说，大写的 SINN 及 LEBEN 会使其立刻联想起马丁·路德翻译的德语《圣经》，而自路德以来，德语《圣经》在涉及"主/上帝"的地方使用部分大写的 GOtt/HErr 就已成为定式。由此可见，卫礼贤实际上沿用了一套基督教术语和书写规范来建构《道德经》译本。

---

① Wilhelm R. Einleitung[M]//Laotse. Taoteking. Das Buch des Alten vom SINN und LEBEN. Jena：Diederichs, 1911：XVI.

② Laotse. Taoteking. Das Buch des Alten vom SINN und LEBEN[M]. Wilhelm R., verdeutscht und erläutert. Jena：Diederichs, 1911：102.

卫礼贤把"德"翻译成"LEBEN"（生命），使得译文的神学色彩大增。例如《道德经》第 28 章中的"常德"在卫礼贤的译文中就变成了"das ewige LEBEN"即"永恒的生命"①，对于德语世界读者来说，"永恒的生命"这样的措辞很容易让人联想起《圣经》中耶稣对信徒的许诺："凡跟随我者必得永生"。如果不加以特别说明，读者不可避免地会将《道德经》与《圣经》联系起来。对《道德经》在西方的传播而言，"永生"之类与基督教文化有密切联系的概念是一把双刃剑：一方面，在"西方读者对来自外国文化的文本的理解能力较为低下"②的客观现实面前，套用西方读者所熟知的基督教概念可以促进《道德经》译本在德语世界的理解和接受；但另一方面，西方读者也很容易因此将西方的基督教文化与东方哲学思想体系混淆起来。卫礼贤本人显然也意识到了这一点，因此他在译本中特地强调要小心辨析《圣经》中的"上帝""天主""天父"等概念和中国的"天子"等叫法在观念上的本质差别。例如在对《道德经》第 14 章的解读中，卫礼贤就明确指出：绝对不可忽略"老子非人格化的泛神论构想和以色列人关于上帝的轮廓鲜明的历史人物形象间的根本性差异"③。

换言之，在译本话语的建构中，卫礼贤一边利用《圣经》中的措辞和术语在德语中重构老子的思想体系，针对读者的"先在结构"建立起了一套便于其发掘《道德经》内涵的目的语文本结构，另一方面则坚定地指出老子的"泛神论"思想与基督教神学之间存在根本性差别，从而奠定了以目的语读者为指向的"召唤结构"（Appellstruktur），通过提示读者辨别哲学与神学体系之间的根本性差异，指引读者在借助自身"先在结构"去填补译文中留下的"空白"时，疏远施特劳斯译本的神学阐释，

---

① Laotse. Taoteking. Das Buch des Alten vom SINN und LEBEN[M]. Wilhelm R., verdeutscht und erläutert. Jena：Diederichs，1911：30.

② Grasmück O. Geschichte und Aktualität der Daoismusrezeption im deutschsprachigen Raum[M]. Münster：LIT，2004：45.

③ Laotse. Taoteking. Das Buch des Alten vom SINN und LEBEN[M]. Wilhelm R., verdeutscht und erläutert. Jena：Diederichs，1911：94.

并通过新的"视野融合"（Horizontverschmelzung）发掘出《道德经》所蕴含的潜在价值，从而产生对《道德经》价值的新理解。例如在对《道德经》第14章"象帝之先"一句的翻译中，卫礼贤与施特劳斯一样，在1911年《道德经》译本中将"帝"译为大写的"HERR"：

> 原文：吾不知谁之子，象帝之先。
>
> 译文：Ich weiß nicht, wessen Sohn er ist. /Er scheint früher zu sein als HERR.①
>
> 回译：我不知道，他（道）是谁的儿子。/他似乎出现在主之前。

尽管卫礼贤同样在此引入了基督教色彩浓郁的"HERR"（主/上帝）一词，但这绝不意味着卫礼贤像施特劳斯一样将"道"解读为上帝化身。相反，卫礼贤的解读是纯粹哲学性的，他并不认为这里所体现的是老子关于基督教上帝的认识。他在1911年《道德经》译本中指出：这段文字体现出了老子思想中"停步于超验的残余部分"（transzendent bleibenden Rest）②，即一种假定的主神概念，并在注释中特地提示读者注意辨析其内涵："施特劳斯用'主'翻译的'帝'这个字（在中国）一方面指向远古时代具有神灵色彩的统治者，另一方面指向被假设为上天之主的统治者、各王朝的'祖先'和至高无上的神。"③可见，卫礼贤在引入带有基督教神学色彩的"HERR"（主/上帝）的同时，也通过注释让读者注意辨别基督教神学和老子的神秘主义哲学思想之间的相似性和差异性。

综合来看，卫礼贤在其《道德经》译本中引进大量的神学术语，从

---

① Laotse. Taoteking. Das Buch des Alten vom SINN und LEBEN[M]. Wilhelm R., verdeutscht und erläutert. Jena：Diederichs, 1911：6.

② Laotse. Taoteking. Das Buch des Alten vom SINN und LEBEN[M]. Wilhelm R., verdeutscht und erläutert. Jena：Diederichs, 1911：91.

③ Laotse. Taoteking. Das Buch des Alten vom SINN und LEBEN[M]. Wilhelm R., verdeutscht und erläutert. Jena：Diederichs, 1911：91.

前言开始就使德语读者备感亲切，但这并不是因为他像施特劳斯那样将
道家思想呈现为一种基督教神学的变体，而主要是因为他巧妙地将《圣
经》式的修辞、概念和比喻引入了《道德经》译本，并引用德语文学和希
腊哲学中的概念诠释了东方哲学，从而大大降低了本国读者理解道家思
想的难度。所以，他的最终目的在于帮助德语读者正确理解《道德经》，
使他们顺利地进入一个既陌生而又在语言上备感亲切的思想体系，并从
中感受到东方智慧与德国哲学、文学和文化的相通性。

二、路德式的修辞风格

戴特宁教授在《布莱希特与老子》一书中指出："与其他译本相比，
卫礼贤笔下这本道家智慧的奠基之作更为特色鲜明，就像一部新颖的宗
教诗。"①回顾 1911 年前后的德国社会，在尼采哲学盛行、基督教信仰
式微的背景下，来自东方的道家思想典籍在许多德语读者眼中确实在某
种程度上扮演着新型"救世宗教"的角色。而卫礼贤在用基督教术语翻
译道家思想时，也有意识地进行着陌生化的处理，将这部道家经典以一
种对欧洲读者而言既熟悉又陌生的方式展示在他们面前，使同时代德语
世界的读者仿佛看到了一种堪比《圣经》的中国"圣典"。要想让自己的
译文能够被大众所理解，只有借助德语世界读者所熟知的欧洲哲学、神
学修辞与文学词汇，引入路德式的德语表达方式，将《道德经》中蕴含
的道家思想塑造成一种特殊意义上与基督教具有可比性的宗教哲学思
想。不过，与前辈们试图把《道德经》削足适履地纳入基督教神学体系
不同，卫礼贤在《道德经》译本中又传达出这样一个信息：眼前的"中国
宗教"虽然有着与基督教类似的宣教体系，但隐藏在这些相通性之后的
是人类对认识自我、超越平凡、解放自我的共同追求，因此道家思想不
仅与儒家思想有着相通之处，甚至与托尔斯泰、歌德、斯宾诺莎的思想

---

① Detering H. Bertolt Brecht und Laotse[M]. Göttingen: Wallstein, 2008: 27.

也都有诸多交集。① 这种独特的修辞风格在卫礼贤译本的开头就已显现无遗。1911 年的《道德经》德译本是这样开始的：

原文：

道可道，非常道。名可名，非常名。

无名，天地之始；有名，万物之母。

……此两者，同出而异名，同谓之玄。

玄之又玄，众妙之门。

译文：

Der SINN, den man ersinnen kann,

ist nicht der ewige SINN.

Der Name, den man nennen kann,

ist nicht der ewige Name.

Jenseits des Nennbaren liegt der Anfang der Welt.

Diesseits des Nennbaren liegt die Geburt der Geschöpfe.

［…］Beides hat einen Ursprung,

und nur verschiedenen Namen.

Diese Einheit ist das Große.

Und des Geheimnisses noch tiefes Geheimnis.

Das ist die Pforte der Offenbarwerdung aller Kräfte.②

回译：

真谛(道)，如果是可以想出来的，

就不是永恒的真谛。

名字，是人们可以命名的，

就不是永恒的名字。

---

① Laotse. Taoteking. Das Buch des Alten vom SINN und LEBEN［M］. Wilhelm R., verdeutscht und erläutert. Jena：Diederichs, 1911：90-91.

② Laotse. Taoteking. Das Buch des Alten vom SINN und LEBEN［M］. Wilhelm R., verdeutscht und erläutert. Jena：Diederichs, 1911：3.

> 超越可命名者的是世界的开始，
>
> 造物的诞生肇始于可以命名者。
>
> [……]两者同源，
>
> 只是名字不同。
>
> 两者的统一是伟大的。
>
> 是比奥秘更深奥的奥秘。
>
> 它是启示所有力量的小门。

德语世界的读者们读到"世界的开始"也许会备感亲切，认为老子的"东方圣经"与《圣经·创世记》一样，首先讲述的是创世故事，只是这里没有出现至高的上帝，而是浮现出了没有形体的"道"。卫礼贤在译文第 6 行中所用的 Geschöpfe 一词本意为"受造物"，它更明确指向了"道"创造（schöpfen）万物的过程。对于欧洲读者而言，"造物的诞生"无疑让他们联想起《圣经》中关于上帝创造宇宙万物的传说，而"世界的开始"也同样指向了《圣经》中的第 1 篇《创世记》。不同点仅仅在于：《创世记》中"世界的开始"和"造物的诞生"都是源自造物主——上帝，而卫礼贤笔下的创世过程则是与"命名"（nennen）的可能性联系在一起，充满了玄学的意味。而在《圣经》的世界中，"造物的诞生"从某种程度上讲也是与"命名"相关的——上帝不仅将他所造的第一个人命名为"人"，而且还在《创世记》第 2 章中设计了一个"命名"的仪式：在伊甸园中，上帝向亚当展示了所有动物，它们那时还没有名字，于是，亚当就给动物命名，亚当将一个动物称作什么，这个动物以后就叫什么。在哲学中，命名对认识世界而言具有极其重要的意义，因此德国哲学家瓦尔特·本雅明（Walter Benjamin）甚至认为亚当的意义远远超越柏拉图，他才是真正的"哲学之父"①。在 1928 年发表的学术报告《歌德和老子》

---

① Benjamin W. Ursprung des deutschen Trauerspiels [M]. Frankfurt a. M.: Suhrkamp, 1978：19. 请参阅 Turk H. Philosophische Grenzgänge：Zur Cultural Turn in der Literatur[M]. Würzburg：Königshausen u. Neumann, 2003：174.

（*Goethe und Lau Dsi*）中，卫礼贤这样阐述道："为了去理解所有事物的实质，名字从一开始就是不能缺少的。我从哪里知道每件事物是怎样的呢？正是通过它们（名字）。"①此外，卫礼贤在前述译文第 5、6 行中使用的 jenseits（彼岸，超越）及 diesseits（此岸，这边）也充满哲学及玄学意味，它们更多的是与时间而不是空间相联系。"可名的此岸"（Diesseits des Nennbaren）指的是认识事物历史的开端，也意味着哲学史的开端。由此，卫礼贤通过这段简短的译文建构起了一个道家式的《创世记》，隐隐与基督教的《圣经》的开头具有诸多可比之处。

此外，对比原文我们还可以注意到，卫礼贤非常自由地将最后一行的"众妙之门"演绎为"启示所有力量的小门"。为什么他将"众妙"译为"启示所有力量"呢？卫礼贤没有给出解释，但他很可能再次想到了《浮士德》，因为在该剧中，浮士德曾将《约翰福音》的第一句译为了"Im Anfang war Kraft. ／太初有力。"（《浮士德》第 1233 行）。"力量"是"逻各斯"或者说"道"一词在德语中的另一种呈现形式。当然，卫礼贤也可能再次考虑了《圣经》读者的"先在结构"，因为该句中的 Pforte（小门、入口）指向耶稣对门徒所说的"引到永生，那门是窄的"

---

①　Wilhelm R. Goethe und Lau Dsi［M］//Wilhelm S. Der Mensch und das Sein. Jena：Diederichs，1931：112. 德语原文：Von Anbeginn bis heute sind die Namen nicht zu entbehren，um zu verstehen aller Dinge Wesen. Denn woher wei ßich aller Dinge Wesen beschaffen ist？Eben durch sie. 参考卫礼贤 1925 年发表的《老子与道教》可以知道，报告中这段话是《道德经》第 21 章末尾句（自古及今，其名不去，以阅众甫。吾何以知众甫之状哉？以此。）的翻版。这段话在该书中被译为：Von alters bis heute sind die Namen nicht zu entbehren，/Um zu überschauen alle Dinge. /Woher wei ßich aller Dinge Art？/Eben durch sie. 但在 1911 年版《道德经》中，译文是这样的：Von Anbeginn bis heute/ist sein［SINNES］Name nicht zu entbehren，/um zu verstehen aller Dinge Entstehung. /Und woher wei ßich，/daß aller Dinge Entstehung so beschaffen ist？/ Eben durch ihn. 两种版本最大的差别在于，认知的途径究竟是通过"真谛/SINN"还是通过"名字/Namen"。Wilhelm R. Laotse und der Taoismus［M］. Stuttgart：Frommann，1925：74；Laotse. Taoteking. Das Buch des Alten vom SINN und LEBEN［M］. Wilhelm R.，verdeutscht und erläutert. Jena：Diederichs，1911：23.

(《马太福音》第 7 章 14 节)。而 Offenbarwerdung 则指向启示神学的核心：神启(Offenbarung)，同时也指向《圣经》最后一篇《启示录》中上帝向使徒约翰显现的各种异象和预言，只不过 Offenbarung 源自及物动词 offenbaren，强调了神的主动引导，而 Offenbarwerdung 源自不及物动词 offenbarwerden，更强调真理的自我显现。因此，卫译本中"启示所有力量的小门"指的就是一条认识"真谛"或"道"的神圣道路。

同时，德语世界的读者所熟知的《圣经·创世记》的修辞形式还被运用于其他章节的翻译中。例如《道德经》德译本第 17 章中"功成事遂"被翻译成：Die Werke wurde vollbracht(事业就成就了)。这很容易让读者联想到《圣经》，因为在路德翻译的《约翰福音》(第 19 章 30 节)中，耶稣受难时说的最后一句话就是"成了"(Es ist vollbracht)，而《创世记》第一章在描写上帝创造天地万物时也四次使用了套话"事就这样成了"(es geschah so)。

在部分译文中，卫礼贤在现代德语完全可以满足用词需要的情况下，还刻意使用 16 世纪马丁·路德版《圣经》中的措辞对译文重新进行建构，从而拉近《道德经》与德语世界的读者之间的距离。如《道德经》第 5 章"天地之间，其犹橐龠乎？"一句在 1911 年《道德经》译本中被卫礼贤译为：Ist nicht die Feste zwischen Himmel und Erde wie ein Blasebalg？(天地之间的空间难道不像是一个风箱吗？) 卫礼贤所用的"Feste"一词并非现代德语意义上的"固体"，只有熟悉路德版《圣经》的读者才知道，这里所谈论的其实是"空间"。卫礼贤在注释中对自己的用词进行了以下说明：

> 将天地之间的空间作为生命产生的地方，这个想法与《圣经》中的"空间"(Feste)(《创世记》第一章)不谋而合。中国的风箱有一个坚固的支架，它通过一种在内部来回运作的推杆工作，其外在的

形态并不改变。①

1534 年的路德版《圣经·创世记》第一章第 6～14 节中与之相对应的诗句如下：

原文：

Und GOtt sprach /Es werde eine feste zwisschen den wassern /vnd die sey ein vnterschied zwischen den Wassern /Da macht GOtt die feste /vnd scheidet das wasser bunden /von dem wasser droben an der festen /Vnd es geschach also /Vnd GOtt nennet die festen /Himel /Da ward aus abend vnd morgen der ander tag.［…］Vnd GOtt sprach /Es werden Liechter an der feste des Himels /vnd scheiden tag vnd nacht［…］。②

译文：

上帝说，水之间要有空间，它将水分开。于是上帝就造出空间，将其下的水和空间上的水分开了，事情就这样成就了。上帝将空间命名为天，于是就产生出晚上、早晨，这是第二天。……上帝说，天上的空间要有光体，分别昼夜……

在现代德语中，用 Feste 一词来表示"空间"极为罕见，远离了德语世界的读者的日常用语。因此，将"天地之间"的"间"翻译成路德版《圣经》中的"Feste/空间"的关键原因还是在于卫礼贤所接受的神学教育和

---

① Wilhelm R. Laotse und der Taoismus［M］. Stuttgart：Frommann，1925：91-92. 德语原文：Der Raum zwischen Himmel und Erde als Ort der Erzeugung des Lebens ist ein Gedanke，der mit der biblischen „Feste"（Gen. I）Berührung hat. Ein chinesischer Blasebalg ist ein festes Gestell，das durch einen im Innern hin-und hergehenden Schieber in Tätigkeit gesetzt wird，ohne seine Gestalt zu ändern.

② Luther M. Biblia. Das Alte Testament. Die Luther-Bibel von 1534. Vollständiger Nachdruck. Köln：Taschen，2005，S. I. 后文关于路德版《圣经》的德语引文均来自此版本，不再一一说明。

他对基督教读者"先在结构"的考虑。从现代德语的角度来讲，这一译法或多或少偏离了原文，但是通过刻意绕过路德版《圣经》这条具有传统底蕴的"弯路"，卫礼贤却在《道德经》与《创世记》之间进一步建构起了一座沟通的桥梁。可以想见，当1911年的德语读者面对一个充满了他们所熟悉的表达方式的译本时，无疑会对这部令他们原本备感陌生的东方"圣典"产生一种亲切的感觉，从而拉近读者与道家思想之间的心理距离。①

由于卫礼贤精心挑选措辞、针对读者的"先在结构"对译文进行重新建构，德语世界读者在阅读到1911年版《道德经》译本时，势必会产生似曾相识的感觉。例如，在1911年的译本中，卫礼贤依据《河上公章句》为《道德经》的每一章都添加了小标题，由于《河上公章句》为各章所加的小标题均只有言简意赅的寥寥两个字，卫礼贤在翻译标题时就有了更多驰骋想象的空间。如在翻译《道德经》第50章的标题"贵生"时，卫礼贤跳出"珍视生命"这层含义，将其译为 Die enge Pforte des Lebens②，即"生命的窄门"，中国读者也许会觉得摸不着头脑，但德语读者却会感到无比熟悉，因为如上文所述，这一译文援引的是《马太福音》第7章13~14节的内容："你们要进窄门。……引到永生，那门是窄的，路是小的，找着的人也少。"

除了通过精心选择的词汇和措辞建构起与《圣经》的互文关系，卫礼贤还在《道德经》译本注释中引用德语读者熟悉的《圣经》段落，利用

①　在卫礼贤1925年版的翻译本中，该句被译为"Der Zwischenraum zwischen Himmel und Erde /Ist wie eine Flöte[…]"（天与地之间的空间；就像一支长笛）。"空间"一词消失了。在脚注中，卫礼贤解释说他参照了中国学者梁启超的解释。Wilhelm R. Laotse und der Taoismus[M]. Stuttgart: Frommann, 1925: 73. 在《歌德与老子》中，卫礼贤还展示了另外一种说法："Ist nicht der Raum zwischen Himmel und Erde wie eine Flöte? Sie ist leer und doch fest. Je mehr man bläst, desto mehr kommt（an Tönen）daraus hervor[…]"（天与地之间的空间难道不像一支长笛吗？它空旷而坚固。人们吹奏得越多样，就会从中发出越丰富的音调……）。Wilhelm R. Goethe und Lau Dsi[M]//Wilhelm S. Der Mensch und das Sein. Jena: Diederichs, 1931: 107.

②　Laotse. Taoteking. Das Buch des Alten vom SINN und LEBEN[M]. Wilhelm R., verdeutscht und erläutert. Jena: Diederichs, 1911: 55.

《圣经》来解释《道德经》，从而便于《圣经》读者理解，同时他也常常在注释中进一步追溯并强调《道德经》与《圣经》的差异，使读者通过对比研究对道家思想产生更加准确的认识。这种做法几乎贯穿了卫礼贤的整部《道德经》德译本。例如，他将第十章"专气致柔，能如婴儿乎？"翻译为：Kannst du deine Kraft einheitlich machen und die Weichheit erreichen, daß du wie ein Kindlein wirst?（你能将力量合为一体并达到柔和，使你像小孩子一样吗？）Kindlein（小孩子）是路德版德语《圣经》中常用的一个词，尤其是《马太福音》《路加福音》中记述与耶稣相关的预言和降生传说时，这一词汇更是被用来特指耶稣，而耶稣在宣教时也常常用"孩子"作比喻。卫礼贤似乎担心德语读者不会注意到这一点，因此在注释中特意提醒道："经常反复出现的孩子形象，可以参见《马太福音》第18章第3节及后续小节。"①在解读第7章"后其身而身先，外其身而身存"时，他也在注解中写道："关于最后的实际应用，参见《马太福音》第23章12节：凡自高的（必降为卑）……第10章39节：得着生命的（却要失去生命）……"②由此，卫礼贤通过注释在《道德经》与《圣经》之间构建起了一座文化沟通的桥梁，使读者能够初步理解《道德经》"正言若反"的修辞特色以及其中所蕴含的哲学内涵，从而为读者提供了一个帮助其进行思考和深化理解的参照系。戴特宁教授在总结卫礼贤的《道德经》译文风格时指出：

> 他的译著，特别是《道德经》的译本……颠覆了传教士的文化侵略原则，不再借用中国传统话语来表述基督教的救世福音，而是通过与基督教话语体系建立联系而使得中国传统文化在基督教文化圈中变得通俗易懂——不仅仅是作为一种希腊、犹太-基督教式思维方式的遥远而独特的变体，而且从与现代思维的兼容性来看，它甚至可能还超越了前者。因此，卫礼贤故意让老子穿越语言的时

① Laotse. Taoteking. Das Buch des Alten vom SINN und LEBEN[M]. Wilhelm R., verdeutscht und erläutert. Jena: Diederichs, 1911: 93.

② Laotse. Taoteking. Das Buch des Alten vom SINN und LEBEN[M]. Wilhelm R., verdeutscht und erläutert. Jena: Diederichs, 1911: 7, 92.

空，一再使用那些路德版《圣经》读者觉得格外亲切的概念和
比喻。①

综合来看，卫礼贤在翻译《道德经》的过程中虽然明确拒绝了基督
教式的神学解读，但却有意识地在译文标题、措辞和注释中吸收了基督
教式的修辞形式，甚至在译文中直接引用了《福音书》中的措辞和比喻，
并通过注释进一步构建起沟通两部作品内涵的桥梁，从而建立起一个推
动跨文化理解的参照坐标系，最终使得原本"陌生"的东方哲学经典以
一种西方读者"熟悉"的修辞风格呈现在德语世界的大众读者面前。

三、译本中的德语文学与哲学元素

为将陌生的道家文献转化为德语世界读者备感亲切、易于理解的表
述系统，卫礼贤一方面针对欧洲知识分子的"先在结构"，引入他们所
熟悉的基督教概念和《圣经》修辞风格，推动德语读者对陌生概念的接
受；另一方面也尝试借助德语文学、哲学传统来更好地阐释《道德经》。
在这一过程中，卫礼贤的德语文学修养对其译本的成功产生了重要作
用。尤其是他对歌德、席勒作品的引用令德语世界读者备感亲切。

歌德是卫礼贤最喜欢的作家。当卫礼贤还是一名青年大学生时，他
就已经对"歌德著作了如指掌"，在其晚期作品中，"证明歌德的基本思
想与中国思想之间的内在关联对他来说几乎成了生死攸关的大事"。②
例如在对《道德经》第 29 章的评注中，卫礼贤将老子富有韵律的格言与
歌德的诗歌进行了比较："这里同样是押韵的格言，值得注意的是，它
的思想内涵与歌德《科夫特歌谣之二》(Kophtisches Lied，No. II) 相一
致，尽管两者从实际运用来看截然不同。"③

---

①　Detering H. Brecht und Laotse[M]. Göttingen：Wallstein, 2008：26.

②　Otto. W. F. Einleitung[M]//Wilhelm S. Richard Wilhelm. Der geistiger Mittler
zwischen China und Europa. Dusseldorf, Köln：E. Diederichs, 1965：8.

③　Laotse. Taoteking. Das Buch des Alten vom SINN und LEBEN[M]. Wilhelm R.,
verdeutscht und erläutert. Jena：Diederichs, 1911：100.

　　而歌德的《浮士德》始终是卫礼贤最喜爱的作品，在卫礼贤的《道德经》译本中也出现过多次。不仅是"道"（SINN）的翻译与《浮士德》息息相关，卫礼贤还将第 25 章标题"象元"译为 Des unzulänglichen Gleichnis（不可企及的虚影）。中国人在看到这个标题时肯定会一头雾水，而受过良好教育的德语世界的读者却会立刻想到《浮士德》中的著名片段——全剧结尾处"神秘主义者"合唱队所咏唱的著名闭幕词："一切无常者，只是一虚影；不可企及者，在此事已成。"（Alles Vergängliche /Ist nur ein Gleichnis；/Das Unzulängliche /Hier wird's Ereignis.）①

　　卫礼贤用《浮士德》中的语言来翻译《道德经》，这既是一种归化翻译，又体现了他对歌德作品的推崇，同时还暗示着老子与歌德思想的相通性。而最为明显地指向《浮士德》的当属卫礼贤 1911 年版《道德经》第 6 章的译文。该章中出现的"玄牝"被译为 das Ewig-Weibliche（永恒之女性），很明显也是出自《浮士德》结尾段倒数第二行中的"永恒之女性"。由此可见，1911 年版的《道德经》明显带有了《浮士德》的印记，其文学气息也变得愈加浓郁。

　　用《浮士德》阐释《道德经》也是卫礼贤最为喜爱的一个策略。在《道德经》第 50 章中，老子感叹人类生命的短暂，同时批评那些不珍惜简朴生活、拿自己生命冒险的人："出生入死。生之徒，十有三。死之徒，十有三。人之生，动之于死地，亦十有三。"老子笔下的"动之于死地（之徒）"被卫礼贤翻译为"那些追求生命，同时奔向死亡之地的人"（Menschen, die leben und dabei sich auf den Ort des Todes zubewegen②），这段话使卫礼贤想起了为追求对世界的认识与体验而不惜赌上灵魂的浮士德。于是，他将《道德经》第 50 章拿来与歌德笔下浮士德至死追求幸

---

　　① ［德］歌德. 浮士德［M］. 郭沫若，译. 上海：群益出版社，1947：433. Goethe J. W. Faust［M］. Tübingen：Deutsche Klassiker，2007：464. 请参阅本书后半部分中 Heinrich Detering 教授的论文 „Andeutungen des Unaussprechlichen"：Richard Wilhelms deutsches Daodejing。

　　② Laotse. Taoteking. Das Buch des Alten vom SINN und LEBEN［M］. Wilhelm R.，verdeutscht und erläutert. Jena：Diederichs，1911：55.

福的一刻相互印证。他写道："'那些追求生命，同时奔向死亡之地的人'是那些在对生命的追求中寻找'一刻停留'的人（参见《浮士德》：'我要对那一刻说：请停留一下！'……），而恰是这一刻的停留为死亡提供了可乘之机。"①卫礼贤援引歌德作品，与《道德经》进行比较，同样服务于其翻译活动的核心目标，即通过文学文本的对比，引入读者喜闻乐见的德语文学文本，使中国哲学思想以更为鲜明生动的形式在德语世界中呈现出来。

德国哲学在卫礼贤版《道德经》译本中也具有重要地位。在 1911 年译本导言的结尾，卫礼贤曾试图从哲学出发来解释《道德经》第 42 章中的"道生一，一生二，二生三，三生万物"。他从新柏拉图主义出发，认为老子是坚定的一元论者，"道"是所有对立的统一体，也就是"太一"（Uranfang）之前的"无极"（Nichtanfang），从"一"这个命题（These）又引申出一个反命题（Antithese）作为"二"，阴阳、雌雄、正反等均属于此类，二者的对立统一又产生出新的综合体（Synthese）"三"，这个统一体再继续前进，发展出多种多样的事物即"万物"（zur Mannigfaltigkeit fortschreiten）。② 很明显，卫礼贤解读《道德经》"三生万物"思想的逻辑基础是黑格尔的辩证法，即从正题到反题，再到辩证统一的合题，如此一来就将"三生万物"从基督教神学话语中解放出来，而将老子思想与同时代德国的一元论哲学联结在了一起。卫礼贤在此还特地提醒读者："值得注意的是，老子是如何走到同一条理性主义哲学道路上，正如两千五百年后的黑格尔所走的一样。"③《道德经》由此被纳入同时代德国哲学的相关体系中：一元论，神秘的统一，黑格尔辩证法。这三个概念

① Laotse. Taoteking. Das Buch des Alten vom SINN und LEBEN[M]. Wilhelm R., verdeutscht und erläutert. Jena：Diederichs，1911：104-105.

② Wilhelm R. Einleitung[M]//Laotse. Taoteking. Das Buch des Alten vom SINN und LEBEN. Jena：Diederichs，1911：XXIII.

③ Wilhelm R. Einleitung[M]//Laotse. Taoteking. Das Buch des Alten vom SINN und LEBEN. Jena：Diederichs，1911：XXIII. 德语原文：Es verdient bemerkt zu werden, wie die rationale Philosophie bei Laotse genau dieselben Bahnen wandelt, wie zweieinhalb Jahrhunderte später bei Hegel. 但在 1957 年以后出版的修订本中这句话被删去了。

彼此相似，但又不能相互涵盖。①它们显然都是来自德国哲学，用于帮助德语读者接近另一陌生思想体系的参照坐标。

在对《道德经》第 2 章中的"天下皆知美之为美，斯恶已；皆知善之为善，斯不善已"的评注中，卫礼贤联想到了尼采哲学中对善与恶等传统价值观念的批判。尼采在其著作《论道德的谱系》(*Zur Genealogie der Moral*)、《善恶之彼岸》(*Jenseits von Gut und Böse*)中将基督教关于道德的观念归结为犹太人受到的奴役，认为受奴役者出于"怨恨"(Ressentiment)将与其对立的奴隶主的价值观念称为"恶"，将自己的那一套价值观念称为"善"，以"道德"一词来表现，并发展出虚无的禁欲主义理念。尼采认为基督教的这套"奴隶道德"是虚伪和违背自然的，导致了对生命意志的否定，因而提出要超越这套善恶观念，发展代表生命冲动的权力意志。而老子则是将回归自然和与道和谐看作超越善恶观念以及维持秩序的唯一正确道路，同时将儒家式的善恶教育视为本末倒置，因此，在《道德经》第 19 章中写道："绝圣弃智，民利百倍；绝仁弃义，民复孝慈；绝巧弃利，盗贼无有……。故令有所属，见素抱朴，少私寡欲。"在老子看来，儒家区分善恶就已经落了下乘，因为"善之与恶，相去若何"（第 20 章），最好的办法是让人民保持淳朴，根本就不知道什么是恶的事情，那样一来也就无从作恶，即所谓"常使民无知无欲，使夫智者不敢为也。为无为，则无不治"（《道德经》第 3 章）。但很明显，这里缺少了尼采哲学中所歌颂的生命冲动。因此，卫礼贤将老子的善恶观与尼采思想进行比较后，指出"老子所说的'超然善恶之外'(*Jenseits von Gut und Böse*)与尼采学说有着本质的区别"②。在此，卫礼贤特地将 20 世纪初在德语世界影响最大的尼采哲学拿来与道家思想进行比较，使《道德经》的观点显得更加清晰，同样也为德语世界的读者提供了把握道家哲学思想的切入点。这是一种既包含着本土化，也包含

---

① 请参阅徐若楠. 中西经典的会通：卫礼贤翻译思想研究[M]. 上海：上海译文出版社，2018：311-322.

② Wilhelm R. Goethe und Lau Dsi[M]//Wilhelm S. Der Mensch und das Sein. Jena：Diederichs，1931：90.

着陌生化的"双重策略"①，势必引起德语世界知识分子进行比较研究的兴趣。例如，戴特宁教授就在卫礼贤注释的指引下对德文版《道德经》与尼采的著作进行了对比阅读，结果他不仅注意到"善之与恶，相去若何"与尼采哲学的相通之处，而且还发现卫礼贤版《道德经》的语录体风格与尼采的诗歌《自由精神》(Der Freigeist) 和《酒神赞歌》(Dionysos-Dithyramben) 有诸多相似，并由此入手对二者的思想内涵进行了更为深入的比较研究：

> 正如某些章节有歌德的语言风格、有路德版《圣经》般的表述一样，卫礼贤的《道德经》也引用了尼采1888年出版的《敌基督者》(Der Antichrist) 中的语言与比喻。但(卫礼贤) 对二者在观念上恰恰相反的强调又将这种帮助理解的互文重新打破，使之相对化了——例如第41章对"生命"(德)概念的使用恰好与尼采的生命哲学截然相反……②

同时，为了模仿尼采哲学著作中那种语录体风格，卫礼贤还在不改变《道德经》内涵的原则下不动声色地对老子平实的论述风格进行了重新建构，使《道德经》呈现为一部甚至在语言风格上也能与尼采著作分庭抗礼的东方哲学经典。例如，在戴特宁教授关注到的《道德经》第41章的译文中，有多个句子是在经卫礼贤重构之后才呈现出慷慨激昂的尼采式语录风格，从而让读者不由得联想起尼采的名著《查拉图斯特拉如是说》(Also sprach Zarathustra) 中那位独居山中、得不到世人理解的传道者。③ 在这样一种"召唤结构"的诱导之下，德语世界知识分子从《道德

---

① Heinrich Detering. Andeutungen des Unaussprechlichen：Richard Wilhelms deutsches Daodejing，见本书第 195 页。

② Heinrich Detering. Andeutungen des Unaussprechlichen：Richard Wilhelms deutsches Daodejing，见本书第 218 页。

③ Heinrich Detering. Andeutungen des Unaussprechlichen：Richard Wilhelms deutsches Daodejing，见本书第 217~218 页。

经》中看到尼采的影子也就不足为奇了。

除此之外，卫礼贤还常常跳出德国哲学，从欧洲各国的哲学、文学中寻找例证，旁征博引，例如他将《道德经》第 80 章所描写的小国寡民社会诠释为法国启蒙思想家卢梭提出的著名命题"回归自然"，并在译本最后附上来自中国的千古名篇《桃花源记》译文加以印证。① 而在更多的时候，卫礼贤通过对同时代文化名著的征引使《道德经》与时代话语产生共鸣。例如，他将《道德经》第 30 章的标题《俭武》译为"对战争的警告"（Warnung vor Krieg），将第 31 章的标题《偃武》译为"放下武器"（Die Waffen nieder），都体现出时代精神的烙印。《放下武器!》（*Die Waffen nieder*!）还是奥地利女作家贝尔塔·冯·苏特纳男爵夫人（Bertha von Suttner，1843—1914）于 1889 年发表的一部小说的名字。此外，她编辑的一本期刊也使用了此名。② 1905 年苏特纳男爵夫人获得诺贝尔和平奖后，这一书名更成为德语世界的读者耳熟能详的口号。可见，卫礼贤有意识地结合时代话语建构了《道德经》的和平主义倾向，使得这部来自东方的古老作品对第一次世界大战前后的欧洲社会具有了更大的现实意义和更强的思想感召力。

综合来看，通过征引西方文学、哲学名篇，卫礼贤在译本中有针对性地强化了东西方文化间的相似性及可比性，从而构建起一个与欧洲同时代话语息息相关的道家思想体系，在欧洲深陷精神危机、战争阴云密布之际，用"东方之光"为德语世界读者带来了一线曙光。与施特劳斯充满犹太教神学气息的译本相比，卫礼贤的译本就像是出自同时代的某位德国哲人笔下，虽然它的语言带有 16 世纪路德版《圣经》的色彩，但却是一部可以为现代社会指点迷津的作品。读者越是关注译本中所呈现的文化相通性，就越会倾向于一种充满活力的东西方文化的沟通与融合，而那正是卫礼贤作为文化使者所热烈期待的。

---

① Laotse. Taoteking. Das Buch des Alten vom SINN und LEBEN[M]. Wilhelm R., verdeutscht und erläutert. Jena：Diederichs, 1911：112-113.

② Heinrich Detering. Andeutungen des Unaussprechlichen：Richard Wilhelms deutsches Daodejing，见本书第 219 页。

因此，在 20 世纪的德语世界知识分子圈子里，卫礼贤富于创造性的《道德经》译本掀起了一场令施特劳斯等前辈黯然失色的"文化传教"。正如戴特宁教授所指出的，这一方面要归功于他卓有成效地颠覆了基督教神学对道家思想的解读，另一方面则要归功于他在《圣经》和歌德的语言艺术之间取得巧妙平衡的诗学创作能力。① 这深深吸引了同时代德语作家，黑塞、德布林、布莱希特以及一大批学者都在此时开始了对道家学说的研究，推动"寻道"在 20 世纪德语世界成为一种风尚。

---

① Detering H. Brecht und Laotse[M]. Göttingen：Wallstein, 2008：31.

第四章　赫尔曼·黑塞对卫礼贤
《道德经》译本的接受

在赫尔曼·黑塞研究中人们一再提出这样的问题——黑塞是从何时开始阅读来自中国的作品的？对这个问题人们有着不同的回答。比如，为纪念黑塞逝世 25 周年，德国岛屿出版社（Insel Verlag）1987 年出版的《赫尔曼·黑塞——图片和文字中的一生》（*Hermann Hesse. Sein Leben in Bildern und Texten*）中就这样提及："从 27 岁那年开始，黑塞好奇而专注地了解和评论来自在欧洲还几乎不为人所知的印度和中国文化圈的、以译本形式能够得到的东西。"① 照此说法，黑塞开始接触中国文化应该是在 1905 年之后。而夏瑞春也在其《赫尔曼·黑塞与中国——记述、资料与解读》（*Hermann Hesse und China. Darstellung, Materialien und Interpretationen*）一书中指出，黑塞开始阅读中国的著作应该是在 1907 年之前甚至更早一些。1907 年 11 月 27 日，《慕尼黑报》（*Münchner Zeitung*）的副刊《雅典神殿大门》（*Die Propyläen*）发表了黑塞关于汉斯·贝特格（Hans Bethge）主编的中国诗集《中国笛》（*Die chinesische Flöte*）的评论，② 这也是黑塞所撰写的第一篇关于中国书籍的评论。这篇评论的第一句话就提供了一条很重要的线索："此前，出版社送来了一本来自

---

① Hesse H. Sein Leben in Bildern und Texten[M]. Frankfurt a. M.: Insel, 1987: 132.

② Hsia A. Hermann Hesse und China. Darstellung, Materialien und Interpretationen[C]. Frankfurt a. M.: Suhrkamp, 2002: 54.

中国的老子箴言的精彩译本"①。这里所说的"老子箴言"是指岛屿出版社 1903 年出版的由亚历山大·乌拉尔（Alexander Ular）改写的老子的《道德经》，其题目为《老子的轨迹和正确的道路》（*Die Bahn und der rechte Weg des Lao-Tse*）。② 就是说，在撰写《中国笛》这篇书评之前，黑塞已经对《道德经》有所了解。相似的信息也可以在约瑟夫·米雷克（Joseph Mileck）撰写的黑塞传记《赫尔曼·黑塞——诗人、探求者、信仰者》（*Hermann Hesse. Dichter，Sucher，Bekenner*）一书中读到，书中说："在 1907 年其父将黑塞的注意力吸引到老子身上之前，他原本从未记录过任何关于中国宗教的内容，那一年，他还阅读了亚历山大·乌拉尔翻译的《道德经》节选，接着又在 1910 年读到了尤利乌斯·格里尔（Julius Grill）翻译的《道德经》。"③黑塞本人在《关于我与印度和中国思想的关系》（*Über mein Verhältnis zum geistigen Indien und China*）中也证实了这一点，他这样写道：

　　我对东方的了解和思考的丰富以及部分的修正来源于我通过理夏德·威廉（Richard Wilhelm，即卫礼贤）的翻译逐渐认识的中国人。我是通过我父亲知道老子的，而我父亲了解他则是通过图宾根的教授格里尔（格里尔自己还翻译了《道德经》）。我那做了一生虔诚的基督徒，但却在始终找寻、从不固步自封的父亲在其晚年深入研究了老子，常常把他与耶稣相比较。④

　　① Hsia A. Hermann Hesse und China. Darstellung, Materialien und Interpretationen[C]. Frankfurt a. M.：Suhrkamp, 2002：53.

　　② 详见 Michels V. Materialien zu Hermann Hesses „Siddhartha"：Erster Band[C]. Frankfurt a. M.：Suhrkamp, 1976：52.

　　③ Mileck J. Hermann Hesse. Dichter, Sucher, Bekenner. Biographie [M]. Frankfurt a. M.：Suhrkamp, 1987：174.

　　④ Hesse H. Über mein Verhältnis zum geistigen Indien und China[C]//Michels V. Aus Indien. Aufzeichnungen, Tagebücher, Gedichte, Betrachtungen und Erzählungen. Frankfurt a. M.：Suhrkamp, 1980：260.

由此可以断定，一方面，黑塞开始阅读中国作品的时间应该在1905 到 1907 年之间；另一方面，黑塞第一次接触老子及其思想却并非是通过卫礼贤的《道德经》译本。但是，自从他开始阅读卫礼贤的翻译之后，这些译文便在黑塞对于中国的研究以及他本人的思考中发挥着越来越重要的作用。1945 年，在文章《最喜爱的读物》(Lieblingslektüre)中，黑塞指出了中国思想对于他本人的重要性，其中更是强调了卫礼贤翻译的影响：

> ……直到三十岁时我都根本没有料到——中国的文学如此精彩，人类和人的精神中有一份中国的特殊贡献，我不仅喜爱它、珍视它，而且它甚至能够成为我精神的慰藉和第二故乡。然而，意想不到的事情却发生了——到那时为止，除了了解吕克特改写的《诗经》，对中国文学一无所知的我通过卫礼贤和其他人的译本知晓了一些东西，假如没有这些认识——智者和善者的中国道家理想，我甚至不知该如何生存。①

一、赫尔曼·黑塞对《道德经》译本的比较

如前所述，黑塞按照这样的顺序阅读了不同的《道德经》译本：首先是亚历山大·乌拉尔的《老子的轨迹和正确的道路》，继而是尤利乌斯·格里尔的翻译，这之后才是卫礼贤的译本，其副标题为"老子关于道和德的著作"(das Buch des Alten vom Sinn und Leben)。② 对于前两个译本，黑塞显然更喜欢格里尔的翻译，他还称赞了格里尔作为译者的贡献。他在 1911 年发表于《雅典神殿大门》的评论文章《东方智慧》(Weisheit des Ostens)中这样写道：

---

① Hesse H. Lieblingslektüre (1945) [M]//Hesse H. Gesammelte Werke in zwölf Bänden: Elfter Band. Frankfurt a. M.: Suhrkamp, 1987: 281.

② Hsia A. Hermann Hesse und China [C]. Frankfurt a. M.: Suhrkamp, 1981: 359.

几个月前，我在这里高兴地谈到了孔夫子《论语》的德语译本。现在，图宾根的摩尔出版社又出版了尤利乌斯·格里尔翻译的老子著作。这位图宾根的东方学者由此也明显地在其圣经旧约的神学范围之外脱颖而出，完成了我们的东方学者们遗憾地如此疏于从事的有益的工作之一。他将《关于最高的本质与最高的完满之书》，即老子的《道德经》完整地按照最好的一个版本译出；就是说，这里不是什么节选的改写或者一个英语版本的复述，而是来自中文的一次尽可能忠实的翻译。由此，这本书也明显地有别于几年前出版的乌拉尔诗意的改写。①

但是，当黑塞不久之后第一次阅读卫礼贤的《道德经》译本后，令他首先感到困难的是衡量这两个译本的优劣：

此外，对于这位古代的中国人，欧洲人当中似乎正在兴起一种去理解他的热切渴望。因为除了格里尔的翻译之外，近日，第二个译本由耶拿的 E. 特里希斯出版社出版。译者是生活在青岛的卫礼贤，和格里尔一样，这个译本直接追溯到了中文的源头。有两篇颇有价值的文章作为该书的引言，我并没有权利评判两个译本在文字方面的准确程度，两者都是完整的、出色的译文。如果说格里尔的译本凭借其丰富的注释在学术上更加便于使用的话，那么，卫礼贤译本的优点则在于一种更有力、更明确、更富于个性的语言，于是也更容易为人所接受。②

尽管这种评价十分困难，但容易想见的是，作为作家的黑塞非常重

① Michels V. Materialien zu Hermann Hesses „Siddhartha": Erster Band [C]. Frankfurt a. M.: Suhrkamp, 1976: 51f.

② Michels V. Materialien zu Hermann Hesses „Siddhartha": Erster Band [C]. Frankfurt a. M.: Suhrkamp, 1976: 52f.

视一个文本的语言表现力。正是出于这个原因，在这篇评论的结尾处，他引用了卫礼贤《道德经》译本的最后一章与读者分享：

> Wahre Worte sind nicht schön,
>
> Schöne Worte sind nicht wahr.
>
> Tüchtigkeit überredet nicht,
>
> Überredung ist nicht tüchtig.
>
> Der Weise ist nicht gelehrt,
>
> Der Gelehrte ist nicht weise.
>
> Der Berufene häuft keinen Besitz auf.
>
> Je mehr er für andere tut,
>
> Desto mehr besitzt er.
>
> Je mehr er anderen gibt,
>
> Desto mehr hat er.
>
> Des Himmels SINN ist fördern,
>
> Ohne zu schaden.
>
> Des Berufenen SINN ist wirken,
>
> Ohne zu streiten.①

为了清楚地展现卫礼贤翻译的语言准确性，有必要在这里将中文原文引用如下：

> 信言不美，
>
> 美言不信。
>
> 善者不辩，
>
> 辩者不善。

---

① Michels V. Materialien zu Hermann Hesses „Siddhartha": Erster Band [C]. Frankfurt a. M.: Suhrkamp, 1976: 53.

> 知者不薄，
>
> 博者不知。
>
> 圣人不积，
>
> 既以为人，
>
> 己愈有；
>
> 既以与人，
>
> 己愈多。
>
> 天之道，
>
> 利而不害。
>
> 圣人之道，
>
> 为而不争。①

站在中国人的角度客观评价，卫礼贤的译文的确非常忠实于汉语原著。黑塞之所以引用《道德经》这一章，原因也许仅仅在于：他想向读者介绍个人的阅读体验，因为这一章恰恰是《道德经》总结性的一章，概括了人类行为的最高准则。这一章的内容对于黑塞的阅读印象来说是至关重要的，因为他在这篇文章中写道，在《道德经》里认识到了那些"更接近和类似于我们西方的雅利安人"的"基本的价值"和"道德理想"。②

如果说1911年黑塞还将这两个《道德经》译本相提并论的话，那么，10年之后，他在1921年11月8日致罗曼·罗兰(Romain Rolland)的信中便明确地表达出对卫礼贤译本的偏爱：

> 现在谈老子。……他的篇幅不大的著作有多个德语译本，……尽可能忠实于原著的优秀译本我只能推荐两部——卫礼贤的译本(耶拿的迪特里希斯出版社出版)和尤利乌斯·格里尔的译本(蒂宾

① 沙子海，徐子宏，译注. 老子全译[M]. 贵州：贵州人民出版社，1989：162.

② Michels V. Materialien zu Hermann Hesses „Siddhartha": Erster Band[C]. Frankfurt a. M.: Suhrkamp, 1976：52.

根 I. C. B. 摩尔出版社出版)。我最喜欢卫礼贤的翻译。①

12 年后,在 1933 年 10 月给凡尼·席勒(Fanny Schiller)的信中,黑塞再次表达了相同的观点及对卫礼贤本人的怀念:

> 我拥有四五个《老子》的版本,我使用得最多的是卫礼贤的翻译,因为我在他其他的译本上已经习惯于他的文风,因为我喜欢他本人和他的德语。遗憾的是他已经作古,故去快三年了,他生前写的最后一封短信就是给我的。②

鉴于这两段书信,要提出的问题是——除了文风之外,卫礼贤的《道德经》翻译中还有什么令赫尔曼·黑塞如此兴奋?卫礼贤本人身上又有哪些地方如此吸引他,启发他深入思考?

二、赫尔曼·黑塞对"道"的思考

1911 年 1 月,黑塞在与他人一起主编的文化杂志《三月》(*März*)上发表了他的文章《中国拾零》(*Chinesisches*),其中他这样评论了《道德经》的核心概念"道"及老子的学说:

> 我谈论的是老子,《道德经》这本书为我们保留了他的学说。他的关于"道"的学说,即关于所有存在的起始原则(Urprinzip alles Seins)的学说,假如没有包含一种带有强烈个人色彩的、伟大而美好的伦理学,以至于其最后一位德语译者,同时也是神学教授(指格里尔)直接把他与耶稣一视同仁,那么,对于我们来说,它要么

---

①　Hesse H. Gesammelte Briefe: Erster Band[M]. Frankfurt a. M.: Suhrkamp, 1973: 480f.

②　Michels V. Materialien zu Hermann Hesses „Siddhartha": Erster Band[C]. Frankfurt a. M.: Suhrkamp, 1976: 222.

会作为哲学体系始终无关痛痒，要么就会吸引极其感兴趣的喜好者。当然，对于我们这些没有学问的人，这个中国人暂时还不能够产生深刻的影响，因为他的著作谈论的是一种对于我们来说困难而又陌生的语言，只有凭借勤奋和真正的努力才能够熟悉这种语言。这不是什么奇珍异事，也无关任何文学或人种学的稀罕之物，而是古代最严肃而又最深邃的著作之一。①

这一段落使人们认识到，第一，显然，这篇评论是黑塞在研读了格里尔的译本后、尚未阅读卫礼贤的翻译之前撰写的，因为他称格里尔是"最后一位德语译者"。在这种情况下容易想象的是，他会完全接受格里尔对于"道"的理解。格里尔将"道"定义为"所有存在的起始原则"，这一方面与格里尔译作的题目"关于最高的本质与最高的完满之书"相一致，但另一方面，这又受到了欧洲思维方式的深刻影响，因为无论是"起始原则"还是"存在"都标志并包含了实体的内容。第二，无论赫尔曼·黑塞对《道德经》的意义和深刻内涵有多么严肃的认识，他也明确地承认了这样的事实——理解这部著作是一项需要花费大量时间和精力的任务。在这里，"语言"一词显然并不仅仅指黑塞根本没有掌握的中文的语言形式，而且特别意味着文本的内容。

与格里尔不同的是，卫礼贤把"道"译成了德语词"SINN"。为此，在赫尔曼·黑塞也一定阅读过的译作的前言里，卫礼贤解释了这样翻译的原因，同时他也澄清了老子学说的思想基础：

《道德经》的全部形而上学建立在一种基本的直觉基础之上，它与严格地概念性的记述格格不入，而老子为了使它具有一个名称，"不得已"用"道"这个词来称呼这种直觉（可比较第25章），有关这个词的翻译问题从一开始就有各种不同的意见。"上帝"

---

① Michels V. Materialien zu Hermann Hesses „Siddhartha": Erster Band [C]. Frankfurt a. M.: Suhrkamp, 1976: 50f.

（Gott）、"路径"（Weg）、"理性"（Vernunft）、"逻各斯"（λóγoς）仅仅是一些翻译的建议，同时，一部分译者干脆根本就不翻译而是直接把"道"引入到欧洲的语言中。归根到底，这一表述其实并不重要，因为它即使对于老子本人也仅仅可以说是一个对于某种不可言说之物的代数符号。①

即使从今天的角度来看，人们都会对卫礼贤表示赞许，因为他敏锐地理解和把握了《道德经》，甚至是中国哲学思想的最大特点，无论是与"严格地概念性的记述"相悖的直觉还是人的思维的不可言说性都构成了中国（道家）哲学的核心思想。全书的第 1 章和上述的第 25 章就是最好的证明："道可道，非常道。名可名，非常名。""吾不知其名，字之曰道，强为之名曰大。"卫礼贤的翻译"SINN"既建立在这样的理解基础之上，又以德语和中文词汇的含义为根据：

从根本上说正是审美的原因才使得在一个德语译本中含有一个德语词显得值得期待。我们普遍选择了"SINN"这个词。这与《浮士德》第一部中的情节有关——浮士德在复活节散步回来，着手翻译《圣经》"新约全书"，并且试图将《约翰福音》开头的句子用"太初有道"（Im Anfang war der Sinn）表达出来。这似乎是与具有各种含义的中文词"道"最相符合的翻译。中文词以"路径"的含义为出发点，由此含义扩大到"方向"（Richtung）、"状态"（Zustand），继而是"理性"，"真理"（Wahrheit）。

作为动词使用，这个词意为"谈"（reden）、"说"（sagen），在引申义中表示"引导"（leiten）。德语词"Sinn"同样具有原始意义"路径"方向，此外的含义是：1. 表示"一个人指向某物的内心"（das auf etwas gerichtete Innere eines Menschen）；2. 表示"作为意

---

① Wilhelm R. Einleitung[M]//Laotse. Taoteking. Das Buch des Alten vom SINN und LEBEN. Jena：Diederichs, 1911：XV.

识、感知、考虑、思考场所的人的内心"（das Innere des Menschen als Sitz des Bewusstseins, der Wahrnehmung, des Denkens, Überlegens）；可比较"内感"（der innere Sinn）；3. "身体的感官"（leibliches Empfindungsleben），常用作复数；4. "看法，观念，语句、图案、行为的含义"（Meinung, Vorstellung, Bedeutung von Worten, Bildern, Handlungen）（可比较 M. 海涅,《德语词典》, 莱比锡, 1906 年）。所有这些含义中, 只有第三个解释没有用处, 可以略去, 以至于这些含义的一致性范围广大。另外, 为了将这个词的代数特征清楚地表现出来, 我们普遍把它都写成大写字母。①

无论如何, 卫礼贤"发现"了老子学说中的一处佯谬并有意识地将其推广——如果说老子为无法言说的直觉找到了一个语言形式的话, 那么卫礼贤则不顾这种佯谬试图完成一次意义相符的翻译。如果说赫尔曼·黑塞在阅读这个他最喜欢的译本时尝试着"凭借勤奋和真正的努力"理解这种"困难而又陌生的语言"的话, 那么可以想见, 凭借其睿慧和语言上的高超造诣, 他同样会为那种不可言说的事物寻找一个标志。这个标志被他称为"智慧"。正如他在 1922 年 2 月致一位年轻教师的信中谈论老子时这样写道：

> 谁不想证明, 而是希望吐纳和体验智慧, 谁的感受就会像最睿智的人老子一样, 他认识到, 将真正的智慧用语言方式表达出来的任何尝试都会将智慧变成愚蠢的行为。然而, 对不可言说之物的敬畏和虔诚, 这是我们这些愚蠢的人和对世界笃信者的虔诚, 因为与那些神学家们不同的是, 虽然我们也拥有一种智慧并且非常强烈地意识到它的存在, 但我们却不能也不想把它用语言的方式表达出来, 无法证明它, 无法在唇枪舌战中维护它, 因为对于我们来说,

---

① Wilhelm R. Einleitung［M］//Laotse. Taoteking. Das Buch des Alten vom SINN und LEBEN. Jena：Diederichs, 1911：XV.

这种智慧并不是与才智有关的事情。①

　　由此可以清楚地看到，诚如卫礼贤所描述的那样，黑塞是如何理解《道德经》中基本的直觉以及他又是如何接受卫礼贤的看法的。他自己移情于已经成为一切智慧和智者化身的老子，在自己的思考中同样将智慧和语言的表达形式对立起来。但是，这却与欧洲传统的思维方式相悖，而与中国的思考方式相近。这种思维方式对于赫尔曼·黑塞来说如此重要，它一方面为他开启了一片崭新的视野，另一方面却也令他面对严峻的挑战，因为黑塞无论如何不会满足于仅仅"呼吸和体验"他所说的"智慧"，他定要将这种智慧以语言的形式，而且是以文学的方式表达出来。正如他在1932年9月致格奥尔格·温特尔(Georg Winter)的信中所说：

　　　　我的作品，一位日渐衰老的诗人的自白，正是试图……将不可描述的东西描述出来，使人们回想起不可言说的事物。……严肃地讲，您真的知道随便哪一种文学作品或者哲学不是试图将不可能成可能，不是凭借负责的感觉敢于讲出禁忌之事吗？②

尽管并非全部，但在很大程度上赫尔曼·黑塞将这一切归功于卫礼贤的翻译。

三、赫尔曼·黑塞对卫礼贤的赞赏

　　在研读卫礼贤的《道德经》译本15年后，黑塞在发表于1926年7月18日《福斯报》的题为《中国拾零》的文章中以《道德经》为例，高度评价

---

　　①　Hesse H. Gesammelte Briefe：Zweiter Band［M］. Frankfurt a. M.：Suhrkamp，1979：10.

　　②　Hesse H. Ausgewählte Briefe［M］. Erweiterte Ausgabe. Frankfurt a. M.：Suhrkamp，1974：74.

了卫礼贤的杰出成就：

> 中国哲学家老子，在此前的 2000 年中在欧洲并不为人所知，但却在过去的 15 年里被翻译成了欧洲所有的文字，其《道德经》也成了畅销书。在德国，正是卫礼贤的翻译和介绍将中国古典的文学和智慧以迄今为止未知的规模引入欧洲。①

尽管并非《道德经》的第一位德语译者，但在黑塞的眼中，卫礼贤已经成为中国哲学和文化在德国的一位划时代的介绍者。其中，他的《道德经》翻译发挥着至关重要的作用，因为黑塞恰恰是在他为欧洲文化的未来深深忧虑且个人面临精神危机的时候阅读这个译本的。因此，在不同的场合下，黑塞不厌其烦地表达着他对于卫礼贤的感谢之情，比如，他在 1926 年 6 月 4 日的私信里这样写道：

> 对于我来说，长期以来您（指卫礼贤）是那样的亲切而重要。我与中国有关系的几乎一切都要归功于您，而在多年对印度的了解之后，这一切对我来说变得非常重要。
>
> 长期以来，因为您的一些文章，尤其是您的老子、您的庄子等都应当向您表达深深的谢意，现在，我也想要把这份谢意表达出来。②

而在卫礼贤逝世后不久，黑塞在柏林的《书迷》（*Bücherwurm*）杂志上不仅强调了卫礼贤的工作对于他本人具有极其重要的意义，也指出了其对于未来的宝贵价值：

---

① Hesse H. Chinesisches（1926）[M]//Hesse H. Gesammelte Werke in zwölf Bänden: Zwölfter Band. Frankfurt a. M.: Suhrkamp, 1987: 27.

② Hesse H. Gesammelte Briefe: Zweiter Band[M]. Frankfurt a. M.: Suhrkamp, 1979: 142.

越来越多的人已经慢慢地注意到，卫礼贤毕生的事业是我们这个时代几项伟大的事业之一……他微笑着、友善地、以中国人的方式置身于长久的误解之中，默默地从事着其伟大的事业，这项事业的规模和意义尚未完全被德国的舆论理解。但他还有时间，他不仅仅是为一代人而工作的……在过去的几十年中，在我们身边很多东西被发现、被翻译、被重新出版。对我而言，在所有这一切当中，20 年里没有任何东西比卫礼贤对于中国经典作品的德语翻译更重要、更珍贵。它们向我和很多人展现了一个世界，假如缺少了这个世界，我们就都不愿意再生存下去了。①

特别需要指出的是，除了对于卫礼贤贡献的高度赞赏之外，黑塞在这里还批判了当时在面对异域文化时德国和欧洲的文化及社会氛围。赫尔曼·黑塞对于卫礼贤的工作和成就赞赏有加也绝非偶然。既然黑塞一再强调，卫礼贤为他指引了一个重要的方向，为他打开了一个新的世界，那么这就意味着，他不但了解新的文学和哲学并在其中发现了很多有趣的事物，而且，他在这个新的世界里也发展了其个人的思想，正如他在《最喜爱的读物》中所言，他在其中找到了"自己设想的一种证实"，找到了"一个精神的氛围和家园"，尽管他"不懂汉语和从未去过中国"。②在这个意义上，对于黑塞来说，卫礼贤扮演的不仅是介绍者的角色，不但帮助他清除了在阅读中国作品时的语言障碍，而且，还树立起了一个榜样，1956 年 4 月 24 日，黑塞在《世界周刊》(*Die Weltwoche*)上对卫美懿所撰写的卫礼贤传记《卫礼贤——中国与欧洲之间的一位精神使者》(*Richard Wilhelm. Der geistige Mittler zwischen China und Europa*)发表了评论，评论中这样写道：

---

① Hsia A. Hermann Hesse und China [C]. Frankfurt a. M.: Suhrkamp, 1981: 340f.

② Hesse H. Lieblingslektüre (1945) [M]//Hesse H. Gesammelte Werke in zwölf Bänden: Elfter Band. Frankfurt a. M.: Suhrkamp, 1987: 281.

　　他是一位先驱和一个榜样，一个和谐的人，是东方和西方、沉静和活跃的结合。在中国，在多年与古代中国智慧的密切接触中、在与中国的学界精英的个人友好的交流中，他（指卫礼贤）既没有失去和忘记其基督教信仰，也没有失去和忘记其打着施瓦本-图宾根烙印的德意志民族特性，既没有丢失和忘却耶稣、柏拉图和歌德，也没有丢失和忘却西方人对工作和教育的健康而浓厚的兴趣，他没有回避过任何欧洲的问题，没有躲避过任何现实生活召唤，没有屈从于任何思考的和审美的清静无为，而是一步步地在自己身上完成了两个伟大的古代理想的交流与融合，使中国和欧洲、阳与阴、思考和行动、忙碌与宁静在自己身上达到了和解。①

这段表述不仅应该被看作黑塞对卫礼贤的人生和思想的总结，而且也使人认识到了其自身的思考理想。诚如他在 1958 年致《悉达多》的波斯语读者的信中所写：

　　我尝试着去探究所有宗教信仰和所有人性的虔诚方式的共性，探究凌驾于一切民族差异之上的东西，探究被每一个种族、被每个个人所信仰和尊敬的事物。②

如果说赫尔曼·黑塞将卫礼贤看作中国和欧洲之间一位成功的文化使者的话，那么他自己也同样凭借其思想和作品为东西方之间的相互理解作出了卓越的贡献。

---

　　①　Hsia A. Hermann Hesse und China [C]. Frankfurt a. M.: Suhrkamp, 1981: 343.

　　②　Michels V. Materialien zu Hermann Hesses „Siddhartha": Erster Band [C]. Frankfurt a. M.: Suhrkamp, 1976: 268.

第五章　德布林对《庄子》译本的接受

阿尔弗雷德·德布林是在世界上享有盛誉的现代德语经典作家，对现当代德语文学影响深远。德布林的作品形式多样，内容丰富，气势磅礴，尤以长篇小说见长。德布林的成名作是1915年发表的"中国小说"《王伦三跃记》。这部取材于中国清代乾隆年间历史的作品被誉为"表现主义叙事艺术经典"①和"现代德语小说开山之祖"②，成为德布林日后一系列鸿篇巨制的发端，奠定了德布林文学创作的基本主题和艺术风格，在德语文学史和德布林个人创作发展史上均占有重要地位。而就德布林对中国文化的研习及其文学再现的广度、深度和精度而言，《王伦三跃记》堪称德语文学中国接受史上的一个里程碑。

正因为如此，从《王伦三跃记》入手探讨德布林和中国传统文化的关系一直以来便是学界的热点话题，而重中之重又首推德布林和道家关系的研究。但迄今为止，德布林接受老子和列子思想的研究较多，德布林和庄子关系的研究则有些止步不前。为此，本章尝试在这个方面做一点推进工作。本章由四个部分组成：第一部分从理顺小说手稿与小说付印稿关系入手，确定以小说手稿作为研究德布林接受庄子学说的基础文本；第二部分按照该文本顺序，依次发掘并分析德布林对道家经典《庄子》多个目的借用情况以及这种借用的方式方法与特点；第三部分转移阵地，从微观的文本内分析转向宏观的文本外历史溯源，在侨易学理论

---

①　Muschg W. Nachwort des Herausgebers[M]//Döblin A. Die drei Sprünge des Wang-lun. Chinesischer Roman. Olten: Walter, 1977: 481.

②　Falk W. Der erste moderne deutsche Roman „Die drei Sprünge des Wang-lun" von A. Döblin[J]. Zeitschrift für deutsche Philologie, 1970(98): 510-531.

思路启发下，耙梳德布林"精神漫游"①的主要外围条件——1913年前西方《庄子》译介概况；第四部分再用内外夹击、里应外合之术，进行多角度双向文本比对分析，试图找出德布林在吸纳庄子思想过程中可能使用过的西文蓝本。

一、《王伦三跃记》的诞生

德布林从1912年1月或更早一些时候开始《王伦三跃记》创作的前期准备工作，广泛深入的整体资料搜集工作至少持续了半年之久。1912年7月德布林正式动笔，1912年10月27日第一章完成，1913年5月小说完稿。小说形成时期恰逢德布林遭遇人生危机，正所谓"诗人不幸诗之幸"，德布林全力以赴以写作求解脱，用他自己的话说，"走哪写哪，才思喷涌"如"决堤"。②最终小说在十个月内一气呵成，小说原稿达到两卷本将近1600页，篇幅巨大。但小说的发表起初并不顺利，先后遭到几家出版社拒绝，直到1914年年初才被德国菲舍尔出版社接受。由于第一次世界大战爆发，所以尽管出版年标的是"1915"，小说实际上直到1916年3月底才真正上市发行。③

然而，出于须尽快出版等种种原因，小说付印稿同原稿相比体量被迫压缩近一半，致使小说在叙事情节的紧张性、结构的对称性以及内在文本细节的一致性等方面遭到不同程度的削弱。④其中一个特别需要引起注意的压缩是，尚是青年作者的德布林听从了当时在德国出版界乃至文化界极具权威性的著名犹太学者，同时也是《庄子》的早期德译者马

---

① 请参阅叶隽. 变创与渐常[M]. 北京：北京大学出版社，2014：19-20.

② 请参阅 Döblin A. Zwei Seelen in einer Brust. Schriften zu Leben und Werk[M]. München：Deutscher Taschenbuch Verlag，1993：36.

③ 请参阅 Döblin A. Die drei Sprünge des Wang-lun. Chinesischer Roman[M]. Olten：Walter，1977：501-504，656.

④ 请参阅 Döblin A. Die drei Sprünge des Wang-lun. Chinesischer Roman[M]. Olten：Walter，1977：501-504.

丁·布伯(Martin Buber, 1878—1965)的建议，将自己原本刻意模仿《三国演义》等中国古典小说特有形式"楔子"而设定的、起类似于"入话"作用的第一章开头引子部分删除，客观上造成这部小说形式上源于中国古典文学影响的革命性和试验性被一笔勾销，这是符合作为宗教哲学家的布伯的趣味的，令小说内容上的宗教性超越社会政治维度而得以突出和强化。①这种删减尤其对研究德布林和中国文化的真实关系造成不利影响。好在德布林本人初心不改，对这一节引子念念不忘，一俟时机成熟，便稍作修改，将其中95%的内容分成两个短篇发表出来，这就是1921年登载于《天才》(Genius)杂志上的、占原先引子一节六分之五篇幅的短篇小说《袭击晃老胥》(Der Überfall auf Chao-lao-sü)和1925年登载于《艺术报》(Das Kunstblatt)杂志上的、占原先引子一节十分之一篇幅的短篇小说《皇帝和准格尔人》(Der Kaiser und die Dsungeren)。②1928年12月10日，已是普鲁士艺术科学院院士的德布林应邀到柏林大学做了一场小说理论报告，该报告又于1929年6月以《叙事作品的结构》(Der Bau des epischen Werkes)为题在德国重要报刊《新周报》(Neue Rundschau)上登载。在这篇被学界公认为德布林小说诗学纲领之一的文论中，德布林再度从正面强调：当年被删除的描绘一场"地下革命"酝酿生成的引子章节才是其精心设计的《王伦三跃记》的真正开头。③1930年德布林还出了一个《袭击晃老胥》的短篇小说单行本，其扉页上写有"王伦三跃

①　请参阅 Dscheng F. Alfred Döblins Roman Die drei Sprünge des Wang-lun als Spiegel des Interesses moderner deutscher Autoren an China[M]. Frankfurt a. M.: Peter Lang, 1979: 227.

②　请参阅 Döblin A. Die drei Sprünge des Wang-lun. Chinesischer Roman[M]. Olten: Walter, 1977: 515-533. 请参阅 Döblin A. Der Überfall auf Chao-lao-sü. Erzählungen aus fünf Jahrzehnten[M]. München: Deutscher Taschenbuch Verlag, 1982: 22-39, 329. 请参阅 Döblin A. Der Kaiser und die Dsungeren[J]. Kunstblatt, 1925(9): 135-136.

③　请参阅 Döblin A. Schriften zu Ästhetik, Poetik und Literatur[M]. Olen, Freiburg im Breisgau: Walter, 1989: 238-239, 657-658.

记"几个中文大字，字迹飘逸华美，只有书法功底深厚的中国人才写得出来。①由此可知，德布林请某个旅德的中国人为自己翻译过小说标题，且德布林本人也很认可这个翻译。

基于以上这些原因，另外也是由于这个实际的小说开篇中恰好就包含有一则庄子寓言的运用，所以笔者在本章中探究德布林与庄子关系时所选定的基础文本是《王伦三跃记》原稿文本，而不局限于现在通行的小说印刷文本；本章所用小说中文标题亦遵从德布林认可的译法，取"王伦三跃记"之名，而放弃现在一般通行的遵从德文字面意思直译为中文的"王伦三跳"。

二、德布林对《庄子》篇目的引用方法与特点

小说原稿和付印稿一样，也由"王伦""破瓜""黄土地的主人"和"西方极乐世界"四章构成。按照小说原稿顺序，德布林依次在第一章前半部和第四章后半部不同程度地借用了道家典籍《庄子》的多个篇目。

小说原稿第一章内容主要讲述主人公王伦受朴素正义感驱使，如何由村野顽主变为白莲教分支——无为教教主的经过。这一章开篇第一节，也就是后来被删除的由五小节组成的引子一节，其内容也与其形式上所起的"入话"作用相匹配，通过铺陈一个欺侮民女的纨绔子弟遭遇底层民众袭击并引发官官相护的暴力事件，一举拉开小说宏大叙事的序幕，同时暗示后续王伦起义的根本原因所在。然而，耐人寻味的是，在这总体氛围紧张阴森的、"地下革命"暗流涌动的开篇一节的开篇，也就是小说原稿最开始的三个自然段，作者用特别舒缓的笔触描绘了18世纪中国"北直隶湾"傍晚瑰丽的自然景象。宛如电影远镜头一般，首先映入读者眼帘的是山海关一带沿海蜿蜒巍峨的群峦叠嶂、一望无垠的

---

① 请参阅 Dscheng F. Alfred Döblins Roman Die drei Sprünge des Wang-lun als Spiegel des Interesses moderner deutscher Autoren an China[M]. Frankfurt a. M.: Peter Lang, 1979: 200.

烂漫山花，然后镜头慢慢推进，给出海水、沙滩、海潮、海上落日的特写，最终目的在于渲染沉沉夜幕的降临。而为了形象描绘阳光退去、落日之时海面的黯淡朦胧，德布林还在其间插入这样一段景物描写："太阳光……现在开始抽身而退。只见大海被一张甲壳盖住，传说那就是大鹏鸟的背；当大鹏鸟怒而起，飞往南冥时，其布满鳞片的身躯，横亘好几百万里，其巨大的双翼，能够扇动天边的云。"①读到这里，熟悉道家经典的读者会很容易想起《庄子·逍遥游》开头的"鲲鹏"寓言："北冥有鱼，其名为鲲。鲲之大，不知其几千里也。化而为鸟，其名为鹏。鹏之背，不知其几千里也；怒而飞，其翼若垂天之云。是鸟也，海运则将徙于南冥。南冥者，天池也。"②当然，德布林并没有悉数照搬原文，而是根据自己文学创作的实际需要，巧妙截取其中部分意象，进行一种创造性的改写。不过，这种巧妙不只在写景状物上。众所周知，包括"鲲鹏"寓言在内的《逍遥游》全篇都是庄子"忘形骸、无物我""无所待而游于无穷"的"绝对自由"人生观的具体体现。③故而，德布林在小说开篇就运用这则庄子寓言，用意不可谓不深远，一下就开宗明义地点出了小说反对物质主义、渴望个体自由的思想主旨。

这个含有"鲲鹏"寓言的引子一节之后是第一章其余部分，也就是现在通行的 Walter 版第一章的全部内容。在这里，德布林正式开始转入对王伦及其领导的无为教活动的叙述。不过，作者在此又卖了一个小关子来吊足读者胃口：在真正的主人公王伦亮相之前，德布林首先勾勒了无为教势力的迅猛壮大以及其信仰主张对正统家庭和社会伦理带来的严重冲击。在描绘这群自称"真弱之人"的教徒打着自然无为的旗号离家出走，以逃避世俗伦理和责任义务时，德布林让他们口中传诵出这样一

---

① 请参阅 Döblin A. Die drei Sprünge des Wang-lun. Chinesischer Roman［M］. Olten：Walter，1977：515-533. 另请参阅 Döblin A. Der Überfall auf Chao-lao-sü. Erzählungen aus fünf Jahrzehnten［M］. München：Deutscher Taschenbuch Verlag，1982：22.

② 陈鼓应，注译. 庄子今注今译(上)［M］. 北京：中华书局，1983：1.

③ 徐中玉. 大学语文(修订本三版)［M］. 上海：华东师范大学出版社，1985：34.

则"古老的寓言"："从前有个人，他害怕自己的影子，厌恶自己的足迹。为了摆脱这两样东西，他起身逃跑。可是，他抬脚的次数越多，他留下的影子就越多。而且，不管他如何疾走快跑，他的影子就是不离开他的身体。于是，他以为自己还跑得不够，就开始更快地跑起来，一刻也不停息，直到疲力尽，气绝而亡。他不曾知道，他只须待一个阴凉的地方，就可以摆脱他的影子。他只消静止不动，就不会留下任何足迹。"①读到这里，了解道家典籍的读者自然也会比较容易就想到《庄子·渔父》中所载孔子与渔父的一段对话。在这段对话里，孔子被塑造成一位毕恭毕敬的讨教者，而渔父则作为文中的得道隐者"客"对孔子大行训诫之能，只见他这样嘲讽孔子道："甚矣子之难悟也！人有畏影恶迹而去之走者，举足愈数而迹愈多，走愈疾而影不离身，自以为尚迟。疾走不休，绝力而死。不知处阴以休影，处静以息迹，愚亦甚矣！"②接着，渔父拿这则"畏影恶迹"寓言类比于孔子，对儒家礼乐人伦观念又是一顿狠批，最后这段对话以宣扬道家"修身""守真""还以物与人"的"保真思想"收尾。③对比德布林在小说中的选用和《庄子》原文可知，德布林掐头去尾地抽取了原文中最能形象生动阐释道家学说的故事部分，娴熟老到地将之嵌入小说之中，浑然天成，毫无造作之感。在原文语境之中，这则寓言背后所承载的儒道之争也成为德布林营造后续小说情节戏剧性冲突的一个必不可少的要素。因此，德布林研究界普遍注重德布林对这则庄子寓言的移植，视之为理解小说的一个关键所在。

　　如果说德布林上述对庄子寓言的借鉴因对原文特色内容保留较多而比较容易识别的话，那么，小说第四章出现的对同一对象的深度转换就让情况变得复杂起来。第四章主要讲述王伦起义遭乾隆皇帝镇压的过程。德布林将小说的高潮，同时也是点题，安排在这一章的后半部分：

①　Döblin A. Die drei Sprünge des Wang-lun. Chinesischer Roman [M]. Olten: Walter, 1977: 13.

②　陈鼓应，注译. 庄子今注今译(下)[M]. 北京：中华书局，1983：823.

③　请参阅陈鼓应，注译. 庄子今注今译(下)[M]. 北京：中华书局，1983：815，823.

在王伦与官军决一死战前夕的一天下午，王伦来到"奈何"边，用三次飞身过河的跳跃，向好友"黄钟"坦陈自己从暴力到非暴力，再到以暴制暴抗击官府的人生抉择。①然而，也就在他下定这一决心的当晚，他的思想便又开始发生动摇，而且当夜他就做了一个渴望回归、自然无为的美梦："他幸福地进入梦乡。他梦见自己站在一棵桑树下，他整个人紧紧贴在树干上，在他的头上，桑树的树梢长啊长，又高又大，郁郁葱葱，直长到沉甸甸的树枝向下垂落，将他完全包裹，他沉醉在清凉的绿叶丛中，信步路过的众人惊羡于这树永无止境地长，却再也没有谁能够看见他。"②从这天起，直至最后被围堵得走投无路、纵火自焚，王伦夜夜都做这样的梦，甚至还会在集体祈祷时心醉神迷地把自己的这个梦讲与他的教徒分享，只听他这样说："他靠在树干上，刚开始好像是棵桑树。渐渐地，那树开始在他四周疯长，又细又长，一蓬又一蓬，宛如垂柳一般将他罩住，宛如一口绿色的棺椁将他封存。有时一觉醒来，他脑子里的这个梦仍不退去，于是他仿佛觉得，那细细的树干如同顽固的寄生虫，在他的腿、躯干和胳膊上四处生根发芽，他深陷这水汪汪的木髓，无法抽身，他完全被这富饶的植物吸收，所有人看到这株植物都会喜不自禁。"③可以看出，后一个梦是在重复前一个梦的基础上作出的进一步发挥。这两段描写的性质和功能是一样的，都从一个侧面表现了王伦在有为和无为之间难以取舍的深刻矛盾性，同时也向读者细腻地揭示出主人公面临死亡的微妙思绪。借助这些梦，王伦试图从道家学说中为自己找到克服死亡恐惧的精神信念。

不过，读到这里，即便是对《庄子》一书比较熟悉的读者，也不会马上想到这两处梦的原型可以追溯到《庄子》一书的内容！而两家文本

---

① Döblin A. Die drei Sprünge des Wang-lun. Chinesischer Roman [M]. Olten: Walter, 1977: 480-481.

② Döblin A. Die drei Sprünge des Wang-lun. Chinesischer Roman [M]. Olten: Walter, 1977: 482.

③ Döblin A. Die drei Sprünge des Wang-lun. Chinesischer Roman [M]. Olten: Walter, 1977: 487.

之间的直接关联度之所以不太明显，主要是德布林高超的综合转化能力和非同寻常的艺术想象力所致。不过，只要他确实有过借鉴，那么就肯定会留下痕迹。首先，循着这两段梦所涉及的天人合一、梦境、物化与死亡主题，可以发现它们与《庄子·齐物论》之五中"天地与我并生，而万物与我为一"①，《齐物论》之七末尾"庄周梦蝶"②一段，以及《庄子·列御寇》之十二"庄子将死"一段中庄子所说"吾以天地为棺椁"③等，在精神气质上十分相似。其次，循着这两段中所出现的树木意向，可以发现它们与《庄子·逍遥游》之三结尾部分庄子和惠子关于"大树""无用"④的讨论，尤其是与《庄子·人间世》之四"散木"全篇和之五"材之患"全篇，在具体内容和语言层面上存在诸多对应，如"大树""枝""观者如市""未尝见材如此其美也""棺椁""栎社见梦""大木""仰而视其细枝""桑"等。⑤而与此同时，德布林却完全脱离"无用之用"和"有用之害"为旨归的原文语境，只零散截取其中一些意向，并按自身目的对这些意向进行拼贴组合，从而创造性生成别具一格的文学图景。需要强调的是，德布林对这几则《庄子》篇目的借用虽然比较隐蔽，不易识别，但这种借用所产生的艺术效应对于作家后续文学创作所具有的意义却不容小觑。在德布林后来创作的诸如《华伦斯坦》（*Wallenstein*，1920）、《山、海和巨人》（*Berge，Meere und Giganten*，1924）、《柏林，亚历山大广场》（*Berlin Alexanderplatz*，1929）等一系列长篇小说巨著里，均一再出现起源于这些《庄子》篇目的变体。为此，1999年诺贝尔文学奖获得者君特·格拉斯（Günter Grass，1926—2016）早在1967年其所作的一篇《论我的恩师德布林》（*Über meinen Lehrer Alfred Döblin*）的演讲中，就已敏锐捕捉到贯穿德布林作品的"树干意向"和"森林母题"，并提请人们关注

---

① 陈鼓应，注译. 庄子今注今译（上）[M]. 北京：中华书局，1983：71.
② 陈鼓应，注译. 庄子今注今译（上）[M]. 北京：中华书局，1983：92.
③ 陈鼓应，注译. 庄子今注今译（下）[M]. 北京：中华书局，1983：850.
④ 陈鼓应，注译. 庄子今注今译（上）[M]. 北京：中华书局，1983：29-30.
⑤ 陈鼓应，注译. 庄子今注今译（上）[M]. 北京：中华书局，1983：131-136.

蕴含在这些意向和母题背后的独特自然生态观，殊不知，他的"恩师"的这些极具超前意识的"绝活"原来还有一个更加古老深厚的渊源——道家典籍《庄子》。①

三、西方对《庄子》的早期译介概况

德布林匠心独运，对中国文化经典《庄子》进行不同程度的自主转化，使之巧妙融入自身小说创作，塑造出别具一格的文艺形象，由此我们也更为清晰地看到了叶隽在构建侨易学理论框架时所指出的那种"在异质性文化启迪和刺激下一种全新的创造性思想产生的可能性"②。与此同时，我们不免会感到好奇，像德布林这样的外国文化人，从未踏足中华大地，汉语也不懂一句，他是如何做到对中国传统文化信手拈来，运用裕如的呢？对于这个问题，我们同样能借助叶隽在其侨易学理论中提出的一个概念——"精神漫游"来找寻答案。具体就熟悉知晓庄子思想和意象的途径而言，德布林最重要的"精神漫游"就是大量研读抄录相关的西文资料。理论上讲，1913年德布林完成《王伦三跃记》原稿之前已有的相关西文译介都可能成为他的研读对象。那么，1913年前《庄子》在西方乃至德国的译介情况又大致如何呢？

19世纪下半叶开始，《庄子》在欧洲的翻译和介绍逐渐增多。德国19世纪著名汉学家花之安曾经把《庄子》从中文翻译为德文，他的这个德译本是《庄子》第一次被翻译为一种欧洲语言，但这个译本还没等到出版就被大火烧毁了，十分可惜。③花之安1877年还出过一本以译介列子为主的著作——《古代中国人的自然主义》(*Der Naturalismus bei den alten Chinesen*)。1888年，德国汉学家贾柏莲(Georg von der Gabelentz,

---

① Grass G. Werkausgabe in zehn Bänden：Band IX［M］. Darmstadt，Neuwied：Hermann Luchterhand，1987：251-253.

② 请参阅叶隽. 变创与渐常［M］. 北京：北京大学出版社，2014：17-20.

③ 请参阅 Dschuang D. Das wahre Buch vom südlichen Blütenland. Nan Hua Dschen Ging［M］. Wilhelm R.，verdeutscht und erläutert，Jena：Diederichs，1923：XIV.

1840—1893）在莱比锡出版《庄子的语言》（*Die Sprache des Čuang Tsï*）一书。

不过，这一时期欧洲的《庄子》译介以英国贡献最大。1881 年贝尔福（Frederic Henry Balfour，1846—1909）在伦敦出版《南华真经》（*The divine classic of Nan-Hua*）英译本。1884 年和 1887 年他又继续在伦敦推出《道家文本》（*Taoist texts*）和《中国拾零》（*Leaves from my Chinese scrapbook*）。在贝尔福打头阵之后，《庄子》外译史上最重要的两个英译本接踵而至：1889 年英国汉学家、剑桥大学汉学教授赫尔伯特·艾伦·翟理思（Herbert Allen Giles，1845—1935）在伦敦发表了《庄子，神秘主义者、道德家和社会改革家》（*Chuang Tsǔ，Mystic，Moralist and Social Reformer*）一书。翟理思的这个《庄子》译本尽管翻译较主观，所作注释不多，但影响广泛，可读性强。翟理思这个英译本发表两年后，英国著名传教士汉学家理雅格（James Legge，1823—1900）于 1891 年在英国牛津出版了又一个《庄子》英译本，收在其鸿篇巨制"东方圣书"之"中国圣书"系列的第一和第二卷中。理雅格的翻译比翟理思更为细致准确。但理雅格个人似乎对庄子好感太少，以至于不能够完全公正地给庄子以应有的尊崇。① 1891 年也诞生了一个《庄子》法译本，是由哈雷兹（Charles de Harlez，1832—1899）在巴黎发表的《道家的文本》（*Textes Taoïstes*）。

同英法的《庄子》译介相比，德国人的起步虽然不晚，高潮却姗姗来迟。在德语区，进入 20 世纪，直至第一次世界大战爆发之前，《庄子》译介才开始逐渐在向英法学习的过程中出现红火局面。1902 到 1912 年间，德国相继出版了三部对后世影响颇大的《庄子》德文译本。首先是德国著名汉学家顾路柏（Wilhelm Grube，1845—1908）于 1902 年在莱比锡出版的《中国文学史》（*Geschichte der chinesischen Litteratur*）。在该书专辟的"老子和道家"一章里包含了对庄子其人其作的一部分介绍。在

---

① 请参阅 Dschuang D. Das wahre Buch vom südlichen Blütenland. Nan Hua Dschen Ging[M]. Wilhelm R., verdeutscht und erläutert. Jena：Diederichs，1923：XIV.

这里，顾路柏把庄子定位为中国历史上"最富于哲思的人物"和"最为光彩夺目的作家"之一，强调了庄子对中国散文风格极其深远的影响和庄子前无古人的艺术创造力与想象力。顾路柏指出《庄子》一书由三十三篇组成，内容丰富多彩，而他限于篇幅，只能通过为数不多的几个例子来对庄子的特点略作说明。顾路柏分别对《庄子》第二篇《齐物论》中第三节的最后一段、第四节的"朝三暮四"、第六节的"丽姬"一段和第七节末尾的"庄周梦蝶"，对《庄子》第十八篇《至乐》中第四节"庄子援骷髅而枕"一段，第二十九篇《盗跖》的主要内容和第三十一篇《渔父》进行了详细论说和引用。顾路柏还专门作注说明这部分参考文献主要来源于翟理思和理雅各的《庄子》英译本。①

如果说顾路柏的重点是阐述而非翻译，即便翻译也只是小范围节译的话，那么，马丁·布伯 1910 年在莱比锡岛屿出版社出版的《庄子的谈话和寓言》(*Reden und Gleichnisse des Tschuang-Tse*) 则称得上是一个真正意义上的德文选译本。该书主要从英文转译而来。全书由正文、后记、寓言人物注释、《庄子》原书篇幅和此译本说明加内容提要组成。正文共计 80 页，包括 54 篇谈话和寓言；后记则有将近 40 页，篇幅约占全书的三分之一，布伯在此对道家学说进行了十分宽泛的充满宗教和神秘意味的解读与评析，令人印象深刻。后记之后，布伯还对寓言中出现的部分重要人物如孔子、老子、列子等人的生平事迹以注释形式进行介绍，同时注明参考书目，其中就有前面已经提到的花之安所著的《古代中国人的自然主义》、贝尔福所著的《中国拾零》、哈雷兹 (Charles de Harlez，1832—1899) 所著的《道家的文本》等。②在随后的译本说明中布伯再次强调翟理思和理雅各的《庄子》英译本是其转译本的重要蓝本。③

---

① 请参阅 Grube W. Geschichte der chinesischen Litteratur [M]. Leipzig：Amelang，1902：152-162.

② 请参阅 Buber M. Reden und Gleichnisse des Tschuang-Tse[M]. Leipzig：Insel，1910：118-121.

③ 请参阅 Buber M. Reden und Gleichnisse des Tschuang-Tse[M]. Leipzig：Insel，1910：122.

布伯的这个选译本在当时很受欢迎，1921 年时就已经出到第四版。

　　继布伯的《庄子》选译本之后，20 世纪汉学家、德国在华传教士卫礼贤于 1912 年春夏之交在德国迪特里希斯出版社推出《庄子，南华真经》(*Dschuang Dsi. Das wahre Buch vom südlichen Blütenland*)。正如 1946年诺贝尔文学奖获得者赫尔曼·黑塞在其 1912 年 11 月 10 日就此译本而作的书评中所正确界定的那样，这只是一个比布伯选译本"更加完整"①的译本，而不是像后来一些研究者长期误传的那般，是一个"完整"②的《庄子》德文全译本。卫礼贤 1912 年的《庄子》德译本由前言、导言、中西文参考文献、庄子左手揽抱《南华经》画像、正文、导言注释和正文注释七个部分构成，每个部分都力求精细，给人严谨认真、值得信赖的美好印象。然而，卫礼贤在坚持其"尊孔"的立场上也是严肃认真、毫不含糊的，这使得他的《庄子》翻译具有了浓厚的主观色彩。卫礼贤十分赞同苏东坡在《庄子祠堂记》中提出的"庄子盖助孔子者"一说，在将《庄子》从中文译为德文的过程中，完全按照苏东坡所言行事："得其《寓言》之意……去其《让王》《说剑》《渔父》《盗跖》四篇，以合于《列御寇》之篇……是固一章也。"③如此一来，卫礼贤这个《庄子》德译本的正文部分一共只有二十七篇，同常见的由三十三篇组成的《庄子》相比，"内篇"七(一至七)、"外篇"十五(八至二十二)保持不变，"杂篇"十一(二十三至三十三)中的二十三至二十七也没变，而二十八《让王》、二十九《盗跖》、三十《说剑》、三十一《渔父》则被去除，三十二《列御寇》紧接二十七《寓言》末尾合为二十七，剩下的三十三为《天下》，

---

　　①　Hesse H. Sämtliche Werke in 20 Bänden. Band 17 [M]. Frankfurt a. M.: Suhrkamp, 1998: 158.

　　②　请参阅 Hsia A. Hermann Hesse und China [C]. Frankfurt a. M.: Suhrkamp, 1981: 99. 请参阅 Han R. Die China-Rezeption bei expressionistischen Autoren [M]. Frankfurt a. M.: Peter Lang, 1993: 106-107.

　　③　苏轼. 苏轼全集(中) [M]. 傅成，穆俦，标点. 上海: 上海古籍出版社，2000: 873.

也被这位德译者以将其主要内容改写到导言中的方式给消解掉了。①这个卫译本岂止是篇目上少了5个"杂篇"，它还刻意避免相同或相似内容的重复。如果是《庄子》一书内部的重复，译者会放弃翻译，在正文相应处标注出与之关联的已译篇目和小节数，在正文后对应的目录上则显示为空白；如果是《庄子》一书与《列子》一书的重复，译者就会标明自己1911年发表的《列子》德译本相关章节数，请读者参看。②甚至《庄子》全文真正的开头，即"内篇"第一篇《逍遥游》从开篇"北冥有鱼，其名为鲲"到"汤之问棘也是已"一段也直接被删掉，而以"穷发之北有冥海者，天池也"为首的一段则成为卫译本的开头。③至于为何要如此处理，卫礼贤给出的理由是：这一段有"两个版本"，"这第一个版本中间所插入的一些论说，其思路在欧洲读者看来难以跟上"，所以就弃之不译了。④不过，尽管不是全译本，卫礼贤的这个《庄子》德译本仍然受到读者欢迎，影响也比较广泛，但这都是后话了。单就我们现在所探讨的它可能之于德布林的作用，我们预先了解它的这些特点是有意义的。

四、《王伦三跃记》与卫译《庄子》关系考辨

从以上对1913年前西文《庄子》主要译介情况的梳理可知，客观上

---

① 请参阅 Dschuang D. Das wahre Buch vom südlichen Blütenland. Nan Hua Dschen Ging［M］. Wilhelm R., verdeutscht und erläutert. Jena：Diederichs，1923：XXIII，206，217，245.

② 请参阅 Dschuang D. Das wahre Buch vom südlichen Blütenland. Nan Hua Dschen Ging［M］. Wilhelm R., verdeutscht und erläutert. Jena：Diederichs，1923：XXIII，267-268.

③ Dschuang D. Das wahre Buch vom südlichen Blütenland. Nan Hua Dschen Ging［M］. Wilhelm R., verdeutscht und erläutert. Jena：Diederichs，1923：3. 请参阅徐中玉. 大学语文(修订本三版)［M］. 上海：华东师范大学出版社，1985：34. 请参阅陈鼓应，注译. 庄子今注今译(上)［M］. 北京：中华书局，1983：1-11.

④ 请参阅 Dschuang D. Das wahre Buch vom südlichen Blütenland. Nan Hua Dschen Ging［M］. Wilhelm R., verdeutscht und erläutert. Jena：Diederichs，1923：XXIII，219.

可供德布林选择的资料十分丰富。结合德布林自身主观需要以及他的个人经历、社会交往、外语掌握程度、资料获取程度、时间契合度等多种因素综合考虑，他应该是以德文资料为主，英法文资料为辅。按照这个思路，德布林研究界经过半个多世纪的努力，在相关考据研究方面取得了一定成绩：完全确定《王伦三跃记》第一章中德布林所用"畏影恶迹"寓言几乎是"逐字逐句"摘录自顾路柏所著《中国文学史》中对《庄子·渔父》部分的译介；①倾向于认为布伯和卫礼贤《庄子》德译本是德布林熟悉《庄子》的渠道并把卫译本抬到很高的位置。②但奇怪的是，对于后者，大家似乎只满足于得出这个笼统的结论，至于这个结论是如何得出，这个结论是否合理，却鲜有人去具体求证。笔者不揣冒昧，愿意在此一试。

如前所述，德布林在小说第一章引子一节所用的是《逍遥游》原文开篇第一个"化而为鸟"的"鲲鹏"寓言，因为德布林的改写中提到大鹏"布满鳞片的身躯"，说明他知道这鸟是由鱼转化而来。而卫礼贤《庄子》德译本开头则用的是《庄子》原文中的第二个"鲲鹏"寓言："穷发之北有冥海者，天池也。有鱼焉，其广数千里，未有知其修者，其名为鲲。有鸟焉，其名为鹏，背若太山，翼若垂天之云。抟扶摇羊角而上者九万里，绝云气，负青天，然后图南，且适南冥也。"③卫礼贤对此段的德文翻译没有问题，十分忠实于原文。所以，仅此一点就可排除德布林运用"鲲鹏"寓言的蓝本是卫译本。尽管目前仍无法确定这个蓝本到底是谁的译本，但语言层面的对比却多少指向了理雅各的英译本：德布林

① 请参阅 Schuster I. Alfred Döblins „Chinesischer Roman"[J]. Wirkendes Wort. Deutsches Sprachschaffen in Lehre und Leben, 1970(20): 342. 请参阅 Grube W. Geschichte der chinesischen Litteratur[M]. Leipzig: Amelang, 1902: 161.

② 请参阅 Muschg W. Nachwort des Herausgebers [M]//Döblin A. Die drei Sprünge des Wang-lun. Chinesischer Roman. Olten: Walter, 1977: 487-488. 请参阅 Dscheng F. Alfred Döblins Roman Die drei Sprünge des Wang-lun als Spiegel des Interesses moderner deutscher Autoren an China[M]. Frankfurt a. M.: Peter Lang, 1979: 194-195.

③ 请参阅徐中玉. 大学语文(修订本三版)[M]. 上海：华东师范大学出版社, 1985: 34. 请参阅陈鼓应, 注译. 庄子今注今译(上)[M]. 北京：中华书局, 1983: 11.

所用大鹏鸟的德文拼写"Pang"与理雅各所用的英文拼写"Phǎng"类似；德布林所用的德文句型"[…] wenn sich der Pang erhebt und nach den südlichen Seen fliegt[…] und seine riesigen Flügel vermögen die Wolke zu treiben(当大鹏鸟怒而起，飞往南冥时……其巨大的双翼，能够扇动天边的云)"①和理雅各所用的英文句型"When this bird rouses itself and flies, its wings are like clouds all round the sky(当这只鸟怒而起飞时，它的双翼好像垂天之云)"②，都是用时间连词"wenn/when(当……时候)"来引导的时间从句，且其中表达"怒而起"之意的德文动词"sich erheben"和英文动词"rouse itself"也比较相近。再者，理雅各英译本中的"鲲鹏"寓言也是"化而为鸟"的那一个，与此对应的英文是"It changes into a bird"(它变成一只鸟)③。

布伯的《庄子》选译本也没有收录"鲲鹏"寓言，故而德布林在小说第一章借用的两则《庄子》寓言，其蓝本可排除布伯选译本和卫礼贤德译本。但从德布林在小说第四章中对庄子几则篇目的综合运用可看出，其蓝本很可能来自布伯选译本和卫礼贤《庄子》译本。

布伯选译本的正文中含有：《无用之树》，即《庄子·逍遥游》之三结尾部分庄子和惠子关于"大树""无用"的讨论；《蝴蝶》，即《庄子·齐物论》中的"庄周梦蝶"全篇；《神圣的树》，即《庄子·人间世》之四"散木"从开头"匠石之齐"截至"而几死之散人，又恶知散木!"的部分。④布伯选译本的后记中则专门提到庄子临死都不让弟子厚葬他的情

①　Döblin A. Der Überfall auf Chao-lao-sü. Erzählungen aus fünf Jahrzehnten[M]. München: Deutscher Taschenbuch Verlag, 1982: 22. 括号中对应的中文为笔者直译。本文第四部分所有外文对应的汉语翻译均用紧随其后的括号内中文表示。

②　The Sacred Books of China. The Texts of Tâoism. Part I: The Tâo The King. The Writings of Kwang-ɜze: Books I-XVII [M]. Legge J., translated. London: Oxford University Press, 1927: 164.

③　The Sacred Books of China. The Texts of Tâoism. Part I: The Tâo The King. The Writings of Kwang-ɜze: Books I-XVII [M]. Legge J., translated. London: Oxford University Press, 1927: 164.

④　Buber M. Reden und Gleichnisse des Tschuang-Tse[M]. Leipzig: Insel, 1910: 2-3, 9, 19-20.

形并引用了《庄子·列御寇》之十二"庄子将死"一段中庄子所说的"吾以天地为棺椁，以日月为连璧，星辰为珠玑，万物为赍送。吾葬具岂不备邪？何以加此？"①特别值得一提的是，布伯不仅在正文中收录《无用之树》，还在后记中再度突出这则寓言所具有的意义，说它与其他寓言一道，正是庄子对自己所处时代的有力回击。布伯这样生动地描绘庄子在世时的处境："庄子的时代，儒家智慧当道，伦理统领生活，人生须尽义务、求功名，庄子在自己的时代便被称作无用之徒。"②这里同时透露出些许儒道对立的信息。由此看来，德布林对"散木"意向的注意，布伯或许能够夺得头筹。

卫礼贤《庄子》译本正文中含有：《无用的树》，篇名和篇幅同布伯选译本几乎完全一样；《蝴蝶之梦》，即布伯选译本中的《蝴蝶》，原文为"庄周梦蝶"全篇；《古老的橡树》，即布伯选译本中的《神圣的树》，但篇幅比布伯选译本，即《庄子·人间世》之四"散木"全篇完整；《庄子将死》，即《庄子·列御寇》之十二"庄子将死"全篇，也是卫译本正文的终结篇目。③同样值得一提的是，卫礼贤在导言的第二节中就已提前论述了庄子对死的态度："随着自我局限的消除……死变得不再令人痛苦。在本书结尾，庄子临死和他的弟子道别。他原本来自宇宙万物，现在他又要回归宇宙万物，他的生命与天地为一。"④由此来看，德布林对"死亡"主题的运用，卫礼贤应该也有贡献。

从语言层面的对比来看，布伯和卫礼贤译本都载有的《庄子·人间

① 请参阅 Buber M. Nachwort［M］//Buber M. Reden und Gleichnisse des Tschuang-Tse. Leipzig：Insel 1921：101. 请参阅陈鼓应，注译. 庄子今注今译（下）［M］. 北京：中华书局，1983：850.

② Buber M. Nachwort［M］//Buber M. Reden und Gleichnisse des Tschuang-Tse. Leipzig：Insel 1921：101.

③ Dschuang D. Das wahre Buch vom südlichen Blütenland. Nan Hua Dschen Ging［M］. Wilhelm R.，verdeutscht und erläutert. Jena：Diederichs，1923：7，21，33-34，213. 请参阅陈鼓应，注译. 庄子今注今译（上）［M］. 北京：中华书局，1983：850-851.

④ Wilhelm R. Einleitung［M］//Dschuang D. Das wahre Buch vom südlichen Blütenland. Nan Hua Dschen Ging. Jena：Diederichs，1923：XIV.

世》之四"散木"寓言部分似乎对德布林创作《王伦三跃记》第四章中的两处梦直接产生了作用。德布林在这里使用的名词如"Traum"（梦）"Baum"（树）、"Äste"（枝）、"Sarg"（棺椁）在布伯和卫礼贤的译文中都能找到名词或动词方面的等义对应；德布林使用的词组或句子如"[...]von den vielen Menschen, die vorüberspazierten und sich an dem unerschöpflichen Wachstum ergötzten（信步路过的众人惊羡于这树永无止尽的生长）""[...] von der reichen Pflanze, an deren Anblick sich alle beglückten（所有人看到这株富饶的植物都会喜不自禁）"，相比于布伯译文"Eine Menschenmenge stand davor und gaffte ihn an（众人站在那树下目不转睛地看啊看）""Sein Geselle hingegen sah sich satt daran（他的徒弟相反却把那树看了个够）""[...] sah ich nie solch ein prächtiges Stück Holz wie dieses（……我还从未看过跟它一样华美的木材）"，相比于卫礼贤译文"Er galt als eine Sehenswürdigkeit in der ganzen Gegend（那树被视作当地一景）""Sein Geselle sah aber sich satt an ihm（他的徒弟却把那树看了个够）""Meister, habe ich noch nie ein so schönes Holz erblickt（师傅，我还从未见过这么漂亮的木材）"，均明显表现出整体意义和意向上的相近与类同。①而这些德译文所对应的《庄子》原文就是"观者如市""弟子厌观之""未尝见材如此其美也"。②

不过，德布林在小说第四章两处梦的描绘中所使用的语汇"Stamm"（树干）、"Blatt"（叶）、"Sykomore"（桑）在布伯的"散木"节选译文《神圣的树》中没有出现，但却能够在卫译本对《庄子·人间世》之四和之五

---

① 请参阅 Döblin A. Die drei Sprünge des Wang-lun[M]. Chinesischer Roman. Olten：Walter, 1977：482, 487. 请参阅 Buber M. Reden und Gleichnisse des Tschuang-Tse[M]. Leipzig：Insel, 1910：19-20. 请参阅 Dschuang D. Das wahre Buch vom südlichen Blütenland. Nan Hua Dschen Ging[M]. Wilhelm R., verdeutscht und erläutert. Jena：Diederichs, 1923：33-34.

② 陈鼓应，注译. 庄子今注今译（上）[M]. 北京：中华书局, 1983：131-132.

的翻译中找到直接对应或间接关联。①限于篇幅，此处不再展开，笔者最后再解释一下为何不将"Sykomore"一词译作"无花果"而译作"桑"。"Sykomore"由拉丁文"sycomorus"演变而来，而这个拉丁文单词又是由希腊文演变而来，其希腊文形式"sykómoros"由表"无花果"之意的"sýkon"和表"桑树"之意的"móron"前后组合而成，转换为德文后等于"Feigenmaulbeere"，即"无花果桑树"之意。②也就是说，从词源和构词上就可看出以"Sykomore"命名的事物是"果实长得很像无花果的桑科植物"③。卫译本中的《庄子·人间世》之五又被拆分为"不材之木"和"材之患"两小节，卫礼贤将"材之患"一节开头"宋有荆氏者，宜楸柏桑"④中的"桑"译作德文"Maulbeere"⑤。由此看来，德布林的"Sykomore"和卫译本的"Maulbeere"或许存在某种联系。

综上所述，我们有理由认为，德布林研习《庄子》的途径多样，德布林在《王伦三跃记》中对庄子思想的吸收借鉴参考了多个《庄子》西文译本。译者操纵色彩浓厚的卫礼贤《庄子》德译本只是德布林可能参考的蓝本之一。卫译《庄子》之于德布林创作其"中国小说"的作用似有被高估之嫌。总之，德布林和庄子关系的考据研究，乃至德布林和中国文化整体关系的研究，尽管早已开始，但还远未结束，还需要德布林研究界共同努力。

---

① 请参阅 Dschuang D. Das wahre Buch vom südlichen Blütenland. Nan Hua Dschen Ging[M]. Wilhelm R., verdeutscht und erläutert. Jena: Diederichs, 1923: 33-35.

② 请参阅 Duden. Das große Wörterbuch der deutschen Sprache in zehn Bänden: Band 8[M]. Mannheim, Leipzig, Wien, Zürich: Dudenverlag, 1999: 3827.

③ Das Duden-Lexikon A-Z [M]. Meyers Lexikonredaktion, hrsg. u. bearb. Mannheim et al.: Dudenverlag, 1997: 681.

④ 陈鼓应，注译. 庄子今注今译(上)[M]. 北京：中华书局，1983: 135.

⑤ Dschuang D. Das wahre Buch vom südlichen Blütenland. Nan Hua Dschen Ging[M]. Wilhelm R., verdeutscht und erläutert. Jena: Diederichs, 1923: 35.

第六章 卫礼贤译本与布莱希特笔下的"老子出关"

1920 年 9 月 15 日，22 岁的布莱希特首次通过阅读德布林的中国小说《王伦三跃记》(1905)间接地接触到道家的"无为"思想，几天之后，即 1920 年 9 月 15 日到 21 日期间他又通过朋友推荐的德译本直接领略了老子在《道德经》中的智慧断言，他认为与老子可谓心有灵犀，大有相见恨晚之意。①从此，布莱希特对老子其人其事其思的借鉴研习便从未中断，一直持续到他生命的最后一息。

一、布莱希特对"老子出关"的加工

不仅是道家哲学的核心要义反复出现在布莱希特的各类文学作品之中，道家哲学创始人老子的生平经历和相关传说也一再被布莱希特当作文艺素材反复进行加工利用。其中，布莱希特尤其对老子出关典故情有独钟，在跨度近 15 年的时间里三次运用同一素材进行文艺创作和思想表达。

1. 1925 年短篇故事《礼貌的中国人》

1925 年布莱希特首次运用老子出关题材创作短文《礼貌的中国人》

---

① Brecht B. Werke [M]. Müller K. et al., herausgegeben. Große kommentierte Berliner und Frankfurter Ausgabe. Berlin, Weimar, Frankfurt a. M.: Suhrkamp, 1988-1997. 后文中凡引自此书之处均只注为 GBA，并标明卷数和页码，此处为 GBA 26：167-168.

(*Die höflichen Chinesen*)。全文如下：

> 在我们这个时代，只有很少人知道，一件造福于黎民百姓的事情是多么需要辩解(Entschuldigung)。这不，讲礼的(höflich)中国人就非常敬重他们的伟大智者老子(Laotse)，据我所知，他们的这种敬重要胜过其他任何一个民族对自己老师(Lehrer)的敬重，而且还是通过虚构出下面这个故事。老子从青年时代起就向中国人传授生活的艺术，而当他白发苍苍寿登耄耋(Greis)之时，他却要离开这个国度，因为这里的人们愈演愈烈的失道之举(Unvernunft)令这位智者感到生活难以为继。要么忍受人们的失道之举，要么起而反之，面对这样的抉择，他决定离开这个国度。于是，他上路启程，抵达这个国度的边境，这时，一个关令(Zollwächter)向他迎面走来，请求他为自己写下他的谆谆教诲(Lehren)，老子见状，生怕失礼(unhöflich)，遂顺从了他的心愿。他为关令逐一写下他的生活经验，写出一本薄书(in einem dünnen Buche)，待书写好之后，他方才离开他出生的这个国度。中国人就用这个故事来为《道德经》一书的产生进行辩解，而且他们至今都在遵循此书的教诲生活。①

此文形成于 1925 年 1 月至 4 月，同年 5 月 9 日首先发表于《柏林交易所信使报》，据该首发文前所配编者按可知，这则逸闻故事本是布莱希特专为广播电台所写，而布莱希特确实也如这家报纸所预告的那样，于两天后，即 1925 年 5 月 11 日傍晚在柏林一家名为"柏林广播时刻"的电台所举办的朗诵会上为听众朗诵了这则短篇故事，从而为 20 世纪 20 年代德国兴起的老子热潮增添了一段佳话。②

　　这则短篇引起研究界一定程度的重视。有学者认为布莱希特以此揭

---

　　①　GBA 19：200. 为后文考据研究方便，此段中文译文重要语汇的德文原文系笔者自加括号标出。

　　②　请参阅 GBA 19：616.

示出中德两国对待智者及其智慧乃至知识文化的不同态度，从而表达了对礼仪之邦中国的景仰并批判了文化没落的德国对诗人学者的轻慢；①也有学者认为布莱希特对老子及其哲学的理解并不流俗，这个短篇用意颇深，其首尾两句均使用"辩解"一词看似怪异，实则影射的是老子哲学基本命题"无为而无不为"自身所具有的种种内在矛盾和深度悖论。②笔者认为，后一种看法更接近实情。

2. 1933 年给卡尔·克劳斯的一封信

1933 年，已经逃离纳粹德国并流亡到丹麦的布莱希特数次写信给好友——奥地利文艺讽刺家卡尔·克劳斯（Karl Kraus，1874—1936），鼓励后者放弃沉默和政治短见，继续发挥自己的语言批判优势，勇敢地向资产阶级和纳粹敌人宣战。③为了更好地说服这位曾经叱咤风云的《火炬》杂志创办人，布莱希特又在 1933 年夏写给克劳斯的一封信中调动东方文化资源，让老子的出关故事和孔子的"春秋"笔法轮番上阵，以表明自己在大敌当前的非常时期有责任有义务给克劳斯，也给自己打气加油。④ 其中涉及老子出关的部分是这样写的：

> 您的那本语言论著，我们之前曾经谈论过的，我想再次催促您赶紧完成它。(您可知道，中国人就把《道德经》一书的形成归结为一个关令[Zollbeamter]的请求，当时老子为避开其国人同胞的失道之举[Unvernunft]和卑劣行径即将离境去国，这位关令就恳请老子多少写点什么再走不迟，于是先哲老子便遂了他的心愿，从而一举

---

①　请参阅 Tatlaw A. Legende von der Entstehung des Buches Taoteking [C]// Knopf J. Brecht-Handbuch in fünf Bänden: Bd. 2. Stuttgart: J. B. Metzler, 2001: 300. 请参阅谭渊. 从流亡到寻求真理之路——布莱希特笔下的"老子出关"[J]. 解放军外国语学院学报，2012(6)：121.

②　请参阅 Detering H. Bertolt Brecht und Laotse[M]. Göttingen: Wallstein, 2008: 61.

③　请参阅 GBA 28：368-369，697-698.

④　请参阅张黎. 布莱希特与孔子[N]. 中华读书报，2010-12-15(18).

为后世类似的请求永远开了绿灯。)①

此段话的第一句指的是 1933 年 3 月布莱希特曾在维也纳和克劳斯见面谈过的一本后者准备撰写的题为《语言》的著作,但此书直到克劳斯去世后才发表。②接下来的第二句话是括在圆括号里的,圆括号是原文自带,可以看出布莱希特对老子出关典故的借用意图。在这里布莱希特把自己比作诚心诚意的恭请者关令,而把克劳斯比作当时已在西方备受仰慕的东方先贤老子,一来暗示对方要向古人看齐以答应自己的请求,二来也给对方戴高帽子,给足对方面子,其鞭策激励之用意和殷切期待之情谊跃然纸上,慷慨激昂的斗争要求以含蓄委婉的方式提出,既令自纳粹上台以来思想和行动均陷入困境的克劳斯心理上容易接受,文字和意韵上又给人古雅风趣的印象,显得十分机灵巧妙。

不过,不知是何原因,这封信最终没有能够发出。与此同时,克劳斯于 1933 年 5 月到 9 月间写出一部意欲揭露"第三帝国"恐怖的作品(即1952 年才出版的《第三个瓦普几司之夜》)并将其纳入《火炬》杂志发表计划,但就在清样已出、准备付印之时,却又突然决定撤稿,而代之以诗歌《别问》,以至于《火炬》1933 年 10 月出版的第 888 期以仅仅四页篇幅成为其发行史上最短的一期。③不管怎样,克劳斯面对纳粹统治的白色恐怖最终选择沉默的举动不仅令对他寄予厚望的布莱希特感到失望,也使他自己在生命的最后几年陷入孤独。④

3. 1939 年诗歌《老子流亡路上著〈道德经〉的传奇》

1939 年仍在丹麦流亡的布莱希特发表了叙事诗《老子流亡路上著

---

① GBA 28:369. 为后文考据研究方便,此段中文译文中重要语汇的德文原文系笔者自加方括号标出,以与原文自带的圆括号相区别。

② 请参阅 GBA 28:697-698.

③ 请参阅 http://de. wikipedia. org/wiki/Karl _ Kraus [EB/OL]. [2014-11-19].

④ 请参阅 Meyers Enzyklopädisches Lexikon in 25 Bänden:Band 14 [C]. Mannheim, Wien, Zürich:Bibliographisches Institut, 1975:307-308.

〈道德经〉的传奇》(*Legende von der Entstehung des Buches Taoteking auf dem Weg des Laotse in die Emigration*)。①这一次，老子出关典故在布莱希特笔下得到了别样的演绎。典故中的两个主角——老子和关令均一改素有的仙家风范，其中关令变化最大，改头换面为下层贫苦百姓中积极向上的一员，为改变命运而主动向智者索求智慧；与此同时，老子虽仍保留有"隐君子"的基本特征，举手投足间却多了几分安贫乐道、仁者乐山、智者乐水的学者韵味，而他之所以最终愿意把自己的智谋写成《道德经》一书留给关令，完全是出于对这个关令所代表的穷人和弱者的同情与友善之心。全诗由十三个诗节组成，每个诗节又由五个诗行组成，语言素朴，格律舒缓，风格轻快诙谐，是中外文学中刻画老子和关令形象的独特之作。

《老子流亡路上著〈道德经〉的传奇》一诗形成于 1938 年 4 月至 5 月间，具体完稿日期为 1938 年 5 月 7 日。随后，布莱希特将该诗寄给托马斯·曼(Thomas Mann，1875—1955)负责编辑出版工作的《尺度与价值》杂志，却被拒绝发表。1939 年年初该诗首发于贝歇尔(Johannes Robert Becher，1891—1958)在莫斯科主持的流亡杂志《国际文学》(*Internationale Literatur*)第一期上。同年该诗还被收入布莱希特出版的《斯文堡诗集》(*Svendborger Gedichte*)。②而在同年 4 月 23 日，该诗又连同瓦尔特·本雅明(Walter Benjamin，1892—1940)的一篇评论一道再度发表在《瑞士星期天报》上。本雅明结合纳粹德国甚嚣尘上的时代政治背景，着重发掘了该诗的现实意义，指出诗中传递的"刚强居下"的讯息可以同"任何弥赛亚式的预言媲美比肩"。③不久，这份载有老子出关诗和本雅明评论的报纸又被辗转带到法国关押德国流亡者的几家收容所，汉娜·阿伦特(Hannah Arendt，1906—1965)当时正好身处其中，事

---

①　德文原诗详见 GBA 18：433-435. 根据此版本翻译的全诗完整内容详见本章附录。

②　请参阅 GBA 18：663-664.

③　请参阅 Benjamin W. Gesammelte Schriften：Band II-2［M］. Frankfurt a. M.：Suhrkamp，1999：572.

后她这样回忆说："这首诗像野火一样在营地内蔓延，如同一个好消息被奔走相告，上帝知道，在这堆积如山的绝望之中还有什么是比这更被渴望的了！"①

布莱希特的这首老子出关诗在其诞生之初便肩负伟大的历史重任，成为鼓舞人们顽强进行反法西斯斗争的文学利器。然而，它又绝非一首简单的趋时性政治诗歌，斗转星移，随着时光的流逝，其超越时代的永恒性质亦日益凸显。如今，它跻身于 20 世纪最美德语诗行列，不仅为学界所推崇，也被指定为德国中学生普及读物，得到广泛传诵。

二、卫译《道德经》的版本特征

由于其在文学史上的重要地位和对后世产生的巨大影响，布莱希特的这首老子出关诗受到了研究界的高度关注。半个多世纪以来，学者们从各个角度对它进行研究，其中也包括研究布氏老子出关诗的创作与他这一素材的资料来源之间的关系问题。

我们知道，布莱希特从未到过中国，也不识汉字，对中国思想文化的深入了解肯定必须借助"精神漫游"②，即阅读研习介绍中国各方面情况的西文资料。具体就他熟悉知晓老子其人其思的途径而言，理论上讲，19 世纪末到 20 世纪初德国形成和出现的"老子热"应该使客观上可供布莱希特选择的相关译介资料变得众多。不过，由于实证性研究方法受历史条件限制较多，存在各种实际困难，因而相关的考据研究还不是很理想，尚需进一步发掘。当然，经过布莱希特研究界自 20 世纪 70 年代以来所展开的不懈探寻，目前可以初步确定的一点是：德国著名汉学家卫礼贤 1911 年的《道德经》德译本为布莱希特吸收借鉴包括老子出关

---

① 转引自 Wizisla E. Benjamin und Brecht. Die Geschichte einer Freundschaft[M]. Frankfurt a. M.: Suhrkamp, 2004: 220-221.

② 请参阅叶隽. 变创与渐常[M]. 北京: 北京大学出版社, 2014: 19-20.

典故在内的道家思想文化资源的最重要途径。可是，由于忽略卫礼贤1911年《道德经》德译本版本史的发展变化情况，即卫礼贤这个译本经多次再版，与1911年的首版并不完全相同，且有的变化会影响我们研究布氏老子出关文本，所以此类研究①所引用的大多是1925年及其之后再版的版本，从而使人无法取得关键性突破。可喜的是，这种局面在2008年德国学者戴特宁发表专著《布莱希特与老子》后得到一定程度的改观，因为此书注意到卫礼贤1911年《道德经》德译本首版与后续再版版本之间的不同并强调了首版中一幅老子出关图的重要性。但遗憾的是，因侧重点不同，此书并未就版本史以及作家与素材之间的关系继续展开探讨。② 有鉴于此，也限于篇幅，笔者在此想专门探讨一下布氏的老子出关文本（而非老子出关诗这一个文本），与卫礼贤《道德经》德译本首版之间到底存在何种具体联系。布氏的三个老子出关文本前文中已作勾勒，为了方便下文的比对和分析，笔者先对卫礼贤《道德经》德译本首版的结构作一简要介绍。

卫礼贤1911年《道德经》德译本首版，如果从封面开始翻起的话，要翻十来页才能翻到标有罗马数字"Ⅰ"的"前言"部分，而这没有页码的十来页，姑且就称作"内封扉页"吧，按照先后次序，刨去空白页不算，这些"内封扉页"上依次出现的是：德国迪特里希斯（卫礼贤译作"德得利"）出版社狮子侧身坐像社徽；印在透明宣纸上的德文书名、译者和出版社及出版时间（见图1）；中文书名木刻"老子道德经"、译者和出版社及出版时间（见图2，覆盖宣纸后的效果见193页插图）；一副装饰图

---

① 请参阅 Tatlow A.: The Mask of Evil. Brecht's Response to the Poetry, Theatre and Thought of China and Japan. A Comparative and Critical Evaluation[M]. Bern: Peter Lang, 1977: 84-87, 190, 373-376, 482. 请参阅 Song Y. Bertolt Brecht und die chinesische Philosophie[M]. Bonn: Bouvier, 1978: 116, 296. 请参阅 Dscheng H. Alfred Döblins Roman Die drei Sprünge des Wang-lun als Spiegel des Interesses moderner deutscher Autoren an China[M]. Frankfurt a. M.: Peter Lang, 1979: 88-92. 请参阅 GBA 12: 366-367.

② 请参阅 Detering H. Bertolt Brecht und Laotse[M]. Göttingen: Wallstein, 2008: 96.

案围绕下用中文标注为"老子"的插图；装饰图案围绕下的该书的德语名字、书名、译者和出版社及出版年份信息(见 192 页插图)；一幅取材于老子出关故事的中国画：占两页篇幅，大概为"内封扉页"第 10 到 11 页的样子，呈现的是穿戴考究的关令向由一书童陪伴、骑一头青牛出关的老子作揖行礼的场面(见图 4)。需要指出的是，这样多的"内封扉页"在一般的图书中是十分少见的。这些"内封扉页"之后便出现用罗马数字标明页码的"前言"和"导论"："前言"占据第 I 到 III 页，由卫礼贤写于 1910 年 12 月；"导论"为卫礼贤给译本所写，用罗马数字标明第 IV 到 XXV 页。"导论"之后紧接着的是用罗马数字标明第 XXVI 到 XXXII 页的文章《论老子哲学的社会层面》，作者为与卫礼贤熟识的、当时新成立的青岛德华大学法律系讲师、法学博士赫善心，卫礼贤在"前言"末尾就已提到过赫善心的这篇"关于老子对于人类社会的思考"的文章并在译本的注释部分里引用了他的一篇较长的《桃花源记》的德语译文。在赫善心的文章之后，正文开始。自正文第 1 页起全用阿拉伯数字标页码，正文上部为"道"，下部为"德"，上下部页码横跨第 1 到 86 页；正文之后为"注疏"，从第 87 到 113 页；再后面就是"所用文献"，从第 114 到 115 页；压轴的是"目录"，从第 116 到 118 页。

卫礼贤在前面"导言"中强调自己使用中文文献和自己占有文献的丰富并重点介绍了先秦至六朝时期的王弼本《道德真经注》和河上公本《老子道德经·河上公章句》，而在后面的"所用文献"中卫礼贤也列出了重要的中外文参考文献：中文方面有初唐至五代时期陆德明《老子音义》(依照王弼本注音)，明代薛蕙《老子集解》和从儒家观点去看老子的洪应绍《道德经测》，清代王夫之有关老子的文章等；外国近代则有 18 世纪日本太宰春台的《老子特解》以及英法德三国已有的对老子哲学的代表性译介等。

三、"老子出关"诗与卫译《道德经》关系考辨

借鉴现有研究，并在此基础上作进一步分析、梳理、比对和整理，

笔者现将卫礼贤 1911 年《道德经》德译本之所以为布莱希特创作老子出关文本最重要蓝本的具体例证总结如下：

1. "老子"(Laotse)、"《道德经》"(*Taoteking*)和"道"(Vernunft)

大家知道，在众多《道德经》注本中流传最广的是王弼本《道德真经注》和河上公本《老子道德经·河上公章句》。王弼本为一般学者所推崇，河上公本则为普通民间所通用，河上公本使用非常广泛。①卫礼贤 1911 年德译本参考了河上公本，所以他把这一书名译作德文时既用了直译"Laotse Taoteking"，也用了意译"Das Buch des Alten vom Sinn und Leben"(见图 3)，其中"das Buch"对应"经"，"der Alte"对应"老子"，"Sinn"对应"道"，而"Leben"则对应"德"。这个书名的原文木刻版还专门设在大概为"内封扉页"的第 7 页上(请见图 3)，此页上面还覆盖一张透明的丝质宣纸，宣纸上用直译的德文对应标明中文词义，显得十分精致、古老而珍贵，给人印象极为深刻。

图 1　覆盖中文内封的译文页　　　图 2　中文内封

经过前面十来张"内封扉页"的渲染造势之后，卫礼贤又在正文之

---

①　陈鼓应，注译. 老子今注今译[M]. 北京：商务印书馆，2003：369.

图3　德文内封

前的"导言"中对老子其人其作进行了非常详细的介绍。根据布莱希特创作老子出关文本所受其影响大小，以下仅有针对性地聚焦卫礼贤对老子姓氏、《道德经》书名由来和老子哲学核心概念"道"的阐释。

　　卫礼贤撰写的长篇"导言"由四节组成。在第一节"作者其人"里，卫礼贤依据司马迁《史记》中的记载，特别详细地介绍了老子的姓氏情况："老子在欧洲为大家所熟悉的'Laotse'这个名字，根本不是本名，而是一个称号，最好译作'der Alte'。他的家族姓氏是李，这在中国是个大姓，其使用频率甚至超过了德国的大姓麦耶；他的乳名叫耳(耳朵)，学名叫伯阳(伯爵+太阳)，他去世后的谥号为聃，即老聃(字面意思为'老的长耳朵'，意译为'老的先生')。"这里"老的先生"对应的德文是"alter Lehrer"，按照卫礼贤的处理，这就是老聃的德文意译。①而关于老子姓名问题，中国历来有两种说法：其一说"老"是尊称，"老子"即后人所谓老先生的意思；其二说"老"是姓氏，在男子姓氏后面加一个"子"字则是表示尊重。②由此看来，卫礼贤接受了第一种说法。而

①　请参阅 Wilhelm R. Einleitung[M]//Laotse. Taoteking. Das Buch des Alten vom SINN und LEBEN. Jena：Diederichs, 1911：IV.

②　陈鼓应，注译. 老子今注今译[M]. 北京：商务印书馆，2003：8.

布莱希特又从卫礼贤，如此一来，在其相关文本中出现的"Lehrer"指的就是"先生""老师"，出现的动词"lehren"（教书，教导）和名词"Lehre"（学说，教诲）则是由此生发的具有因果关系的合理联想。

在"导言"第二节"老子其作"里，卫礼贤勾勒了《道德经》在中国受到重视和研究的历史脉络。在进一步谈及历代老子注疏解说时，卫礼贤特别推介了王弼本《道德真经注》和河上公本《老子道德经·河上公章句》，指出汉代"文景之治"便是老子学说运用于国家政治治理的直接成果，汉文帝研究老子学说据说用的就是河上公注本，而《道德经》这一书名也是最终确定于汉文帝之子汉景帝统治时期。介绍到这里时，卫礼贤还用括号标明《道德经》（按当时标准）的汉语拼音拼法"Dao De Ging"及其对应的德文"das klassische Buch vom Sinn und Leben"。①卫礼贤在此节末尾还专门声明，他这个德译本所沿用的上部"道"37章及下部"德"44章的划分方法据说也可以追溯到河上公，而其中又以宋（代木）刻本最为古老。②以此与前面"内封扉页"中所插入的同样也是刻意强调的中文原文木刻标题"老子道德经"相呼应。

接下来，在"导言"第三节《道德经》的内容"里，卫礼贤详尽地说明了他对"道"这个核心概念的翻译方法。卫礼贤首先介绍迄今为止西方对"道"的各种译法："就这个词的正确译法而言，从一开始就存在非常严重的意见分歧。一些人建议译作'上帝'、'道路'、'理性'、'言'、'逻各斯(λόγος)'，又有一部分译者不翻译，而是将'道'的音译'Tao'直接收入欧洲语言。"卫礼贤还专门指出"道"这一中文词的初始意思为"道路"，并"由此衍生出'方向'、'状况'之意，而后再衍生出'理性'、'真理'之意"。③卫礼贤继而将中文词"道"和德文词"Sinn"进行词

---

① Wilhelm R. Einleitung[M]//Laotse. Taoteking. Das Buch des Alten vom SINN und LEBEN. Jena：Diederichs, 1911：VII.

② Wilhelm R. Einleitung[M]//Laotse. Taoteking. Das Buch des Alten vom SINN und LEBEN. Jena：Diederichs, 1911：VII.

③ Wilhelm R. Einleitung[M]//Laotse. Taoteking. Das Buch des Alten vom SINN und LEBEN. Jena：Diederichs, 1911：XV.

义探源和对比，又引歌德诗剧《浮士德》第三场《书斋》中翻译《新约》的浮士德将《约翰福音》第 1 章第一句译作"太初有思"①，以及《圣经》多种中译本中此句大多被译作"太初有道"为据，力证其将"道"译作"思/真意/真谛"（Sinn）的合理性。②值得注意的是，布莱希特在这个问题上并未接受卫礼贤的译法，反倒是对卫礼贤所介绍的其他译法中的一种，即将"道"译作"Vernunft"（理性）表现出浓厚兴趣，他在 1925 年《礼貌的中国人》和 1933 年给克劳斯的信中都用了"Unvernunft"这个词，这也是笔者为何在前面翻译这两个相关文本时对应使用中文"失道"或"大道废"来表达的一个依据。当然，也不排除布莱希特受卫礼贤的启发去专门查阅了将"道"译作"Vernunft"的那种《道德经》德译本的可能性。

2. "海关税吏"（Zöllner）、"海关管理者"（Zollverwalter）、"海关官员"（Zollbeamte）、"海关守卫"（Zollwächter）

"关令"一词中的"令"为古代官名，指主管某个方面的官员；③"关"的含义则要复杂一些。按照《古代汉语词典》，"关"可指关口、关卡，设在边界上以稽查商旅；④按照《现代汉语词典》，"关"既指古代在交通险要或边境出入地方设置的守卫处所，也指货物出口或进口查验收税的地方，如海关等；另关卡则是为收税或警备而在交通要道设立的检查站、岗哨。⑤

卫礼贤将"关令"译作"Grenzbeamter"（边境官员）或"Grenzwächter"（边境守卫），布莱希特虽在三个文本中都提到"关令"，但没有直接沿用卫译，

---

① ［德］歌德. 浮士德［M］. 钱春绮，译. 上海：上海译文出版社，2007：35-36.

② Wilhelm R. Einleitung［M］//Laotse. Taoteking. Das Buch des Alten vom SINN und LEBEN. Jena：Diederichs，1911：XV.

③ 《古代汉语词典》编写组. 古代汉语词典［C］北京：商务印书馆，1998：995.

④ 《古代汉语词典》编写组. 古代汉语词典［C］北京：商务印书馆，1998：498.

⑤ 中国社会科学院语言研究所词典编辑室. 现代汉语词典［C］. 北京：商务印书馆，2012：476-477.

而是用了与之意义相近的四个不同近义词"der Zöllner""Zollverwalter"
"Zollbeamter""Zollwächter",①从而把中文"关"中所包含的用以稽查商旅
或收税的类似于海关这类的"关卡"之意特别渲染出来,并以此为基础设
计出关令这个人物要老子"上缴关税"和"呵斥走私犯"的情节,从侧面烘
托出老子物质生活的清贫和精神生活的富有以及关令对他的景仰。

3. "薄书"(das dünne Buch)和"小书"(das Büchlein)

卫礼贤 1911 年德译本多次提及《道德经》是一本意义重大但篇幅短
小的著作。在其所写的"前言"中,卫礼贤先是称《道德经》为影响巨大
的"小薄书"(das kleine Büchlein)②,然后又说研习这本"薄薄的中国小
册子"(das kleine chinesische Werkchen)令他享受到"美妙的静观时
光"③。在接下来的"导言"中,卫礼贤阐述《道德经》为公元前的古代经
典名家如列子、庄子、韩非子、淮南子等广泛引用从而表明其非后世伪
作,并再一次强调了《道德经》是"一本简短的小册子"(ein Werkchen
von der Kürze)④。在这里,卫礼贤后两次所用"Werkchen"一词同他第
一次所用的"Büchlein"在德文中均是小化词,分别源自名词"Werk"和
"Buch",而"Werk"的常用释义之一便是"Buch"⑤,另在近义词词典中
也可发现它们互为近义词⑥。总之,卫氏对"小书""小册子"的这种强
调应是令布莱希特印象深刻的,因为 1925 年文本中出现了"das dünne

---

① 请参阅 Müller W. Der Duden in 10 Bänden. Das Standardwerk zur deutschen
Sprache：Band 8[M]. Mannheim, Wien, Zürich：Bibliographisches Institut, 1986：301,
789.

② Wilhelm R. Vorwort[M]//Laotse. Taoteking. Das Buch des Alten vom SINN und
LEBEN. Jena：Diederichs, 1911：Ⅰ.

③ Wilhelm R. Vorwort[M]//Laotse. Taoteking. Das Buch des Alten vom SINN und
LEBEN. Jena：Diederichs, 1911：Ⅱ.

④ Wilhelm R. Vorwort[M]//Laotse. Taoteking. Das Buch des Alten vom SINN und
LEBEN. Jena：Diederichs, 1911：Ⅵ.

⑤ Wahrig G. Wörterbuch der deutschen Sprache[C]. München：Deutscher
Taschenbuch Verlag, 1978：886.

⑥ Großes Wörterbuch. Synonyme[C]. Köln：Buch und Zeit, 2000：88, 426.

Buch"字样，而 1933 年老子出关诗第 2 诗节则原封不动地用了
"Büchlein"一词。

　　老子出关诗的第 2 个诗节描述了老子为出关而准备的简单行囊，其
中包括烟斗、面包和小书一本。有学者认为这三样东西恰好是老子所处
春秋时期所没有的，这种有悖历史真实的"时代错误"布莱希特想必是
故意为之，借以暗示躲在老子身后的诗人自己，用老子出关来影射作者
逃离纳粹德国、被迫流亡的经历，从而达到借古喻今之目的。①笔者认
为，这种细致的解读总的来说可以令人信服，只是对"小书"的分析似
有诠释过度之嫌，值得商榷，理由有三。首先，如前所述，卫礼贤
1911 年德译本已使用该词且布莱希特从卫礼贤，在两次相关创作中均
使用该词及其变种。其次，从词源上讲，德文词"Buch"本身就包含有
"木简"的意思，查阅十卷本杜登字典可知，此词在古高地和中古高地
德语中最初指的是"捆扎在一起的用于写字的山毛榉木片"，只是后来
经过不断发展演变这个词才被用来表示所有种类的被装订起来的一叠
纸，如今尤其被用来指印刷出来的书籍。②最后，卫礼贤 1911 年德译本
多页"内封扉页"中还插有一幅以老子骑青牛出关为内容的中国画（见图
4），画中的书童右肩上扛着一根长长的竹竿，竹竿粗的一头向其身后上
方翘起，竹竿正中部位则挂着一个用带子捆扎成一叠的简牍，细数一
下，这个简牍大概由五六块竹简或木简组成，算得上是一本名副其实的
小简册，即古代的"小书"。按照这幅图所给出的画面和传递的信息，
老子是带着一本小书踏上西去的路途的。

4. "辩解"（Entschuldigung）

　　1925 年《礼貌的中国人》中多次出现的"辩解"一词，同样也可从卫

---

　　①　请参阅 Detering H. Bertolt Brecht und Laotse[M]. Göttingen：Wallstein, 2008：
70. 请参阅谭渊. 从流亡到寻求真理之路——布莱希特笔下的"老子出关"[J]. 解放
军外国语学院学报, 2012(6)：121-122.

　　②　Der Duden in 10 Bänden. Das Standardwerk zur deutschen Sprache：Band
7[M]. Mannheim：Bibliographisches Institut, 1963：86.

图4　1911年版《道德经》译本中的老子出关图

译本中找到，这应该不是巧合。在"前言"一开头，卫礼贤就为自己为何在已有许多译本的情况下仍坚持再译《道德经》进行辩护："如果今天有谁要翻译老子，那么这件事情在全体专业汉学家们看来就需要一个特别的辩解，因为近百年以来没有哪一本中国典籍像《道德经》一样如此吸引翻译家们蜂拥而至。"①接下来卫礼贤提出三个理由来力证自己再译的合理性：第一，《道德经》内容具有奇特性、神秘性和晦涩性，留给读者巨大的阐释空间，使得各种个性化解读成为可能；第二，作为迪特里希斯出版社重点出版计划——"中国宗教和哲学原典"系列丛书不可缺少《道德经》这样影响巨大的著作；第三，这个具有新意的译本在翻译和注释方面都以中国原始文献为主，欧洲文献只起辅助作用。②卫礼贤这里的"辩解"是德文名词"Entschuldigung"，其释义相当于中文的"辩解""申辩""借口""托辞"等，而卫礼贤所用的动词"需要"是要求搭配

<hr />

① 　Wilhelm R. Vorwort[M]//Laotse. Taoteking. Das Buch des Alten vom SINN und LEBEN. Jena：Diederichs, 1911：I.

② 　请参阅 Wilhelm R. Vorwort[M]//Laotse. Taoteking. Das Buch des Alten vom SINN und LEBEN. Jena：Diederichs, 1911：I-II.

第二格的"bedürfen"的第三人称单数，时态为现在时，而《礼貌的中国人》开头第一句用的就是"Entschuldigung bedarf"这个搭配，语言层面的模仿痕迹一目了然；而在《礼貌的中国人》的最后布莱希特则使用了"Entschuldigung"的动词形式"entschuldigen"。①

5. "牛儿"(Ochse)、"小童"(Knabe)和"青松"(schwarze Föhre)

卫礼贤 1911 年德译本首版最突出的一个特点是对老子出关说进行了图文并茂的介绍。

卫礼贤在"导言"第一节第一自然段，除叙述的顺序有所改变外，基本上是依据司马迁《史记·老子韩非列传》前三个自然段的内容来依次介绍老子的个性、姓氏、籍贯、出生日期、从事职业、与孔子的相遇（适周问礼）以及去国出关的情况。

就老子出关而言，司马迁的《史记》是这样记载的："老子修道德，其学以自隐无名为务。居周久之，见周之衰，乃遂去。至关，关令尹喜曰：'子将隐矣，强为我著书。'于是老子乃著书上下篇，言道德之意五千余言而去，莫知其所终。"②

卫礼贤的描述则是这样的："当公共状况变得越来越糟糕，以至于建立秩序的希望完全化为泡影时，据说老子就归隐了。据说，当他，按照后来的流传是骑着一头青牛（请参阅插图），来到函谷关时，边境官员（der Grenzbeamte）尹喜便请求他，写点什么东西留下来给他。于是他就写下共计五千多个汉字的《道德经》交给他。然后他就向西而去，没有人知道他去了哪里。"③

如果将卫礼贤的这段描述和司马迁原段进行对比的话，很容易发现两个不同之处。第一个不同之处是卫礼贤在此去掉了原文的第一句：

---

① GBA 19：200.

② 司马迁. 史记. （第七册）[M]. 北京：中华书局，1959：2141.

③ Wilhelm R. Einleitung[M]//Laotse. Taoteking. Das Buch des Alten vom SINN und LEBEN. Jena：Diederichs，1911：V. 为考据研究方便，此段中文译文中重要语汇的德文原文系笔者自加括号标出。

"老子修道德，其学以自隐无名为务。"不过，这个对老子出关说的内容影响倒不大，何况卫礼贤也并没有真的略掉它，而是把它挪到"导言"第一节第一自然段开头部分，以说明老子的性格特征。第二个不同之处，即卫礼贤在用第一虚拟式客观转述司马迁相关内容时所插入的一个第一分词扩展词组"按照后来的流传是骑着一头青牛（请参阅插图）"，德文原文为："nach späterer Tradition auf einem schwarzen Ochsen reitend（vgl. Abbildung）"，这对于我们研究布莱希特运用老子出关素材意义重大。至此，事情就很清楚了：卫礼贤在此介绍的是老子乘青牛出关说，但这种说法并不见载于《史记》，而是见载于《列仙传》《太平御览》等，属秦汉神仙家的附会之谈。不过，这个老子乘青牛出关说对后世的影响却不可小觑，仅就其对中国绘画领域的作用而言，自古以来便是最受欢迎的绘画题材之一，历代都有大小名家据此作画，一般画师就更多了。在层出不穷的老子出关图中，老子大多是大耳垂肩、白发白须、飘逸达观、老成持重的得道仙人形象。① 卫礼贤看来对中国绘画也有相当了解，因为他也相得益彰地在他的译本中附了一幅老子骑青牛出关图（见图4），并在前述介绍中专门用"（请参阅插图）"提醒读者去看图。卫礼贤所配的老子出关图也很特别，因为出现在这幅图上的老子完全不是模式化的仙风道骨，没有被神化，而是一个态度亲和、身体瘦弱、物质生活清贫的小老头。这个另类的老子形象应该说对布莱希特出关诗中的老子形象的塑造影响强烈。另外，布氏出关诗中出现的"小童""青松"也是来源于这幅图，因为在别处找不到任何相关的文字介绍。

6. "柔弱之水"（Weiches Wasser）和"刚强"（das Harte）

布莱希特对老子"柔弱胜刚强"思想的吸收接受集中体现在老子出关诗第5诗节书童对关令询问老子学说奥秘的回答上："柔弱之水，奔流不息，日复一日，战胜强石。刚强居下，你定懂得。"这里的"柔弱"

① 请参阅彭永捷. 龙、凤、青牛与老子[J]. 中华文化论坛. 1997(2)：93.

"水""刚强"所对应的德文原文是"weich""Wasser""das Harte",这三个词同时出现在卫礼贤1911年德译本第78章中,如"天下莫柔弱于水"一句,卫礼贤译为"Auf der ganzen Welt gibt es nichts Weicheres und Schwächeres als das Wasser"①,用直译法回译为中文是"在这个世界上没有什么东西是比水更柔和更弱的了";又如"弱之胜强,柔之胜刚,天下莫不知"一句,卫礼贤译为"Daß Schwaches das Starke besiegt, und Weiches das Harte besiegt, weiß jedermann auf Erden"②,用直译法回译为中文是"弱战胜强,而柔战胜刚,世人皆知"。此外,"weich"和"hart"这对反义词还可见于卫译本第43章,此章中"天下之至柔,驰骋天下之至坚"一句被卫礼贤译为"Das Allerweichste auf Erden überholt das Allerhärteste auf Erden"③,用直译法回译为中文则是"世上最柔的东西超过世上最刚的东西"。

四、小　结

通过上面的例子可知,无论是在语言层面、思想层面,还是在外在情节框架和人物形象塑造方面,乃至写景状物等细节处理上,布莱希特老子出关文本和卫礼贤1911年《道德经》德译本首版之间都具有高度关联性。由此可以窥见,虽然作家的主观能动性和文艺创造性是毋庸置疑的,但所谓巧妇难为无米之炊,所选题材和素材自身的惯性和特性,素材对作家创造性灵感的激发和推动,是一个复杂微妙有趣的系统工程,应当得到足够重视。具体就布莱希特老子出关文本及其素材之间交互关系的现有研究而言,素材对作家创造性的激发作用似有被低估之嫌。不

---

①　Laotse. Taoteking. Das Buch des Alten vom SINN und LEBEN[M]. Wilhelm R., verdeutscht und erläutert. Jena: Diederichs, 1911: 83.

②　Laotse. Taoteking. Das Buch des Alten vom SINN und LEBEN[M]. Wilhelm R., verdeutscht und erläutert. Jena: Diederichs, 1911: 83.

③　Laotse. Taoteking. Das Buch des Alten vom SINN und LEBEN[M]. Wilhelm R., verdeutscht und erläutert. Jena: Diederichs, 1911: 48.

过，对于这一点，诺贝尔文学奖得主埃利亚斯·卡内蒂（Elias Canetti，1905—1994）应该是早在三四十年前就已经清楚地意识到了，否则，姑且先将他的世界观偏见撇开，他便不会这样酸溜溜地眼红布莱希特说："他对人评价不高……他尊敬那些对他持久有用的人，另外那些人，只要他们能够强化他那有些乏味的世界观，也能够得到他的重视。他的这种世界观越来越多地决定着他的戏剧的性质，但他在诗歌上……后来……却在中国人的帮助下找到了一种智慧。"①

当然，最后还需要指出的一点是，卫礼贤 1911 年《道德经》德译本虽然重要，但并非唯一的德译本，仅凭它来诠释布氏老子出关文本，仍会有一些深层问题不能得到解决，如贯穿和渗透在布氏老子出关文本中的"礼"的问题、道家和道教及农民起义关系问题等。总之，布莱希特对中国的研究理解具有相当的深度和广度。自 20 世纪 20 年代中期起，布莱希特开始同时对孔子及儒家、墨子及墨家等进行深入研究和利用。因此，布氏的老子出关文本也不可孤立看待，需纳入布莱希特和中国传统文化整体关系框架中进行考察。

---

① Canetti E. Die Fackel im Ohr. Lebensgeschichte 1921-1931［M］. München und Wien：Carl Hanser，1980：257.

附录：老子流亡路上著《道德经》的传奇
（中德文对照）

Legende von der Entstehung des Buches Taoteking auf dem Weg des Laotse in die Emigration

［德］贝尔托特·布莱希特

1 Als er siebzig war und war gebrechlich Drängte es den Lehrer doch nach Ruh Denn die Güte war im Lande wieder einmal schwächlich Und die Bosheit nahm an Kräften wieder einmal zu. Und er gürtete den Schuh.	1. 当他年逾古稀，身体羸弱， 期盼宁静之心，迫切涌动， 但因国中善良，再度衰落， 　邦内邪恶，复又逞凶。 老者系紧鞋子，踏上旅途。
2 Und er packte ein, was er so brauchte： Wenig. Doch es wurde dies und das. So die Pfeife, die er immer abends rauchte Und das Büchlein, das er immer las. Weißbrot nach dem Augenmaß.	2. 打点行囊，取他必备， 所要不多，也需这那， 像那烟斗，晚间常抽， 一本小书，天天要读， 　白白面包，只需寥寥。
3 Freute sich des Tals noch einmal und vergaß es Als er ins Gebirg den Weg einschlug. Und sein Ochse freute sich des frischen Grases Kauend, während er den Alten trug. Denn dem ging es schnell genug.	3. 奔入山谷，心复欢快， 上得山路，又将山谷忘怀， 见到青翠，牛儿欢喜， 驮着老者，还把鲜草咀嚼， 　对于老人，牛已够快。

4	4.
Doch am vierten Tag im Felsgesteine	上路四天，巨岩夹道，
Hat ein Zöllner ihm den Weg verwehrt：	一名关令，拦住去路：
"Kostbarkeiten zu verzollen?" — "Keine."	"可有宝货？须得上税。"——
Und der Knabe, der den Ochsen führte, sprach：	"没有。"
"Er hatgelehrt."	牵牛书童，代为回复："他曾
Und so war auch das erklärt.	教书。"
	如此一来，一清二楚。
5	5.
Doch der Mann in einer heitren Regung	小小官吏，心中一喜，
Fragte noch："Hat er was rausgekriegt?"	进而问之："可有所获？"
Sprach der Knabe："Daß das weiche Wasser	小童言道："柔弱之水，奔流
in Bewegung	不息，
Mit der Zeit den mächtigen Stein besiegt.	日复一日，战胜强石。
Du verstehst, das Harte unterliegt."	刚强居下，你定懂得。"
6	6.
Daß er nicht das letzte Tageslicht verlöre	小童赶牛，又上旅途，
Trieb der Knabe nun den Ochsen an.	暮色未沉，仍需赶路。
Und die drei verschwanden schon um eine	黑黑松间，身影渐隐。
schwarze Föhre	这位老兄，灵光忽闪，
Da kam plötzlich Fahrt in unsern Mann	扬声高喊："嘿，你！
Und er schrie："He, du! Halt an!"	站住！"
7	7.
"Was ist das mit diesem Wasser, Alter!"	"敢问长者，你那柔水，有何
Hielt der Alte："Interessiert es dich?"	奥妙！"
Sprach der Mann："Ich bin nur Zollverwalter	老者驻足："你有兴趣？"
Doch wer wen besiegt, das interessiert auch mich.	那人言道："谁战胜谁，
Wenn du's weißt, dann sprich!	我虽关令，亦想明白。
	你若知晓，便请道来！

8	8.
Schreib mir's auf! Diktier es diesem Kinde!	书童笔录! 快快写下!
So was nimmt man doch nicht mit sich fort.	这等玄机，岂可带走。
Da gibt's doch Papier bei uns und Tinte	若论笔墨，我辈亦有，
Und ein Nachtmahl gibt es auch: ich wohne dort	寒舍在旁，晚餐亦备。
Nun, ist das ein Wort?"	夫言至此，意下何如?"
9	9.
Über seine Schulter sah der Alte	老者回头，打量此人，
Auf den Mann: Flickjoppe. Keine Schuh.	袍钉补丁，足无敝履。
Und die Stirne eine einzige Falte.	一道皱纹，深印额头，
Ach, kein Sieger trat da auf ihn zu.	啊，飞黄腾达，当无他份。
Und er murmelte: "Auch du?"	老者低语："你亦欲知?"
10	10
Eine höfliche Bitte abzuschlagen	此番请求，恭恭敬敬，
War der Alte, wie es schien, zu alt.	老者老矣，岂能推却。
Denn er sagte laut: "Die etwas fragen	朗声言道："既提问题，当得
Die verdienen Antwort." Sprach der Knabe: "Es	答复。
wird auch schon kalt."	书童亦言："天也将冷。"
"Gut. ein kleiner Aufenthalt."	"也好，就且小住。"
11	11.
Und von seinem Ochsen stieg der Weise	于是智者，翻身下牛，
Sieben Tage schrieben sie zu zweit.	老少二人，奋笔疾书，
Und der Zöllner brachte Essen (und er fluchte nur	关令备饭，左右伺候，
noch leise	斥责私贩，亦不高声。
Mit den Schmugglern in der ganzen Zeit).	如此七天，大功告成。
Und dann war's soweit.	

续表

12 Und dem Zöllner händigte der Knabe Eines Morgens einundachtzig Sprüche ein Und mit Dank für eine kleine Reisegabe Bogen sie um jene Föhre ins Gestein. Sagt jetzt: Kann man höflicher sein?	12. 这日清晨，书童敬献， 八十一篇，箴言警句。 谢过关令，小赠程仪， 绕过松林，隐入山间。 　若论礼数，谁人能及？
13 Aber rühmen wir nicht nur den Weise Dessen Name auf dem Buche prangt! Denn man muß dem Weisen seine Weisheit erst entreißen. Darum sei der Zöllner auch bedankt: Er hat sie ihm abverlangt.	13. 然而赞颂，不当只归智者， 他的大名，已在书上闪烁！ 一份感谢，亦当归于关令， 智者智慧，也须有人求索： 　是他，求得智慧硕果。

（谭渊 译）

第七章　卫礼贤与布莱希特对道家思想的接受

如前一章所述，布莱希特与《道德经》结缘可以追溯到 1920 年，但他将道家思想融入自己的创作却主要是在 1933 年至 1947 年因遭受纳粹迫害而被迫流亡海外时期。他的著名作品《伽利略传》《大胆妈妈和她的孩子们》《四川好人》等均诞生在流亡路上，他在流亡丹麦时创作的《老子流亡路上著〈道德经〉的传奇》更被誉为"20 世纪最为优美的德语诗歌之一"①。如果我们对这些作品背后所蕴藏的丰富语境进行分析，不难发现道家思想已经深深融入了布莱希特对流亡本身的讨论，"老子出关"背后所隐藏的是德国作家自己对流亡文学和革命道路的独特思考。

一、"柔弱胜刚强"与"谁战胜谁"

在《老子流亡路上著〈道德经〉的传奇》的 3 ~ 8 节中，受到卫礼贤在 1911 年《道德经》译本前言中对老子生平介绍的启发，布莱希特为老子与关令尹喜在函谷关前的会面设计了一段精彩的情节：当老子来到一处"巨岩夹道"的关隘时，一位关令拦住了去路，例行公事地询问："有没有贵重东西上税？"面对税吏的提问，拙于言辞的老子只回答了一个词："没有。"而为他牵牛的书童却在旁边补充道："他曾教书。"这个回答意味着老教书匠不会有什么钱，但话中同时也暗含了一种歧义：对书童而言，这个乱世中，这位年高德劭的学者的智慧同样也是一件珍贵无比的东西！这一暗含的歧义一下激发了关令的兴趣，因此诗中写道：他"心

---

① Knopf J. Brecht-Handbuch, Gedichte[M], Stuttgart：Metzler, 2001：299.

中一喜"，随即追问道："（老者）可有收获?"这里值得注意的是，给出答案的不是追求宁静生活、生活在象牙塔中的老哲学家老子，而是布莱希特添加的一个小人物——活跃在老子左右的小书童：

> "柔弱之水，日复一日，
> 奔流不息，战胜强石，
> 刚强居下，你定懂得。"

　　这段诗句所依据的正是《道德经》第 78 章："天下莫柔弱于水，而攻坚强者莫之能胜，……弱之胜强，柔之胜刚，天下莫不知，莫能行。"但这两者之间却存在着细微的差别。布莱希特为弱水的胜利加入了两个先决条件：一是"日复一日"（mit der Zeit），二是"奔流不息"（in Bewegung），同时斗争的对象也不再是普通的岩石，而是"强大的石头"（den mächtigen Stein）。时间、运动、实力等元素的加入体现出布莱希特对道家思想的批判性接受，他以"柔弱胜刚强"的朴素哲学思维为出发点，将历史唯物主义和辩证唯物主义的科学视角进一步融入其中，使之更加具有科学性和可操作性，并具有了成为一种革命斗争思想的潜力。"弱水"对"强石"的反抗和它所取得的胜利无疑提醒着那个时代的读者：对法西斯反动派的斗争从来不是一蹴而就，而是一场持久战，只有不断坚持斗争，并且假以时日，表面柔弱的流水才能最终战胜强大的岩石——法西斯反动派。

　　转过来看诗中那位关令。当他骤然听到这充满智慧的话语，似乎一时还没有反应过来。直到老子、书童和牛儿将要消失在松林之后时，他才回过神来，急忙要老子停下，并且赶上去追问道：

> "敢问老人，你那柔水，有何奥妙?"
> "你感兴趣?"老者驻足。
> 那人言道："谁战胜谁，
> 我虽税吏，亦想明白，

你若知晓，便请道来……"

"谁战胜谁"这个看似平淡无奇的问题背后隐藏着极其丰富的话语，也是点明关令身份的关键所在。这个问题在我们今天看来似乎平淡无奇，然而当年却与一场惊天动地的斗争紧紧联系在一起，对 20 世纪上半期的共产党人和进步人士而言更是一个生死攸关的重大课题。而提出这一问题的正是伟大的革命导师列宁。1921 年 10 月，列宁面对国内外反动派的疯狂反扑，就无产阶级革命中的政治教育工作发表了以下演讲：

> 全部问题就在于：谁跑在谁的前面？资本家如果先组织起来，他们就会把共产党人赶走，那就什么也不用谈了。必须清醒地看待这些事情：谁战胜谁？……必须清楚地了解斗争的这个实质，并且使广大工农群众清楚地了解斗争的这个实质："谁战胜谁？谁将取得胜利？"①

列宁为捍卫新生的苏维埃政权所反复强调的"谁战胜谁？"由此成为随后几十年无产阶级革命斗争中的核心问题。布莱希特笔下的关令显然也在思索革命导师所提出的问题，渴求一个答案。因此，当他听到书童充满智慧的话语时，他很快便领悟到其中所蕴含的真理——那正是自己苦思冥想而不得其要的关键所在。他不能容忍老子这样的知识分子继续将真理封锁在象牙塔中，只为追求自己生活的宁静一走了之，而让他这样期待真理指引的人继续苦苦等待。因此，布莱希特在手稿（BBA，346：96）上让关令说出了这样一句话："你若知道这些，就须将它教给我们。"而在定稿时，诗人将它改成更富有感情色彩的话语："书童笔录！快快写下！/这等玄机，岂可带走。"顿时让关令迫不及待的心情跃

① ［苏］列宁. 新经济政策和政治教育委员会的任务［M］//中共中央马克思恩格斯列宁斯大林著作编译局. 列宁全集（第 2 版）第 42 卷. 北京：人民出版社，1987：186-187.

然纸上。

如此一来，《道德经》成书的原因就发生了根本性的变化。在《史记》中，久仰老子大名的关令礼貌地向老子提出请求，请他在归隐之前将学说留给世人，而老子同样出于礼貌答应了这一请求。但在《老子流亡路上著〈道德经〉的传奇》这首诗中，关令却是出于对真理的渴望向掌握知识的哲学家提出了学习的请求。而老子并非简单地出于礼貌才留下自己的著作，而是经过了谨慎的观察和思考才答应了对方的要求。为了说明这一点，布莱希特在完成最初的三页手稿（BBA 346：95，96，98）后，又特地加入下面五行诗句，组成了诗中新的第 9 节：

> 老者回头，打量此人，
> 袍钉补丁，足无敝屦。
> 一道皱纹，深印额头，
> 啊，飞黄腾达，当无他份，
> 老人低语："你亦欲知？"

从关令穷得无鞋可穿、衣服上打着补丁可以看出，他虽身为官吏，却并非统治阶级的代表，更与仕途上的飞黄腾达全然无缘。更准确地说，他同样属于社会底层的受压迫人民，至少也是劳苦大众可以团结的对象。因此，关令对"谁战胜谁"的思考绝不是出于剥削的目的，而是因为他站在受压迫者的立场上产生了对真理的强烈追求。而老子作为知识分子代表，正是基于对关令的这一观察，才决定在离开故国之前将自己所掌握的真理传授给需要它的人们，用《道德经》这本智慧之书来解答"谁战胜谁"的问题。这样一来，"柔弱胜刚强"的思想就创造性地与列宁主义对无产阶级革命的思考结合在了一起，使具有千年历史的道家哲学成为照耀新时代革命斗争之路的火炬。更进一步地说，它对正在苦苦思索流亡文学出路的同志们意味着一盏新的指路明灯，它不仅给予了受压迫者必胜的信心，同时也指出走向胜利必须经过坚韧不拔的持久斗争，而猖獗一时的法西斯最终必将被革命洪流所战胜。

"谁战胜谁"与"柔弱胜刚强"，它们的结合所反映出的其实正是布莱希特自己对道家思想的创造性接受。我们看到，在最初接触到老子出关的故事时，布莱希特注意到的只是中国人对老子的尊敬和他们对礼貌的重视，随着他自己如诗中的老子一样带着简单的行装离开故土并在流亡中一步步成熟起来，他才越来越深地体会到中国诗人和哲学家的流亡并不是一种逃亡，而是另一种形式的斗争，体会到"柔弱胜刚强"思想对革命斗争的巨大意义。最终，道家思想与他对革命道路的长期思考有机地结合了起来，成为他激励反法西斯斗争和流亡文学的思想武器。

二、从"归隐之路"到"传播真理之路"

老子哲学思想与无产阶级革命及反法西斯斗争的结合使布莱希特笔下的"老子出关"发生了质的变化。老子的流亡之路不再只是一条追求"自隐无名"、与世无争的归隐之路，而是变成了一条走出书屋、传播真理的传奇道路，流亡也不再意味着逃亡，而是成为革命作家传播真理的契机。

对"老子出关"的这一革命性加工中隐藏着布莱希特对德国流亡文学的深入思考。1935 年，布莱希特在《书写真理的五重困难》(*Fünf Schwierigkeiten beim Schreiben der Wahrheit*) 一文中写道："在今天，谁要是想同谎言和愚昧作斗争并写下真理，必须至少克服五重困难。"它们包括"书写真理的勇气""认识真理的智慧""把真理变为可以运用的武器的艺术""判断真理在哪些人手中发挥作用的能力"和"在这些人当中传播真理的计谋"。[①] 我们在《老子流亡路上著〈道德经〉的传奇》中出现的三位人物身上恰恰可以看到：书童具有"书写真理的勇气"，他在诗中通过唤醒关令对生活经验的认识("……你定懂得")，勇气十足地将"柔弱胜刚强"作为不可否认的真理宣讲出来。而关令则有"认识真理的智慧"，如果没有他慧眼识珠，追求清静无为的老子势必就此归隐，后人

---

① GBA 2: 74.

也就将无缘读到《道德经》。同时，真理在老子那里只是被封锁在象牙塔中，正是这位关令将老子思想中所蕴含的真理与"谁战胜谁"的革命思考结合起来，才使"柔弱胜刚强"最终成为运用于革命和反法西斯斗争的思想武器。因此，布莱希特专门将全诗的最后一节献给了这一常被忽视的人物：

> 一份感谢，亦当归于关令，
> 智者智慧，也须有人求索：
> 　是他，求得智慧硕果。

　　而老子的功绩也并不仅仅在于他是《道德经》的直接作者，值得关注的还有他"判断真理在哪些人手中发挥作用的能力"，正是有了他审慎的观察、英明的决断，凝结他毕生智慧结晶的作品才有了良好的归宿，而日后《道德经》的广泛传播也证明老子对传承者的判断准确无误。甚至在布莱希特看来，中国人"至今都在遵循此书的教诲生活"。①
　　由此可见，《老子流亡路上著〈道德经〉的传奇》一诗不仅隐藏着布莱希特自己的流亡经历，同时也凝聚着他多年以来对流亡道路和书写真理的思考。诗人的意图异常明显：他正是要借两千多年前一位中国哲学家被迫走上流亡之路，但是却在流亡路上传播真理、创造辉煌的例子为流亡国外的无数德国文学家、哲学家树立一个光辉的榜样，使他们看到流亡并不是一场人生的悲剧，相反，知识分子可以由此走到人民中去，走到广大需要真理指引的无产阶级和劳苦大众中去，流亡之路最终同样可以成为进步学者书写真理、传播真理、赢得人民尊重的光辉道路。同时，布莱希特无疑也借"老子出关"表达了自己的志愿：他要通过在流亡路上的文学创作，通过与人民大众的合作将反法西斯斗争不屈不挠地进行到底，最终将他的流亡之路变成一条辉煌的"传播真理之路"。
　　1942 年，布莱希特在写给友人的一封信中再次借"老子出关"阐释

---

① 　GBA 19: 200.

了德国流亡文学的意义：

> 亲爱的卡琳，……就凭你对真理的热爱和对不公的愤怒，要是
> 你没有流亡我才会感到惊奇呢。……据我所知，中国诗人和哲学家
> 习惯于走上流亡之路，就像我们的人进入科学院一样。那是如此普
> 遍，很多人都流亡过多次，但那却似乎是一种荣耀，或许可以这样
> 写：人在一生之中，至少要有那么一次将故国的尘土从脚底
> 掸去。①

在这封信的末尾，布莱希特以一种大无畏的气概写道："而我们所
处的时代对斗士而言是何等优越的时代。理性何曾在哪个时代中有过如
此机遇？再没有任何时代比这更值得去斗争了。"②可见，在布莱希特
眼中，如"老子出关"一般流亡异国他乡已经成为一种荣耀、一种成功
的社会批判与拥有真理的标志。因法西斯迫害而走上的"流亡之路"对
他而言早已不再是什么人生悲剧，相反已经成为他心目中锤炼自己、赢
得不朽声誉的宝贵契机和一条前途光明的"真理之路"。

三、道家思想与《四川好人》

布莱希特 1942 年完成的寓言剧《四川好人》讲述的是三位神仙从天
上来到人间寻找好人，在屡屡碰壁之后终于在四川找到了善良的妓女沈
德。为了让这世上唯一的好人能够体面地生存下去，神仙送给她一千银
元。沈德用这笔钱开了一家烟店，想通过经营烟店来帮助更多穷人，然
而不久后她就因四处行善而濒于破产。为拯救烟店，也为拯救即将出世
的孩子，善良的沈德不得不戴上恶人的面具，化装为冷酷无情的表兄隋
达出现在众人面前，并通过残酷剥削工人把烟店变成了财源滚滚的烟

---

① GBA 23：9.
② GBA 23：9.

厂。于是众人更加怀念起失踪的沈德，怀疑她遭到了隋达的监禁。最后，当神仙们审讯隋达、追问"四川好人"的下落时，沈德终于不得不脱下男装，将一个令人震惊的事实展现在世人面前：社会已是如此堕落，好人既要善待别人，又要善待自己，在这个世界上根本就无法做到。那么到底应该去改造人，还是应该去改变世界？三个神仙在这个问题面前也束手无策。在"世上最后一个的好人"的追问声中，神仙们万般无奈地逃回了天上。

在《四川好人》中，布莱希特对流亡状况的反思与对中国元素的吸收在创作中相互交织，尤其是他将沈德塑造为"世上最后一个"具有善良本质的人，又在有意无意间介入了一场关于人性善恶的争论，为欧洲由来已久的"人性本恶/本善"之争加入了来自中国传统文化的新元素。

由于基督教教义强调每个人都有"原罪"，"人性本恶"的观点在欧洲一直大行其道。而《四川好人》却勾勒了一幅完全相反的图景：作为"好人"代表的沈德在第一次和神仙交谈时就表现出"善良的天性"（Güte ihres Herzens）①，她说："我觉得如果能够顺从天理，孝敬父母，诚恳待人，是一种幸福；能够不占街坊邻舍的便宜，是一种快乐；能够忠实于一个男人，是一种愉悦。我不想损人利己，也不想抢夺无依无靠的人。"②这让人不禁联想起儒家思想代表人物孟子关于"人性本善"的理论，他有一段著名的论述："恻隐之心，人皆有之；羞恶之心，人皆有之；恭敬之心，人皆有之；是非之心，人皆有之。……仁义礼智非由外铄我也，我固有之也。"（《孟子·告子上》）这段话就是说善良是每一个人都具有的普遍心理活动，是出于人的本性、天性，是与生俱来的"良知"。然而，既然人性本善，为什么人类社会还会充满"恶"呢？孟子将其归咎于外来的影响："水信无分于东西。无分于上下乎？人性之善也，犹水之就下也。人无有不善，水无有不下。今夫水，搏而跃之，可使过

---

① ［德］布莱希特.四川好人［M］.吴麟绶，注释.北京：外语教学与研究出版社，1997：72.

② ［德］布莱希特.四川好人［M］.吴麟绶，注释.北京：外语教学与研究出版社，1997：14.

颡；激而行之，可使在山。是岂水之性哉？其势则然也。人之可使为不
善，其性亦犹是也。"(《孟子·告子上》)也就是说，人具有善良天性，
就如水往低处流一样是出自天然，虽然也有反常流动的水，但那都是由
于施加了外力，并非水的天性使然。在《四川好人》中，沈德有一段台
词十分贴近孟子关于"人性本善"的论述：

> 您为什么这样邪恶？
> (对观众)
> 践踏身边的人，难道就无须费力？
> 额头青筋鼓出，只因
> 满足贪婪要费尽力气。
> 伸出手去给予，是多么的自然而然，
> 抬手将它接住，来得也是如此轻松。
> 只有贪心抢夺才会那么费力。
> 啊！赠予，那是怎样的诱惑！
> 与人为善，这又何等的惬意！①

从这一段中可以看出，乐于助人的沈德在布莱希特笔下象征着人类
善良天性的一面，行善对她来说是发自本性、自然天成的轻松之举。与
之相反，作为"行善"对立面的"作恶"在沈德眼中则是一件违反本性、
无比费力的事情。这与布莱希特在《工作日志》以及名诗《恶的面具》中
的观点一脉相承："作恶是多么的费力。"②而其根本原因就在于恶行有
违天性和良知。

布莱希特曾就如何在舞台表现好人"作恶"之难进行过深入思考。
在早期手稿中，他甚至补出两个名字出处，将行善的女主人公命名为
"利公"，而她所扮演的凶恶表兄则被称为"老哥"。他在 1940 年 8 月 9

---

① [德]布莱希特.四川好人[M].吴麟绶，注释.北京：外语教学与研究出版
社，1997：99.
② GBA 12：124.

日的工作日志中写道："要就一个基本问题作出决断：如何处理神仙—利公—老哥关系的问题。（1）通过拓展寓言成分，以天真的方式处理神仙—利公—老哥三者，以便让一切都能在道德上立足，并且让两个对立的原则（两个灵魂）分别登场；（2）简单地叙述利公是如何装扮成表兄的，这样她就可以运用她在贫苦生活中积累起来的经验和素质。其实只有（2）是可能的……"①布莱希特认为这个问题的"艺术解决办法"是"在幕布前易装"，但这种"易装"不是精神分裂或双重人格的表现，而是一种伴随着巨大艰辛的角色扮演。布莱希特在日志中指出，表演者须展现"利公扮演老哥的角色需要付出巨大的努力"②。换言之，这个角色应当表现出一个人所具有的良好天性，而外界的环境又是恶化到了怎样的程度，以至于一个好人无法再以好人的身份生存下去。而为表现好人作恶之难这一主题，布莱希特最终所选取的恰恰是他眼中极具中国特色的戏剧表现手法。

由于布莱希特在1935年已通过与梅兰芳的交流对中国京剧表演艺术有了相当深入的了解，并在此后撰写了多篇论文，因此他在创作《四川好人》时对中国戏剧舞台上的女扮男装、脸谱艺术都绝对不会陌生。在《四川好人》第四、第五场之间，布莱希特安排了一场表现女主角通过女扮男装从"好人"变身"恶人"的幕间戏。在这场戏里，女主人公沈德来到舞台当中，如布莱希特在工作日志中设计的那样，当着观众的面"在幕布前易装"，在一步步换上男性衣装的同时向众人唱出了一段关于"好人难做"的歌谣："在我们国家，好人做不长。／碗儿空了，吃饭的人就要你争我夺。／啊，神灵的戒条当然好，／就是对付不了缺吃少穿……"③在经历了一番艰难的内心挣扎后，沈德不得不为了自己的生计戴上代表"恶"的假面具，用男性的假声痛苦地唱道："要想吃上午

---

① GBA 26：410.

② ［德］布莱希特. 四川好人［M］. 吴麟绶，注释. 北京：外语教学与研究出版社，1997：99.

③ ［德］布莱希特. 四川好人［M］. 吴麟绶，注释. 北京：外语教学与研究出版社，1997：63.

饭，就得狠下心肠，/拿出打下江山的狠劲。/若不把一打人踩在脚下，就救不下一个穷光蛋来。"①这段幕间戏明确地指出："好人"要想在这黑暗的时代生存下去，就只能戴上恶人的面具，将自己伪装起来。尽管她从内心深处希望"这是最后一次"②戴上面具，然而险恶的环境却迫使她不得不一再以表兄的面目出现在众人面前。那好人为何一定要掩盖自己的善良天性，大费周折地戴上"恶的面具"呢？为了指出根本原因所在，布莱希特在《四川好人》第六、第七幕之间的幕间戏里不惜篇幅地引用了来自道家经典《庄子》的著名寓言"材之患"，将好人的悲剧比喻成"有用之材的痛苦"（das Leiden der Brauchbarkeit）：

> 在宋县有个地方叫做荆棘坪。那儿长着繁茂的楸树、柏树和桑树。可是，那些围粗一两拃的树被人砍下来做了狗圈的栏杆。那些围粗三四尺的树被富贵人家砍下来去做了棺材板。那些围粗七八尺的树被砍下来做了豪华别墅的横梁。因此所有这些树都不能尽其天年，而是长到一半就夭折在斧锯下。这就是有用之材的痛苦。③

《四川好人》中的这段文字几乎完全抄自卫礼贤 1912 年发表的《庄子》德译本④，布莱希特只在个别文字上略作改动，将后两个用途进行了对调。《庄子·人间世》原文为："宋有荆氏者，宜楸柏桑。其拱把而上者，求狙猴之杙斩之；三围四围，求高名之丽者斩之；七围八围，贵人富商之家求禅傍者斩之。故未终其天年而中道之夭于斧斤，此材之患也。"⑤

---

①　[德]布莱希特. 四川好人[M]. 吴麟绶，注释. 北京：外语教学与研究出版社，1997：64.

②　[德]布莱希特. 四川好人[M]. 吴麟绶，注释. 北京：外语教学与研究出版社，1997：102.

③　[德]布莱希特. 四川好人[M]. 吴麟绶，注释. 北京：外语教学与研究出版社，1997：91.

④　请参阅 Dschuang D. Das wahre Buch vom südlichen Blütenland. Nan Hua Dschen Ging[M]. Wilhelm R., verdeutscht und erläutert. Jena：Diederichs, 1923：35.

⑤　庄子[M]. 方勇，译注. 北京：中华书局，2010：71.

这一寓言在庄子哲学中占有重要地位。在春秋战国的动荡岁月中，庄子独树一帜地强调"无用之用"，在《逍遥游》和《人间世》中都讲到只有那些遭到木匠嫌弃的"无用"之木才能逃脱被砍伐的厄运，成为参天大树，终其天年。这一寓言受到布莱希特的重视绝非偶然。

布莱希特的手稿显示，他是1941年流亡到美国之后即创作的最后阶段才将这段幕间戏插入了原本已经写完的剧本。对于全剧而言，幕间戏中的中国寓言具有画龙点睛的作用，它明确地向观众昭示：在一个黑暗的时代中，好人难以得到好报，越是"有用之材"就越是充满痛苦，无法得到一个应有的好结局。其实，这是布莱希特在流亡时期最为喜爱的一个作品主题。就在1939年开始创作《四川好人》之前，当时流亡于丹麦的布莱希特还完成有一部经典之作《大胆妈妈和她的孩子们》。该剧刻画了德国三十年战争时期的一位随军女商贩，她一心想发战争财，最后却在战争中失去了自己的三个子女。故事中，大胆妈妈安慰刚刚被乱兵打伤脸的女儿：

> 不会留下疤来的，即使有疤我也并不在乎。那些专门讨男人欢喜的人的命是最苦的了。她们为男人玩弄，直到她们死掉。要是不得男人的欢心，她才能继续活下去。……这就像那些长得笔直挺秀的树木，它们常常会被砍去当屋梁用，那些长得曲曲扭扭的树反而可以安安稳稳地欢度年华。所以留了个伤疤还真是福气呢。①

这段话同时也点明了该剧的主题：在动乱的年月中，好人往往难有好归宿。剧中大胆妈妈的三个孩子各有各的优秀品质：大儿子勇敢，二儿子忠实，小女儿善良，但最后他们三个却都因为各自的优点而在战争中丢了性命，像"有用之材"一样早早遭受厄运。布莱希特在写下《大胆妈妈和她的孩子们》和《四川好人》时，想必心中也一样充满了对自己命

---

① ［德］布莱希特.布莱希特戏剧选（上）［M］.孙凤城，译.北京：人民文学出版社，1980：349.

运的哀叹——他自己何尝不是因为成为"有用之材"才不得不颠沛流离、漂泊异乡，寄身于丹麦的草棚之下呢？而布莱希特在1938年从英国汉学家阿瑟·韦利（Arthur Waley）出版的《中国诗170首》（*170 Chinese Poems*）中转译出的一首《洗儿》也真实地道出了自己此时的心境："人皆养子望聪明，我被聪明误一生。惟愿孩儿愚且鲁，无灾无难到公卿。"这首诗出自苏东坡之手———一个同样因为是"有用之材"而屡遭贬谪的文学天才。因此，在那样一个黑暗的时代，沈德要想在充满剥削的"四川"继续生存下去，要想有朝一日继续行善，就只有戴上"恶的面具"来加以伪装。同样，布莱希特要想在最黑暗的流亡岁月中保存自己，也只有暂时伪装自己，如道家寓言所教诲的那样韬光养晦，暂时掩饰自己"有用之材"的光芒。同时也如他在《老子流亡路上著〈道德经〉的传奇》中所写的那样："柔弱之水，奔流不息，日复一日，战胜顽石。"①通过表面柔弱但却持之以恒的斗争来夺取最后的胜利，这正是布莱希特从《道德经》和《庄子》中汲取的智慧。

四、小　结

在为《老子流亡路上著〈道德经〉的传奇》这首诗歌命名时，布莱希特将"老子出关"的故事称为"传奇"（Legende）。"传奇"与通常所说的"传说"有着很大区别，它在德国文学史上主要被用来歌颂古代英雄特别是宗教故事中的圣徒。这一命名不但折射出布莱希特对老子的尊崇，而且也是对流亡中的进步人士的一种鼓励——他们拒绝与法西斯合作、毅然选择流亡的经历有朝一日同样也会成为后世所尊崇的传奇故事。正是凭着这种信念，凭着老子等先哲榜样的鼓励，凭着对"柔弱之水，日复一日，奔流不息，战胜强石"的信心，布莱希特非但没有在漫长的流亡道路上沉沦下去，反而创造了自己文学生涯的巅峰，使自己的流亡之路成为具有传奇色彩的"传播真理之路"。

---

① GBA 12：33.

　　同时，布莱希特在创作寓言剧《四川好人》的过程中也汲取了《道德经》的智慧。剧中，"恶的面具"成为好人沈德破解危局、保全"有用之材"的权宜之计。而在现实中，陷入窘迫局面的布莱希特也为保护自己，走上了长达14年的流亡之路，先是躲过了德国纳粹的追捕，后又逃脱了美国麦卡锡主义的迫害。从这一意义上讲，《四川好人》反映了布莱希特对道家思想的高度认同，他不但在精神上日益认同"流亡文学家"的定位，而且也通过卫礼贤《庄子》《道德经》译本，在与道家"材之患"和"柔弱胜刚强"思想的接触中一步步明晰了自己作为"流亡者"的斗争策略，"四川好人"的抗争所折射的正是流亡文学家的求存之道。

第八章 结　　语

　　1911 年卫礼贤译本的出版是《道德经》西传历史上的一件具有深远意义的大事。1921 年，黑塞在回顾 20 世纪初《道德经》传播史时写道："此前还根本不为一些(西方)学者所知的古老的中国思想在近二十年中通过古代典籍的译本、通过古老精神的影响征服了我们。而直到近十年老子的著作才被译成欧洲所有语言，老子由此声名鹊起并产生了巨大影响。"①这种影响在很大程度上要感谢卫礼贤这一优秀译本。从翻译史的角度来看，1911 年的卫礼贤译本代表了与德国早期汉学完全不同的翻译和诠释路线：19 世纪后半期的汉学家、神学家施特劳斯认为无法用德语词汇翻译出"道"这一术语，并在前言和注释中努力将老子思想纳入基督教神学体系，将"道"视为上帝;② 而卫礼贤虽然用来自《浮士德》及《约翰福音》的"真谛/思"(SINN)一词翻译了"道"，但他的努力方向却是用西方文学、哲学、新教神学概念体系建构起一座东方哲学的大厦，并怀着极大诚意将老子的思想塑造为帮助西方摆脱痛苦和冲动的"东方之光",③ 这正是他正视中国传统文化的价值、正确解读道家经典的思想基础。

　　正因为如此，卫礼贤不再将《道德经》强行纳入基督教神学体系，

---

① Hesse H. Sämtliche Werke in 20 Bänden：Band 17［M］. Frankfurt a. M.：Suhrkamp，2004：298.

② Strauß V. Laò-tsès Taòtêking［M］. Leipzig：Friedrich Fleischer，1870：XXXIV-XXXV.

③ Wilhelm R. Licht aus Osten［C］//Bauer W. Richard Wilhelm. Botschafter zweier Welten. Düsseldorf，Köln：Eugen Diederichs，1973：154.

将其视为可以任由东方学家曲解的殖民地文化，而是选择了一条与先入之见保持距离的适应性翻译路线。一方面，卫礼贤使用带有大众化特征的路德式德语来降低德语世界读者理解"中国智慧"的难度，增加译本的亲和力；另一方面，他针对同时代德语读者的语言习惯，用歌德式的文学语言和德国哲学中的经典概念建构起更为贴近读者的语言风格，进一步跨越了东西方语言和世界观之间的鸿沟。而针对 19 世纪汉学既有成见的影响，卫礼贤在借用西方概念将道家思想体系介绍到德语世界的同时，不断提醒读者要与欧洲人的"先入之见"保持距离，在看到道家思想与基督教神学之间的相似性的同时，避免将"道"与基督教的人格化上帝形象混为一谈。①

正是从卫礼贤的 1911 年《道德经》译本开始，老子关于"道"的非人格化的泛神论理念逐步清晰起来，与犹太教人格化的上帝观之间的本质区别才终于被读者所认清，德语世界中削足适履的神学解读传统也由此被打破，《道德经》不再被塑造为《旧约》在东方的一种变体，而是被展现为堪比《圣经》的东方"圣典"，具有了超越东西方地理隔阂、不为时间所动摇的永恒价值。

卫礼贤译本之所以能产生巨大影响力，归根结底来源于其极具开创性的译介风格：它颠覆了西方传教士和汉学家历来所遵循的文化殖民策略，不再将东方经典视为可以由西方殖民者任意肢解并横加批判的异教著作，也没有试图将道家思想纳入基督教神学体系之内，而是将《道德经》视为一种超越时代的救世福音和思想经典，通过有意识地将基督教宣教模式和尼采哲学融入译著，在东西方文化间架起沟通的桥梁，巧妙地让老子的智慧跨越时空，展现出与 20 世纪现代哲学思维及时代精神的更大兼容性。② 因此，卫礼贤译本所展现的"解脱之道"不仅明白易懂，而且在解决当代社会问题的可行性方面甚至还超越了同样古老的《圣经》。因此，卫礼贤译本在文学家、哲学家和大众读者中备受关注，

---

①　Wilhelm R. Licht aus Osten[C]//Bauer W. Richard Wilhelm. Botschafter zweier Welten. Düsseldorf, Köln: Eugen Diederichs, 1973: 94.

②　Detering H. Brecht und Laotse[M]. Göttingen: Wallstein, 2008: 26.

老子一时间成为在德国走红的东方哲学家。

第一次世界大战爆发后，因"西方的没落"而在德语世界知识分子中引发的失望大大推动了"道家热"的到来，而《道德经》在德语世界的影响也很快超越了神学、哲学的范围，扩展到了政治、文学领域。还在第一次世界大战期间，表现主义作家德布林在 1915/1916 年发表的小说《王伦三跃记》中就已经把"无为"思想演绎成了一种改变社会的革命主张。1918 年德国战败之后，《道德经》中的和平主义思想愈发成为黑塞等知识分子关注的对象。尤其是 1933 年后流亡异国的布莱希特创作的《老子流亡路上著〈道德经〉的传奇》更是使《道德经》的政治化达到了一个顶点，从道家思想中汲取政治智慧几乎成为整整一代德国知识分子的共识。第二次世界大战期间，德国最著名的反纳粹地下组织"白玫瑰"（Weiße Rose）在 1942 年所散发的抵抗运动小册子中也引用了《道德经》第 29 和第 58 章，呼吁德国民众看穿纳粹政权的罪恶面目，起来推翻纳粹统治。

第二次世界大战后，卫礼贤的《道德经》译本依然受到德国大众的喜爱，不断大量重印，直至今日仍在亚马逊等网上书店的哲学类畅销书榜单上遥遥领先。而在存在主义哲学大行其道的背景下，对《道德经》的解读也彻底摆脱了基督教神学的影响，成为德国哲学与东方哲学对话的重要纽带。① 在以伽达默尔（Hans-Georg Gadamer，1900—2002）为代表的现代诠释学推动下，学者对《道德经》"本意"的追求越来越让位于"去中心化"的多元阐发，《道德经》的翻译工作由此进入了一个多元化的蓬勃发展阶段，几乎每年都会有新的《道德经》德译本问世。据说，每四个德国家庭中就收藏有一本《道德经》，其普及率仅次于《圣经》。

因此，我们今天要再次感谢卫礼贤对道家思想传播所作出的巨大贡献。正是因为他的不懈努力，"中国智慧"才会在德国产生持久的影响，并一度成为社会时尚。1930 年 5 月，在慕尼黑举行的悼念卫礼贤活动

---

① ［德］R. 艾尔伯菲特. 德国哲学对老子的接受——通往"重演"的知识［J］. 朱锦良，译. 世界哲学，2010(3)：17.

上，他的挚友、著名心理学家荣格就在演讲中说道："我怀着感激崇敬之情缅怀这位思想家，他在东西方之间架起了一座桥梁，……把中国精神的鲜活胚芽接种在我们身上，使我们的世界观发生了本质改变。……东方精神已实实在在地来到了我们门前。故而在我看来，在生活中实践'道'、追寻'道'，在很大程度已经成为一种集体现象，其普遍程度比我们意识到的还要深得多。"①

直至今日，中德文化交流还在受益于卫礼贤100多年前所开辟的文明交流互鉴之路，他的著作也继续向一代又一代德国人展现着中华文化的魅力。卫礼贤也永远无愧于这一称号——"两个世界的文化使者"。

---

① Hsia A. Hermann Hesse und Richard Wilhelm[C]//Hsia A. Hermann Hesse und China. Frankfurt a. M.: Suhrkamp, 1981: 341. 请参阅[德]卫礼贤，[瑞士]荣格. 金花的秘密[C]. 邓小松，译. 合肥：黄山出版社，2003：95.

第二部分
"纪念卫礼贤翻译《道德经》100周年暨翻译研讨会"报告集

Ich habe das große Glück gehabt, fünfundzwanzig Jahre meines Lebens in China zu verbringen. Ich habe Land und Volk lieben gelernt wie jeder, der lange dort weilte.

（我有幸在中国度过了二十五载光阴。像每个在这块土地上生活已久的人一样，我学会了爱这个国家，爱他的人民。）

——R. Wilhelm：*Die Seele Chinas*／卫礼贤：《中国心灵》

Das *Daodejing* im Kulturaustausch zwischen China und Europa

Claudia von Collani

摘要：本报告介绍了欧洲与道家思想的早期接触。早在 7 世纪，基督教的分支教派景教就已在中国传播，景教徒翻译的经文中也借用了儒家、佛家和道家的术语。17—18 世纪，耶稣会传教士对儒家、道家思想进行了大量研究。其中，"索隐派"对中国古代文献进行了有倾向性的解读，并完成了《道德经》的第一个拉丁文译本(1788 年)。进入 19 世纪后，《道德经》研究与西方职业汉学产生了紧密联系，法国汉学家雷慕沙、儒莲，德国汉学家施特劳斯、普兰克纳、格利尔，英国汉学家理雅各等人的译本都对《道德经》的传播作出了重要贡献，使《道德经》逐渐在欧洲获得了广泛认可。

1. Wege zwischen China und Europa

Zwischen China und Europa, den beiden Enden des eurasischen Kontinents, liegen 10. 000 Kilometer. Antiochia, das zum Römischen Reich gehörte, war das westliche Ende der Seidenstraße(n), im Osten lag Chang'an (Provinz Shaanxi), die Hauptstadt der Tang-Dynastie.[1] Zwar gab es zwischen beiden seit alter Zeit indirekte Beziehungen, doch erst seit dem Mittelalter gab es unter der „ Pax Mongolica " erste direkte Beziehungen

---

[1] Kausch A. Seidenstraße[M]. Ostfildern: DuMont Reiseverlag, 2008:11.

durch Händler zwischen Ost und West. Zu einer echten Begegnung zwischen Europa und China kam es erst in der frühen Neuzeit, als die Portugiesen und nach ihnen die Spanier, Niederländer, Franzosen und schließlich die Engländer nach China kamen, diesmal über die „Seidenstraßen der Meere". Handelsgüter waren Seiden, Eisen- und Stahlwaren, Bronzegegenstände, Lackwaren und Felle, die getauscht wurden gegen Glas-, Gold- und Silbergegenstände, Weihrauch, Bernstein, Elfenbein, und schwarze Sklaven aus dem Römischen Reich.[1] Neben diesen Luxuswaren wurden auch Kultureinflüsse und religiöse Ideen ausgetauscht. So kam der Buddhismus von Indien über den Landweg nach China, und wiederholt reisten Pilger oder Mönche nach Indien zu den Quellen des Buddhismus, um heilige Schriften nach China zu bringen. In den Oasenstädten entlang den Seidenstraßen gab es viele Angehörige verschiedener Religionen: Schamanen, römische, oströmische und nestorianische Christen, Juden, Moslems, Manichäer, Zoroastrier, Buddhisten, Konfuzianer, Hindus, Anhänger des Feuer- und Sonnenkults. Vor allem der Islam kam von West nach Ost. Während der frühen Ming-Zeit kamen die Kontakte zwischen China und dem Westen fast völlig zum Erliegen. Gründe waren neue Reiche und Herrschaftsverhältnisse, die Schwarze Pest und andere Epidemien, die ganze Landstriche entvölkerten. Zudem schloss sich China immer mehr ab. Im Westen vergaß man allmählich das Reich Cathay.[2]

---

[1] Hübner U. et al. Die Seidenstraße. Handel und Kulturaustausch in einem eurasiatischen Wegenetz[M]. Hamburg: EB, 2001:1-16.

[2] Klimkeit H. Die Seidenstraße. Handelsweg und Kulturbrücke zwischen Morgen- und Abendland[M]. Köln: DuMont Reiseverlag, 1988:74-102. S.a. Hübner U. et al. Die Seidenstraße. Handel und Kulturaustausch[M]. Hamburg: EB, 2001:63-74, 153-168.

2. Die Übersetzungen der Ostsyrischen Kirche

Vor allem die Religionen brachten eine große Herausforderung mit sich, denn für eine erfolgreiche Verbreitung, mußten sie in die neue Kultur „übersetzt" werden, was die Schöpfung neuer Begriffe erforderte. Nicht immer waren die Religionen dabei von einem Absolutheitsanspruch bestimmt, häufig arbeiteten ihre Vertreter mit den anderen Religionen zusammen und formulierten zusammen mit ihnen neue Begriffe, um religiöse und theologische Vorstellungen abzudecken. Gutes Beispiel für eine solche Zusammenarbeit ist die erste Begegnung des Christentums mit China in Form der Ostsyrischen Kirche, auch Nestorianische Kirche genannt. Für China kam diese Kirche aus Rom, d.h. Byzanz, Daqin (大秦) genannt. Im Chinesischen wurde die Kirche Jingjiao (景教) genannt, Religion des Lichts, oder leuchtende Religion.

Ihren Höhepunkt erreichte die Ostsyrische Kirche in China etwa um 840. Damals soll es etwa 260.500 Christen in China gegeben haben, darunter auch hochgestellte Persönlichkeiten. Doch dann schwenkte die öffentliche Stimmung gegen die Ausländer um. Das Edikt, das Kaiser Wuzong (814-846), ein eifriger Daoist, 845 gegen den reichen und mächtigen Buddhismus erließ, traf auch Christentum und Islam. Tempel und Ländereien wurden konfisziert, Klöster aufgelöst, Mönche und Nonnen mussten ins Zivilleben zurückkehren, da sie als wirtschaftliche Schädlinge galten. Ein weiterer Schlag traf die Ostsyrische Kirche in Canton, das 878 von Rebellen erobert wurde, wobei 100.000 Ausländer, darunter viele Christen, umkamen. Um 1000 gab es keine Nestorianer mehr in China, sondern nur noch bei den Mongolen- und Turk-Stämmen Zentralasiens.

Wichtigstes Relikt dieser Form des Christentums ist die sogenannte Nestorianerstele, die 1625 bei Xi'an, der früheren Hauptstadt Chang'an, gefunden wurde. Sie wurde 781 errichtet, der Text wurde vom Mönch Jingjing (景净) verfaßt. Die 2,79 m hohe, 1,02 m breite und 0,79 m dicke Stele ist oben mit zwei Drachen geschmückt, darunter ist ein Kreuz in einem Dreieck. Der fünfteilige Text besteht aus 1756 chinesischen Zeichen, 70 syrischen Worten und einer Reihe von Namen. Im Einzelnen besteht der Inhalt der Stele aus folgenden Teilen:

1. Eine Zusammenfassung der wichtigsten christlichen Dogmen

2. Eine historische Beschreibung der Anfänge des Christentums in China

3. Eine Hymne auf den Namen Yisseu

4. Ein poetischer Lobpreis der im Texte erwähnten Kaiser und vieler Bischöfe mit syrischen Namen

5. Das Datum der Errichtung der Stele.

Beschrieben wird die Geschichte der Ostsyrischen Kirche, die durch den Mönch Alopen (阿罗本) nach China gebracht wurde, sowie ihre wichtigsten theologischen Lehren. Syrische und persische Missionare dieser Kirche, die meist zugleich Händler und Priester waren, kamen 635 nach China. Hauptsitz der Ostsyrischen Kirche war in Persien in Seleukia-Ktesiphon (heute: Nähe von Bagdad), von wo aus sie sich nach Osten durch ganz Zentralasien ausbreitete.

Daneben bringt die Stele einen Glaubensabriss. Gott wird bezeichnet als „Ursprung der Ursprünge", der „Ungeschaffene", „Unverständliche", „Unsichtbare", der „Dreieine" (三一), der schwer benennbar ist, was an das *Daodejing* erinnert. Der Erlöser manifestierte sich auf der Welt ähnlich wie Buddha und wurde geboren von einer Jungfrau. Auf der Stele wird Christi Kreuzigung nicht erwähnt, noch sein Tod, oder seine Auferstehung, die dafür in späteren Dokumenten auftauchen.① Das Kreuz wird auf der Stele ganz dezent in einem Dreieck eingeschlossen.②

Neben der Stele wurden ostsyrische theologische Schriften in der Oase Turfan an der nördlichen Seidenstraße und in den Höhlen von Dunhuang gefunden (von Aurel Stein, Paul Pelliot, Albert von Le Coq), oft sind es allerdings nur Fragmente. Die in die Landessprache übersetzte Theologie benutzte konfuzianische, buddhistische und daoistische Termini, doch ohne dass dabei die christliche Botschaft verfälscht worden wäre. Das zeigt, dass es keine Feindschaft oder Abgrenzung zwischen diesen Religionen und der Ostsyrischen Kirche gab.

Überlebt hat auch ein Sutra über den Ursprung der Ursprünge (《大秦景教宣元本经》), ein Diskurs über den Monotheismus (《一神论》), eine Hymne zur Verehrung der Trinität (《大秦景教三威蒙度赞》), ein Buch über den Messias Jesus (《序听迷诗所经》). All diese Übersetzungen verraten Einflüsse des Mahayana-Buddhismus, so daß man annehmen kann, daß die Ostsyrer mit Buddhisten bei den Übersetzungen zusammenarbeiteten. Auf der Stele heißt es, dass der eine Gott (Aloha) in drei Personen existiert und Schöpfer und Herr des Universums ist.

3. Die Mission der frühen Neuzeit

Die nächsten großen Projekte der interkulturellen Übersetzungen stammen aus der frühen Neuzeit, also von etwa 1550 bis 1800. Diese Zeit ist recht gut belegt durch Dokumente und Bücher. Träger des Austausches waren zu dieser Zeit römisch-katholische Missionare, so Franziskaner, Dominikaner,

---

① Standaert N. Handbook of Christianity in China. Volume One: 635-1800 [C]. Leiden, Boston, Köln: Brill, 2001:3-4.

② Standaert N. Handbook of Christianity in China. Volume One: 635-1800 [C]. Leiden, Boston, Köln: Brill, 2001:5-7.

Augustiner, vor allem aber Jesuiten. Sie kamen zusammen mit Portugal nach Ostasien, um Seelen vor der ewigen Verderbnis zu retten. Besonders bekannt wurden die Jesuiten Matteo Ricci (利玛窦,1552-1610), Johann Adam Schall von Bell (汤若望, 1592-1666) und Ferdinand Verbiest (南怀仁, 1623-1688), sowie später Joachim Bouvet (白晋, 1656-1730) und seine figuristische Schule.

Die Übersetzungen spielten vor allem im Rahmen der Missionsmethode der Akkommodation, auch Adaptation oder Inkulturation, eine wichtige Rolle. Sie sollte zunächst als Hilfe dienen, damit die Missionare keine Fremdlinge in der chinesischen Kultur blieben. Diese Methode sah so aus:

1. Mission von Oben nach Unten, d. h. Anpassung an die führenden Schichten (Kaiser, Gelehrte) in Sprache, Lebensstil, Etikette.

2. Indirekte Mission mittels „moderner" europäischer Technik, Wissenschaft und Kunst.

3. Offenheit und Toleranz für chinesische Werte, soweit sie mit dem Christentum vereinbar waren.

4. Apostolat des Buches. Dieses Apostolat des Buches spielte vor allem in der chinesischen Kultur eine wichtige Rolle, die auf Bildung und Büchern basierte.

5. These vom „alten" Konfuzianismus als Ur-Monotheismus und von der „lex naturae", als „natürliche Religion", an die man anknüpfen konnte, während der „moderne" Konfuzianismus als rein säkulare Staatsphilosophie betrachtet wurde.①

---

① Standaert N. Handbook of Christianity in China. Volume One: 635-1800 [C]. Leiden, Boston, Köln: Brill, 2001:310f.

Diese Methode diente im Prinzip dazu, Seelen zu retten, doch nahm sie bald ein Eigenleben an, denn viele Missionare ließen sich in einem solchen Maße auf die chinesische Kultur ein, daß sie fast schon Chinesen wurden. Das ermöglichte er ihnen, Mittler zwischen der chinesischen und der europäischen Kultur zu werden. Fast alle Missionare, besonders aber die Jesuiten, kleideten sich dann wie konfuzianische Gelehrte, d.h. sie wurden zu „Gelehrten aus dem Westen". Sie erlernten die Sprache und sie schlossen vor allem Bekanntschaft, ja Freundschaft mit chinesischen Gelehrten, ab 1644 waren sie dann als Direktoren am Astronomischen Amt in Beijing. Mittels ihrer Übersetzungen verbreiteten die Jesuiten in China die europäische Kultur, dabei vor allem Naturwissenschaften, um anhand der Überlegenheit der europäischen Wissenschaften auch die Überlegenheit des Christentums zu zeigen. Themen dieser Bücher waren sowohl religiöse als auch wissenschaftliche Themen. Bekannt sind 120 Bücher über europäische Wissenschaften und 470 religiös-theologische Texte, darunter 130 Manuskripte. Es waren dabei Katechismen, Bücher über das Leben Jesu, Heiligenbiographien, Beichtspiegel, liturgische Bücher, die Elemente des Euklid, Bücher über hydraulische Maschinen, Astronomie, über Freundschaft, aristotelische Philosophie, und vieles mehr. Diese Bücher wurden in Teamarbeit mit chinesischen Gelehrten verfaßt. Der Inhalt der Bücher war meist nicht originell (was zu dieser Zeit auch nicht gefragt war), sondern basierte auf dem, was die Missionare während ihrer Ausbildung gelernt hatten oder auf den mitgebrachten Büchern. Die Bedeutung dieser Bücher liegt mehr in der Schaffung einer neuen wissenschaftlichen Terminologie für China, in ihrer Adaptation an China und in der Neuartigkeit der Gedankenführung für Chinesen. Wichtig waren auch die Paratexte von hochrangigen chinesischen Freunden oder Bekannten der Missionare, die Zeugnis vom sozialen Beziehungsgeflecht der Jesuiten geben.[1]

---

[1] Standaert N. Handbook of Christianity in China. Volume One: 635-1800 [C]. Leiden, Boston, Köln: Brill, 2001:600-631.

Mithilfe dieser Bücher konnte das Christentum auch Personen erreichen, die sonst keinen Kontakt mit Missionaren hatten: abgeschlossen lebende Frauen, Chinesen in abgelegenen Gegenden, solche, die sich erst selbst informieren wollten, ja sogar Gelehrte aus Korea, wo die Christianisierung mittels solcher Bücher begann. Der Druck religiöser Texte wurde von allen Orden als Mittel der Missionierung und Katechese eingesetzt, während die wissenschaftlichen Bücher, mit Ausnahme medizinischer Texte, eine Spezialität der Jesuiten waren.[1]

Das erste chinesische Buch war der Katechismus Michele Ruggieris (罗明坚, 1543-1607) betitelt *Shengjiaoshilu* 圣教实录 (1584). Matteo Ricci begann dann die christliche Lehre und die europäischen Wissenschaften in Büchern systematisch vorzustellen. Das bekannteste religiöse Buch ist sicherlich Matteo Riccis *Tianzhushiyi* 天主实义, „Die wahre Lehre vom Himmelsherrn"; es wurde zum Klassiker der christlichen Literatur in China schlechthin, das eine Einführung ins Christentum für Nichtchristen in Form eines fingierten Dialogs zwischen einem chinesischen und einem westlichen Gelehrten darstellt. Gott wird darin vor allem als Schöpfer herausgestrichen. Kompliziertere christliche Glaubensgeheimnisse, wie die Inkarnation oder die Trinität, galten zunächst, wie in der Urkirche, als Arkandisziplin und wurden nicht erwähnt; sie waren einem späteren Stadium der Glaubensunterweisung vorbehalten. Völlig abgelehnt wurde darin die buddhistische Lehre von der Seelenwanderung, aber auch der Neo-Konfuzianismus, wie ihn die Jesuiten durch ihre scholastische Brille wahrnahmen.[2] Dieses Buch ist kein Dialog zwischen zwei gleichberechtigten Partnern. Zwar achten sich beide Gesprächspartner, doch ganz eindeutig belehrt der westliche Gelehrte den

---

[1] Standaert N. Handbook of Christianity in China. Volume One: 635-1800 [C]. Leiden, Boston, Köln: Brill, 2001:600-631.

[2] Ricci M. The True Meaning of the Lord of Heaven (T'ien-chu Shih-i) [M]. Lancashire D., Kuo-chen P., transl. Saint Louis: Cambridge University Press, 1985.

chinesischen, nichtchristlichen Gelehrten, so dass das Ganze mehr ein klassisches Lehrgespräch denn ein Dialog ist. Das *Tianzhushiyi* erlebte viele Auflagen, wurde ins Mandschurische übersetzt und wurde zu Ende des 18. Jahrhunderts in die kaiserliche Anthologie *Sikuquanshu* 四库全书 (1792) des Qianlong-Kaisers ausgenommen, wie noch 35 andere Bücher der Jesuiten.

Daneben wurden Riccis humanistische Bücher wichtig, die sich in Art einer Präevangelisierung an nichtchristliche Leser richteten und auf klassischen europäischen Quellen basierten, so das *Jiaoyoulun* 交友论 (1595/1601), „Über die Freundschaft", das auf dem Buch von Andreas Rodrigues (Eborensis, alias de Andrea de Resende): *Sententiae et Exempla, ex probatissimis quibusque scriptoribus collecta* … (Paris 1590), sowie auf Marcus Tullius Cicero (106-43 v. Chr.): *De amicitia* basierte, ein Thema, das von dem Tridentiner Jesuiten Martino Martini (1614-1661) in seinem *Qiuyoupian* 逑友篇 (1661) wieder aufgegriffen wurde, weil es solchen Anklang fand.① Sodann Riccis *Xiguojifa* 西国记法 über die alte europäische Mnemotechnik,② für chinesische Prüfungskandidaten eigentlich sehr interessant, doch bereitete ihnen das Erlernen dieser Technik Probleme.③ Auch aristotelische Naturphilosophie wurde von den Jesuiten in China eingeführt. Alle Missionare wie Jesuiten, Franziskaner (Buenaventura Ibáñez, 1623-1669) und andere legten vor allem Wert auf katechetische Bücher, die auf die Taufe vorbereiteten und das religiöse Wissen der Christen vertiefen sollten, wobei sie sich nach dem Ausbildungsstand der Kandidaten

---

① Standaert N. Handbook of Christianity in China. Volume One: 635-1800[C]. Leiden, Boston, Köln: Brill, 2001:604f.

② Dieses Büchlein entstand 1595/96, wurde aber wohl erst 1625 gedruckt. S. CCT = Ad Dudink& Nicolas Standaert: Chinese Christian Texts Database (CCT-Database)[DB/ONL].[2011-12-02]. http://www.arts.kuleuven/be/sinology/cct.

③ Lackner M. Das vergessene Gedächtnis. Die jesuitische Mnemotechnische Abhandlung Xiguo Jifa[M]. Stuttgart: Franz Steiner, 1986.

richteten.① Im 17. Jahrhundert waren auch bebilderte Nacherzählungen der Bibel verbreitet. Sodann gab es apologetische Schriften gegen den Buddhismus, Heiligenbiographien, eine teilweise übersetzung von Thomas von Aquins *Summa Theologiae: Chaoxingxueyao* 超性学要,② Teile der heiligen Schrift.③

Der Ruhm Riccis jedoch basiert vor allem auf seinen mathematischen Büchern, die er zusammen mit seinen Freunden Xu Guangqi (徐光启,1562-1633) und Li Zhizao (李之藻, 1565-1630) verfasste und übersetzte. In Zusammenarbeit mit Xu Guangqi übersetzte Ricci die ersten sechs Bücher der Euklid'schen Geometrie ins Chinesische, wobei er sich der Ausgabe seines Lehrers Christopher Clavius (1538-1612) bediente, das *Jiheyuanben* 几何原本 (1607), sowie *Celiangfayi* 测量法义 (1607). Dabei ging es um astronomische Messungen mithilfe von rechtwinkligen Dreiecken, sodann über die Herstellung von mathematischen Instrumenten und ihren Gebrauch. Mit Li Zhizao schrieb Ricci *Tongwensuanzhi,biebian* 同文算指 · 别编 (1613), das die schriftliche Rechenweise in China einführte (im Gegensatz zur Rechnung mit dem Abakus). Sodann schrieben sie ein Werk über isoperimetrische Figuren *Yuanrongjiaoyi* 圜容较义 (1608), beide Werke basierten auf Clavius, sie wurden später in das Werk *Tianxuechuhan* 天学初函 (1628/1629) eingefügt. Ein weiteres Buch handelte über die vier Rechenarten und das Rechnen mit Brüchen, das Wurzelziehen und trigonometrische

---

① So Buenaventura Ibáñez' Shengjiaoyaoxun 圣教要训 (1681).

② Teile der Summa von Thomas von Aquin wurden von Lodovico Buglio (利类思, 1606-1682) übersetzt. Sieh Pfister L. Notices biographiques et bibliographiques sur les Jésuites de l'ancienne Mission de la Chine [M]. Chang-hai: Impr. de la Mission catholique, 1932-34:239f.

③ Standaert N. Handbook of Christianity in China. Volume One: 635-1800 [C]. Leiden, Boston, Köln: Brill, 2001:600-631. Bettray J. Die Akkommodationsmethode des P. Matteo Ricci S.J. in China[M]. Rome: Universitas Gregorinana, 1955:181-213.

Rechnungen.①

4.Übersetzungen der konfuzianischen Bücher

Die Jesuiten waren jedoch auch für die andere Seite, nämlich für Europa, mit Übersetzen tätig. Zunächst begannen sie mit den *Sishu* 四书, den Vier Klassikern, weil sie Prüfungsstoff für die Gelehrten waren, weil sie verhältnismäßig kurz waren und vor allem zur These der Jesuiten passten, daß der moderne Konfuzianismus eine säkulare Staatsphilosophie sei.

Die Übersetzung als solche hatte verschiedene Gründe. Für die Anpassung an die chinesische Oberschicht mußten eine gemeinsame Gesprächsbasis und Terminologie geschaffen werden. Neu ankommende Missionare sollten durch die Übersetzung der Bücher mit der Sprache der chinesischen Gelehrten vertraut gemacht werden. Dann wollten die Missionare ihnen zeigen, dass das Christentum die Ergänzung dieser Bücher war. In Europa sollten die gedruckten Texte später beweisen, dass die jesuitische Akkommodationspolitik möglich und gerechtfertigt war, da die chinesischen Bücher ja keinen Aberglauben enthielten, sondern eine weltliche Philosophie. Dazu trat die These, dass die Urkonfuzianismus Spuren des alten Monotheismus enthielte, den sie nur herausfinden und neu betonen müssten. Damit sollte in Europa gezeigt werden, daß die Bekehrung Chinas zum Christentum nicht schwer sein würde und den Einsatz lohnen würde. So sollte auch das Interesse an China und der Jesuitenmission geweckt und wachgehalten werden, d.h. sie brauchte finanzielle Unterstützung.②

---

① Standaert N. Handbook of Christianity in China. Volume One: 635-1800 [C]. Leiden, Boston, Köln: Brill, 2001: 739-744. Zu allen Titeln s.a. CCT.

② Collani C. The first Encounter of the West with the Yijing. Introduction to and Edition of Letters and Latin Translations by French Jesuits from the 18th Century [J]. Monumenta Serica, 2007 (LV): 232. S. a. Meynard T. Confucius Sinarum Philosophus (1687): The First Translation of the Confucian Classics [M]. Rome: Monumenta Historica Societatis Iesu, 2011:3f.

Schon Michele Ruggieri und Matteo Ricci fertigten eine erste rohe Übersetzung der *Sishu* an, die jedoch nie gedruckt wurde. Die Übersetzungen der Vier Klassiker wurden während der ganzen Zeit der Jesuitenmission bearbeitet, verbessert und auch gedruckt. Wir dürfen uns dabei allerdings keine Übersetzung im modernen Sinn vorstellen. Es waren mehr Paraphrasen und Umschreibungen, die langsam weiterentwickelt wurden.

Die Übersetzungsarbeit der Jesuiten lief während des gesamten 17. Jahrhunderts weiter, wobei einer immer auf dem anderen aufbaute. Im Jahr 1662 erschien die *Sapientia Sinica*, eine komplette Übersetzung des *Daxue* mit Teilen des *Lunyu*. Es folgte Prospero Intorcettas (殷铎泽, 1625-1696): *Sinarum Scientia Politico-Moralis* (1669), eine Übersetzung des *Zhongyong*, die beide zweisprachig und im Holzblockdruck vervielfältigt wurden. In diesen Drucken wurden chinesische Schriftzeichen eingesetzt. Die *Sinarum Scientia Politico-Moralis* erschien in französischer Übersetzung in Melchisédech Thévenots *Relations de divers voyages curieux*··· IV (Paris 1672).①②

Die erste in Europa erscheinende Übersetzung von drei der Vier Klassiker *Sishu* (ohne Menzius) war das berühmte Werk *Confucius Sinarum Philosophus, sive Scientia Sinensis* (Paris 1687), das von Philippe Couplet (柏应理, 1623-1693), dem Prokurator der Chinamission in Europa, in Paris als Frucht der Arbeit seiner Mitbrüder in China veröffentlicht wurde.③

---

① Mungello D. Curious Land: Jesuit Accommodation and the Origins of Sinology[M]. Honolulu: University of Hawaii Press, 1985:247-299. Zu den Titeln CCT.

② Collani C. The first Encounter of the West with the Yijing. Introduction to and Edition of Letters and Latin Translations by French Jesuits from the 18th Century[J]. Monumenta Serica, 2007 (LV): 232; Meynard T. Confucius Sinarum Philosophus (1687): The First Translation of the Confucian Classics[M]. Rome: Monumenta Historica Societatis Iesu, 2011:3-7.

③ Die lateinische Übersetzung baute auf den älteren Übersetzungen auf, Mitwirkende waren François de Rougemont (1624-1676), Christian Herdtrich (1625-1684) und andere.

Interessant an diesem Werk im Folio-Format ist auch die „ Proëmialis Declaratio" mit über 100 Seiten, worin die Bücher Chinas sowie die Philosophie des Neo-Konfuzianismus der Song-Zeit beschrieben werden. Zu ihrer Übersetzung benutzten die Jesuiten vor allem die theistische Interpretation von Zhang Juzheng（张居正, 1525-1582）, des Tutors des Wanli-Kaisers（万历, Reg. 1573-1620）.①

Auch der Jesuit François Noël（卫方济, 1651-1729）fertigte eine Übersetzung der Vier Klassiker an: *Sinensis Imperii Libri Classici Sex*（Prag 1711）. Sie baut auf dem *Confucius Sinarum Philosophus* auf, enthält aber dazu das *Xiaoxue*, „ Das Lernen der Kinder", und das *Xiaojing*, den „Kindlichen Gehorsam", sowie Teile aus Zhu Xi. In seinem Vorwort erwähnt Noël, dass diese Bücher schon von den Kindern in China gelesen werden und die Basis für die Prüfungen bilden. Noëls Übersetzung wurden dann vom Abbé Pluquet ins Französische übersetzt, die Bände erschienen zwischen 1784 und 1786 als *Les livres classiques de l' empire de la Chine, recueillis par le P. Noël*.②

Schwieriger war es mit den fünf Kanonischen Büchern, der *Wujing* 五经, die Hinweise auf einen chinesischen Hochgott enthielten. Nicolas Trigaults （金尼阁, 1577-1628）Paraphrase dieser Bücher, das *Pentabiblion Sinense* （1626）, scheint verloren, andere Übersetzungen aus dem 18. Jahrhundert wurden nie oder erst hundert Jahre später gedruckt.③

Die ersten lateinischen Übersetzungen der Kanonischen Bücher erschienen zumeist erst im 19. Jahrhundert in gedruckter Form in Europa.

---

① Lundbæk K. The Image of Neo-Confucianism in Confucius Sinarum Philosophus[C]//Ching J., Oxtoby W. Discovering China. European Interpretations in the Enlightenment. Rochester: University of Rochester Press, 1992:39-53.

② Meynard T. Confucius Sinarum Philosophus（1687）: The First Translation of the Confucian Classics[M]. Rome: Monumenta Historica Societatis Iesu, 2011:34-36.

③ Pfister L. Notices biographiques et bibliographiques sur les Jésuites de l'ancienne Mission de la Chine[M]. Chang-hai: Impr. de la Mission catholique, 1932-34:119.

Antoine Gaubils（宋君荣，1689-1759）Übersetzung des *Shujing* erschien als *Le Chou-king*, *un des livres sacrés des Chinois*, de Guignes（ed.）（Paris 1770）, die zweite Auflage erschien als: *Les livres sacrés de l'Orient. Le Chou-king*, *livre sacré de la Chine*, G. Pauthier（Paris 1841）. Beide waren jedoch von den französischen Herausgebern stark bearbeitet worden. Unveröffentlicht blieben die Übersetzungen des *Liji* von Gaubil und Alexandre de la Charme（孙璋，1695-1767）. Die Übersetzungen des *Shijing* durch den französischen Jesuiten de la Charme und des *Yijing* durch ein Übersetzungsteam wurden in der königlichen Bibliothek in Paris（heute: Bibliothèque nationale, Paris）wieder entdeckt, und von dem jungen deutschen protestantischen Theologen und Orientalisten Julius Mohl（1800-1876）zum Druck vorbereitet. Sie erschienen beim renommierten Verlagshaus Cotta in Stuttgart-Tübingen, wo auch die deutschen Klassiker Goethe und Schiller erschienen. Das *Yijing* erschien in der Übersetzung der Jesuiten Jean-Baptiste Régis（雷孝思，1663-1738）, Pierre Vincent de Tartre（汤尚贤，1669-1724）und Joseph Marie Anne de Moyriac de Mailla（冯秉正，1669-1748）in zwei Bänden als: Jean-Baptiste Régis et al.（1834, 1839）, *Y-king*, *antiquissimus Sinarum liber quem ex Latina interpretatione P. Régis aliorumque ex Soc. Jesu PP.*, edidit Julius Mohl, 2 vols.（Stuttgartiae et Tuebingae）. Das *Shijing* erschien als *Confucii Chi-king*, *ex latina interpretatione P. de la Charme*（Stuttgart 1830）.①

5. Die Missionare und der Daoismus

Die Verbindung der Jesuiten mit den chinesischen Intellektuellen, den sozusagen aufgeklärten, vernünftigen Konfuzianern, war zwar zum einen

---

① Von Collani C. The first Encounter of the West with the Yijing. Introduction to and Edition of Letters and Latin Translations by French Jesuits from the 18th Century[J]. Monumenta Serica, 2007（LV）:241-243, 263-274.

vorteilhaft, zum andern aber auch ein Hinderungsgrund, sich näher mit den Traditionen und der Mystik von Buddhismus und Daoismus zu befassen. Der zeitgenössische Konfuzianismus wurde von den Jesuiten nicht als Religion betrachtet, sondern nur als Staatsphilosophie, war also mit dem Christentum kompatibel, während der alte Konfuzianismus in den Kanonischen Büchern als ein Überrest der Uroffenbarung betrachtet wurde, die in China überlebt hatte. Die meisten Chinamissionare beurteilten Buddhismus und den volkstümlichen Daoismus von ihrem Äußeren her als abstruse, gauklerhafte Religionen der niederen Volksschichten.

Laozi als Begründer des Daoismus wurde meist halbwegs wohlwollend gesehen, seine wunderbare Geburt wurde beschrieben und er wurde als Verfasser des *Daodejing* angesehen. Doch mit dem zeitgenössischen praktischen Daoismus hatten alle Missionare ebenso Probleme wie mit dem Buddhismus. Anstößig waren die Unmengen von Göttergestalten, die magischen Rituale und Praktiken zur Lebensverlängerung, die Exorzismen, wobei die Ähnlichkeiten mit katholischen Heiligen, Ritualen, Liturgien, Exorzismen usw. die Missionare zum Schluß kommen ließen, daß der Satan seine Hände im Spiel hätte, indem er alles in verkehrter und in übler Weise nachäffte und so zu einer dämonischen Religion machte.① Allgemein wurden die Daoisten mit den Epikuräern verglichen, sie übten Exorzismus aus, sie kannten Dämonen, sie hatten Heilige (Siengin = 圣人 *Shengren*), i. e. Unsterbliche, während die Priester den Titel *Tianzun* 天尊 trugen; ihre

---

① Diese Haltung wird vor allem in den Briefen der Franziskaner in den Bänden II-X der *Sinica Franciscana* (1933-1977), der *Lettres édifiantes* et curieuses sowie dem von Joseph Stöcklein herausgegebenen Neuen Welt-Bott, deutlich wo die Missionare ihre Erlebnisse auf dem Land beschrieben, wo nicht die aufgeklärten Gelehrten, sondern das „niedere Volk" lebte. Collani C.: Miracles, Death and Devil: Natural and Supernatural Events between the Worlds as described in der Neue Welt-Bott [C]//Overmeire D., Ackerman P. About Books, Maps, Songs and Steles: the Wording and Teaching of the Christian Faith in China. Leuven: Ferdinand Verbiest Institute, 2011:200-227.

magischen Künste waren vom Teufel beeinflußt. Sie hatten eine oberste Gottheit „Yohoamxamti" (*YuhuangShangdi* 玉皇上帝), „preciosus Augustus supremusque Imperator".① Dieses negative Bild des zeitgenössischen Daoismus hielt sich im Großen und Ganzen mit einigen wenigen Ausnahmen bis zum Ende der alten Chinamission Ende des 18. Jahrhunderts.

Erstaunlich unvoreingenommen und objektiv berichtete der Trentiner Jesuit Martino Martini (1614-1661) in seinem Buch *Sinicae Historiae Decas Prima* (Monachii 1658) über den Daoismus, wobei er Laozi als solchen ablehnte. Dazu zitiert Martini, wohl zum ersten Mal in der westlichen Literatur, das *Daodejing*: „Tao, die große Ratio, hat keinen Namen. Den Himmel erschuf sie und die Erde; gestaltlos. Die Gestirne bewegt (sie), selbst unbewegt. Weil ich ihren Namen nicht kenne, heiße ich sie Tao oder höchste Ratio ohne Gestalt."② Dies ist eine ungefähre Übersetzung von Kapitel 25 des *Daodejing*.

Ähnlich betrachtete Philippe Couplet Laozi: er habe Gott anerkannt, doch hätten seine Nachfolger seine Lehre korrumpiert.③ Im ausführlichen Vorwort zum *Confucius Sinarum Philosophus* ... (Paris 1687), in der „Proëmialis Declaratio", befassen sich die Übersetzer und Herausgeber (darunter auch Philippe Couplet) auch mit dem Daoismus. Laozi habe die Vorzüge der Flucht vor der Welt und ihren Ehren und über die Einsamkeit geschrieben. Dann wird das 42. Kapitel des *Daodejing* zitiert: „Das Gesetz oder die Ratio bringt Eins hervor, Eins bringt Zwei hervor, Zwei bringen Drei hervor, Drei bringen alles hervor." Couplet schließt daraus, daß Laozi von

---

① Couplet P. et al. Confucius Sinarum Philosophus [M]. Paris: Danielem Horthemels, 1687:xxiv-xxvij.

② Martini M. Sinicae Historiae Decas Prima[M]. Monachii: L. Straubii, 1658: 117f. Sieh dazu Malek R., Zingerle A. Martino Martini S. J. (1614-1661) und die Chinamissionim 17. Jahrhundert[C]. Nettetal: Steyler, 2000:171f.

③ Couplet P. Tabula chronologica (1686) [M]. Couplet P. et al. Confucius Sinarum Philosophus. Paris: Danielem Horthemels, 1687:13.

einem ersten und höchsten, doch körperlichen Wesen (Numen) wußte, das anderen Numina gleichsam wie ein König vorstand.① Darüber hinaus berichtet auch Couplet von der Suche der (später korrumpierten) Daoisten nach dem Elixier der Unsterblichkeit und von ihren diabolischen, abergläubischen Umtrieben, die aber in diesem Kontext nicht behandelt werden sollen.②

Auch Louis Le Comte bringt in seinem *Nouveaux Mémoires sur la Chine* II (Paris 1697) drei Seiten über die Daoisten, die ganz im Einklang stehen mit der konfuziusfreundlichen Lehre der Societas Jesu. Zusammen mit den Buddhisten sind die Daoisten am Niedergang der wahren Religion in China schuld. Immerhin habe Laozi, den Le Comte ein „monstre" mit einer verderblichen Lehre nennt, mehrere nützliche Bücher geschrieben über Tugend und die Flucht und Verachtung von Ehre und Reichtum. Es folgt das bekannte Zitat aus dem 42. Kapitel des *Daodejing*: „La raison eternelle a produit un, un a produit deux, deux ont produit trois, & trois ont produit toutes choses." Das, so meint Le Comte, lasse auf eine gewisse Kenntnis der Trinität schließen.③

5.1 Der Figurismus in China

Gegen Ende des 17. Jahrhunderts wurde die Akkommodationsmethode der Jesuiten durch die sogenannten Figuristen erweitert und vertieft. Basierend auf alten europäischen Gedankensystemen, wie der jüdischen Cabbala, dem Neuplatonismus, der „Prisca Theologia" und der figürlichen, allegorischen

---

① Couplet P. et al. Confucius Sinarum Philosophus [M]. Paris: Danielem Horthemels, 1687:xxiv: „Tao semye, Yesemulh, Ulhsem san, San sem van ve, id est, Lex, sive ratio produxit unum, unum produxit duo, duo produxerunt tria, tria produxerunt omnia."

② Couplet P. et al. Confucius Sinarum Philosophus [M]. Paris: Danielem Horthemels, 1687:xxiv-xxvi.

③ Comte L. Nouvaux mémoires sur la Chine: Vol. II [M]. Paris: Chez JEAN ANISSON Directeur de l'Imprimerie Royale, 1697:120f.

Exegese, schufen die Figuristen eine Methode, den Figurismus, mit deren Hilfe er die alte chinesische Literatur „ entschlüsselte ". Die chinesischen Bücher enthielten ihrer Meinung nach verschlüsselte Hinweise auf die christlichen Glaubensgeheimnisse, die mittels der figürlichen Exegese der Kirchenväter verständlich gemacht werden könnten. Indem sie die konfuzianischen und daoistischen Bücher Chinas, wie das *Yijing* und das *Daodejing*, ähnlich wie das Alte Testament als Vorbereitung auf das Christentum betrachteten, fanden die Figuristen in China die jüdisch-christliche Cabbala, Hinweise auf den Schöpfer-Gott, auf die Trinität, auf die göttliche Weisheit, Sophia, besonders aber auch Hinweise auf künftigen Erlöser. Eine beliebte Methode der Figuristen war das Zerlegen chinesischer Schriftzeichen in ihre Radikale und die anschließende Interpretation: Tian, Himmel, besteht aus zwei Parallelstrichen, durch die das Radikal für Mensch läuft-die Erwartung der zweiten Person der göttlichen Trinität als Mensch. Die meisten Kaiser in den chinesischen Annalen wurden als andere Namen für die alttestamentlichen Patriarchen betrachtet, oder aber „ Vor-Bilder" (Figuren) für den künftigen Messias.

Initiator des chinesischen Figurismus war der französische Jesuit Joachim Bouvet. Ein wichtiger Anknüpfungspunkt wurde für Bouvet nach seiner Rückkehr aus Frankreich das für die Akkommodation negative Mandat des Apostolischen Vikars von Fujian, Charles Maigrot M. E. P (颜嘉乐, 1652- 1730) von 1693. Mit etwa 10 anderen Jesuiten, mit denen er eine Apostolische Akademie bildete, versuchte Bouvet daher, dieses Mandat zu widerlegen, wobei vor allem das Verbot des Buches *Yijing* und des Begriffs *taiji* 太极, „ das Höchste Letzte" als Name für den christlichen Gott wichtig wurden: sie wurden Basis für seine „ chinesische Theologie ". Neben dem *Yijing* wurde auch die daoistische Literatur erforscht und aus christlicher Sicht interpretiert. Gestützt wurden die figuristischen Forschungen u. a. vom Kangxi Kaiser (康熙, 1662-1722), der sich vor allem für das *Yijing* und für Bouvets

Berechnungen der künftigen Weltzeit interessierte. Das oberste Ziel der Figuristen war es, den Kaiser für ihre Thesen zu gewinnen, ihn zu bekehren und dann ganz China. Die Schule des Figurismus stieß aber unter den Jesuiten in China auf Widerspruch und konnte nach den Verboten der Riten nur im Verborgenen weitergeführt werden. Von den Schriften der Figuristen wurden bisher nur sehr wenige überhaupt veröffentlicht.① Das wichtigste Buch war das *Yijing*, dessen Trigramme der Tradition nach der mythologische Kaiser Fuxi niedergeschrieben hatte und das von Bouvet mit dem damals noch verlorenen Buch des Henoch (= Fuxi) identifiziert wurde. Manche der Patriarchen aus dem Alten Testament wurden demzufolge mit chinesischen Kaisern identifiziert, die darüber hinaus auch als Beispiele und „Figuren" für den künftigen Erlöser der Welt dienten. Der Figurismus (eigentlich ein Schimpfname, den der französische Gelehrte Nicolas Fréret (1688-1749) dieser Gruppe gab) fiel zusammen mit der Akkommodationsmethode den Riten verboten von 1715 und 1742 zum Opfer, nachdem er auch innerhalb des Jesuitenordens auf Kritik gestoßen war.

Ausgangspunkt der figuristischen Exegese war das damalige europäische, biblisch begründete Weltbild, wonach alle Menschen in der Sintflut umkamen außer Noe und seiner Familie (Frau und drei Söhne mit deren Frauen), von denen daher alle Völker abstammen. Sie gaben die Uroffenbarung an ihre Nachkommen weiter, wobei man annahm, daß die Chinesen von Sem abstammten. Sein Wissen erhielt sich in den Kanonischen Büchern, dabei vor allem im *Yijing*, der Tradition nach vom mythologischen Kaiser Fuxi 伏羲 (Thronbesteigung 2952 v. Chr.) niedergeschrieben, der von den Figuristen

---

① Standaert N. Handbook of Christianity in China. Volume One: 635-1800 [C]. Leiden, Boston, Köln: Brill, 2001:668-679. Der Figurismus findet seit einigen Jahren aber neues Interesse als Beginn einer kontextuellen Theologie in China.

mit Henoch (= *Fuxi*) identifiziert wurde.① Die alten chinesischen Kaiser waren „ Figuren " , d. h. , Vorausgestalten ' für den künftigen Erlöser der Welt. Figuristische Arbeiten Bouvets sind u.a. das „*Tianzhusanyilun*" 天主三 一论, „ *Traitésur la Trinité* " , wobei Bouvet naheliegenderweise auch im *Daodejing* und anderen daoistischen Werken nach Spuren suchte.②

5.2 Die Figuristen und der Daoismus

Seine ersten Schüler hatte Bouvet selbst anläßlich seiner Rückreise nach Frankreich 1697 ausgesucht, nämlich Joseph de Prémare (1666-1736) ; der zweite wichtige Figurist wurde Jean-François Foucquet (1665-1741) ; zu diesen kam Jean-Alexis de Gollet (1664-1741). Sie bildeten den Beginn der erwähnten Apostolischen Akademie in China, die durch weitere französische Jesuiten und später auch durch solche aus dem Heiligen Römischen Reich ergänzt wurden. Nun ein paar Worte zu den einzelnen Figuristen und zu ihren Werken mit besonderer Betonung auf dem Daoismus.

Direkte Schüler Bouvets: Joseph de Prémare S.J. (马若瑟, seit 1698 in China), einer der ersten Schüler Bouvets, der ihn 1697 auswählte. Prémare war ein hervorragender Sinologe, von dem eine der ersten „ Grammatiken " über die chinesische Sprache stammt.③ Die meisten seiner Werke blieben ungedruckt. Prémare war in der glücklichen Lage, auf einer gut funktionierenden Missionsstation mit einem ausgezeichneten Katechisten zu arbeiten, weshalb er ausreichende Zeit für seine Forschungen hatte.④ Unter

① Collani C. P. Joachim Bouvet S. J. Sein Leben und sein Werk [M]. Nettetal: Steyler, 1985:189-199.

② Rule P. K'ung-tzu or Confucius? The Jesuitinterpretartion of Confucianism [M]. Sydney: Unwin Hyman, 1986:432, 435; s.a. CCT.

③ Prémare J. Notitia Linguae Sinicae[M]. Malacca: Acad. Anglo-Sinensis, 1831.

④ Lundbæk K. Joseph de Prémare (1666-1736), S. J. Chinese Philology and Figurism[M]. Aarhus: Aarhus University, 1991:19f.

der Analyse von chinesischen Schriftzeichen kam Prémare auch auf die drei Zeichen *yi*, *erh*, und *san* zu sprechen, die er den Kapiteln 42 und 14 des *Daodejing* folgend trinitarisch interpretierte. Für ihn beschrieb Kapitel 14 die Trinität als nicht für die menschlichen Sinne wahrnehmbar.[①] Dann untersucht Prémare die daoistische Gottheit *Taiyi* 太一, wobei er sich auch auf Zhuangzi und auf das daoistische Werk *Baopuzi* 抱朴子 stützt.[②] Auch den Begriff *Dao* als solchen behandelt Prémare.[③]

Jean-François Foucquet SJ (傅圣泽, 1665-1741, seit 1700 in China): Bouvets zweiter wichtiger Schüler. Nachdem er in verschiedenen Provinzen als Missionar gearbeitet hatte (Jiangxi, Fujian etc.) gelang es Bouvet, daß der Kaiser ihn als Mitarbeiter zu Bouvets *Yijing*-Projekt nach Peking beorderte, wo Foucquet von 1711 bis 1717 blieb. Doch in Peking wurde er für astronomische Forschungen eingesetzt, so daß er Bouvet kaum helfen konnte. Sein Verhältnis zu seinen Mitbrüdern wurde, da er an seinen Arbeiten für den Figurismus behindert wurde, immer gespannter, so daß er schließlich beschloß, nach Europa zurückzukehren; er wurde 1720 zurückberufen und verließ China Anfang 1722. 1725 wurde er in Rom zum Titularbischof von Eleutheropolis ernannt. Foucquets Spezialgebiet war vor allem der Daoismus. Es wird ihm eine Übersetzung des *Daodejing* zugeschrieben, was jedoch nicht

---

① Prémare J. Vestiges des principaux dogmes chrétiens, tirés des anciens livres chinois avec reproduction des textes chinois par le P. de Prémare, Jésuite, ancien Missionnaire en Chine. Traduits du latin, accompagnés de différents compléments et remarques[M]. Paris: Bureau des Annales de philosophie chrétienne, 1878:87-98.

② Prémare J. Vestiges des principaux dogmes chrétiens, tirés des anciens livres chinois avec reproduction des textes chinois par le P. de Prémare, Jésuite, ancien Missionnaire en Chine. Traduits du latin, accompagnés de différents compléments et remarques[M]. Paris: Bureau des Annales de philosophie chrétienne, 1878:98-101.

③ Prémare J. Vestiges des principaux dogmes chrétiens, tirés des anciens livres chinois avec reproduction des textes chinois par le P. de Prémare, Jésuite, ancien Missionnaire en Chine. Traduits du latin, accompagnés de différents compléments et remarques[M]. Paris: Bureau des Annales de philosophie chrétienne, 1878:113-126.

beweisbar ist. Von Foucquet stammen: „*Préfacesur le Tao et sonécole*", sowie verschiedene andere Werke, die sich mit dem Daoismus in figuristischer Interpretation befassen.①

Für Bouvet und seine Schüler war der Begriff *Dao* 道, auch *Taiji*, „Größtes Höchstes" genannt, in China symbolisiert durch einen halb weißen und halb schwarzen Kreis, eine alte Bezeichnung für den einen, wahren Gott. Dasselbe Symbol ist auch in der jüdischen Cabbala als Ainsuph bekannt, was die Figuristen zum Vergleich heranzogen. Der Kreis ist Symbol für die in sich ruhende Gottheit, die ewig in sich ruhende Wurzel und coincidentia oppositorum. Dao vereinigt in sich Sein und Nicht-Sein, Youwu 有无, es ist Wanwuzhiao 万物之奥, der unergründliche Schoß aller Wesen, das „Mysterium der Dinge". Der schwarz-weiße Kreis, die Vereinigung von Yin 阴 und Yang 阳, wurde von den Figuristen aber auch interpretiert als das männliche und das weibliche Element der Schöpferkraft Gottes, der wie Vater und Mutter der Welt ist. Jean-François Foucquet hinterließ eine ganze Reihe umfangreicher daoistisch-christlicher Manuskripte und plädierte neben Shangdi 上帝 für Dao als weiteren Namen für den christlichen Gott.②

6. Die erste europäische Übersetzung des *Daodejing*

Die erste komplette und noch existierende übersetzung des *Daodejing*

---

① S. dazu Witek J. Controversial Ideas in China and Europe: a Biography of Jean-François Foucquet S.J. (1665-1741) [M]. Rome: Institutum Historicum S.I., 1982:345-348.

② Zu den daoistischen Werken Foucquets und Noëlas's. Witek J. Controversial Ideas in China and Europe: a Biography of Jean-François Foucquet S. J. (1665-1741) [M]. Rome: Institutum Historicum S. I., 1982:214-221. S. a. Beckmann J. Die katholischen Missionare und der Taoismus vom 16. Jahrhundert bis zur Gegenwart[J]. Neue Zeitschrift für Missionswissenschaft, 1970(26):7-9.

wurde mit hoher Wahrscheinlichkeit von dem figuristisch beeinflußten Jesuiten François Noëlas （聂若翰, 1669-1740） angefertigt, sie blieb jedoch verhältnismäßig unbekannt.① Das Manuskript dieser übersetzung befindet sich in der British Library, London, und wird häufig dem französischen Jesuiten Jean-Baptiste-Joseph Grammont （1736-1808/12）② zugeschrieben, wobei als Entstehungsjahr 1788 angegeben wird. Grammont war jedoch nur der Übermittler, der im betreffenden Jahr die Übersetzung seines Mitbruders Noëlas in Canton （damals wichtigster Außenhandelshafen Chinas）an den Engländer Matthew Raper Übergab. Raper stiftete diese Übersetzung der englischen Royal Society, wo er Mitglied war; von da aus gelangte sie dann in die British Library. Daß Noëlas der wahrscheinliche Übersetzer des vorliegenden Manuskriptes ist, dafür plädiert auch John Witek.③ Einen ersten Hinweis gibt zudem der Pekinger Jesuit Antoine Gaubil in einem Brief vom 10. Oktober 1729 an einen unbekannten Adressaten, worin er schreibt, daß Noëlas das *Daodejing* dechiffrieren, also wohl, enträtseln wolle. Das müßte zwischen 1721 und 1729 gewesen sein.④

Daß Noëlas' Figurismus sowohl von Foucquet als auch von Prémare beeinflußt war, wird dadurch belegt, daß er bei der *Congregatio de*

---

① Das erste Kapitel wurde transkribiert, übersetzt und veröffentlicht von: Collani C. et al. Uroffenbarung und Daoismus. Jesuitische Missionshermeneutik des Daoismus [M]. Bochum: Europäischer Universitätsverlag, 2008.

② Das genaue Todesjahr ist unbekannt; Pfister L. Notices biographiques et bibliographiques sur les Jésuites de l'ancienne Mission de la Chine[M]. Chang-hai: Impr. de la Mission catholique, 1932-34: Nr. 433; Dehergne J. Répertoire des Jésuites de Chine de 1552 à 1800[C]. Rome, Paris: Institutum Historicum S. I., 1973: Nr. 385.

③ John Witek, e-mail vom 13. April 2006: „My assumption is that Noelas is the author of Textusquidam··· and apparently sent the texts to Foucquet."

④ Brief Gaubils an einen unbekannten Adressaten, 10. Oktober 1729, Gaubil A. Correspondance de Pékin 1722-1759[M]. Genève: Librarie Droz, 1970: 233.

Propaganda Fide in Rom verrufen war, dem System des P. de Prémare zu folgen.① Ein weiterer Hinweis ergibt sich daraus, daß Foucquet im Jahre 1721, kurz bevor er nach Europa zurückkehrte, in Canton mit Noëlas zusammentraf und wohl auch einige Zeit dort verbrachte.② Sie diskutierten den Daoismus, und Noëlas wurde quasi der Schüler Foucquets und begann auf Anregung seines „ Lehrers " hin das *Daodejing* zu erforschen und zu übersetzen.③ Die Ergebnisse seiner Forschung schickte er 1730 an den Jesuitengeneral nach Rom,④ bzw. 1731 an Foucquet. Sie beinhalteten Essays über die Trinität und die Inkarnation, wie sie im *Daodejing* gefunden werden. Foucquet stimmte voll und ganz mit Noëlas überein und hatte selbst lange geplant, eine figuristische Interpretation des ganzen *Daodejing* zu schreiben. 1735 hatte Foucquet bereits einen Teil der Übersetzung des *Daodejing* von Noëlas bekommen, wie er an Joseph de Seytres, Marquis de Caumont (1688-1745), schrieb, während der andere Teil nach Montpellier an den französischen Assistenten P. Raymond Déjean SJ ging.⑤

Wenn wir nun Noëlas den Text der Gesamtübersetzung zuschreiben, so müssen wir davon ausgehen, daß er auch die folgenden kleineren Texte über

---

① Dehergne J. Répertoire des Jésuites de Chine de 1552 à 1800[C]. Rome, Paris: Institutum Historicum S. I., 1973:186. Pfister L. Notices biographiques et bibliographiques sur les Jésuites de l'ancienne Mission de la Chine[M]. Chang-hai: Impr. de la Mission catholique, 1932-34:587.

② Nach Witek (Controversial Ideas in China and Europe) in den frühen 1720er Jahren (S. 219), nach Rule (wie K'ung-tzu or Confucius) im Jahr 1721.

③ Witek J. W. Controversial Ideas in China and Europe: a Biography of Jean-François Foucquet S.J. (1665-1741)[M]. Rome: Institutum Historicum S.I., 1982:219.

④ Gaubil, Brief vom 6. Dezember 1730, ARSJ, Jap. Sin. 184 (Archivum Romanum Societatis Iesu), ff. 62-63; Rule P. K'ung-tzu or Confucius? The Jesuitinterpretartion of Confucianism[M]. Sydney: Unwin Hyman, 1986:417.

⑤ Witek J. W. Controversial Ideas in China and Europe: a Biography of Jean-François Foucquet S.J. (1665-1741)[M]. Rome: Institutum Historicum S.I., 1982:219.

die Inkarnation und die Trinität verfaßte, die teilweise eine wörtliche Übereinstimmung mit der Gesamtübersetzung aufweisen. Sie bringen jeweils einige Kapitel des *Daodejing* in systematischer Ordnung in Bezug auf ein bestimmtes theologisches Thema. Zwar führt Witek die beiden ersten davon in seinem Buch unter Foucquets Veröffentlichungsliste auf, hält aber die Urheberschaft Foucquets für zweifelhaft und stellt darüber hinaus eine starke Ähnlichkeit mit der Gesamtübersetzung fest, so daß wir davon ausgehen können, daß alle vier Texte vom selben übersetzer, nämlich von Noëlas stammen.

Das Manuskript in der British Library ist folgendermaßen betitelt:

„Liber Sinicus Tao te Kim inscriptus, in Latinum idioma Versus.

„Textus undecim ex libro Tao 道 Te 德 Kim 经 excerpti, quibus probatur SS.^{mæ} Trinitatis, et Dei incarnati mysteria Sinicæ genti olim nota fuisse".①

Am Ende des Manuskripts:

Finis.
Laus Deo, Virginique Matri
Jos. de Grammont Missionarius Apostolicus Ex-Jesuit
Offert Illmo Dño Raper è Societate Regia Londinensi.②

Heute befindet sich dieses Manuskript in der kleinen Sammlung „India Office Library (IOL) " der British Library, wo sich u. a. auch die Xylographie-Edition *Sapientia Sinica*, eine Übersetzung der Jesuiten Inãcio Da

---

① Or. 63 Soc. Reg. Lond. Presented by Matthew Raper, Esq. F. R. S. Jan. 10. 1788.

② Bibliographische Nachweise: Witek J. W. Controversial Ideas in China and Europe: a Biography of Jean-François Foucquet S.J. (1665-1741) [M]. Rome: Institutum Historicum S.I., 1982:218f; India Office Library, Mss.Chin. H 20.

Costa und Prospero Intorcetta, (Jianchang 1662) befindet.①

7. Daoismus und die Anfänge der Sinologie in Europa

Eine halbwegs wissenschaftliche Auseinandersetzung mit dem Daoismus begann erst im 19. Jahrhundert in Europa zu einer Zeit, als aus der Sinophilie immer mehr eine Ablehnung Chinas wurde. Der Konfuzianismus wurde nicht mehr als nachahmenswerte Tugendlehre betrachtet, sondern als Prüfungssystem, das den technischen Fortschritt und Handel behinderte und nur die Erstarrung und Dekadenz Chinas dokumentierte. Die Romantik brachte es mit sich, daß sich die Europäer verstärkt orientalistischen Studien widmeten und sich den asiatischen Religionen zuwandten, doch blieb der Daoismus für den Westen im Schatten von Buddhismus und Hinduismus.

Trotzdem weckte die politische und militärische Expansion des Westens auch neues, nun verstärkt wissenschaftliches Interesse an China und die philosophische Bedeutung des *Daodejing* wurde erkannt.② Der erste Lehrstuhl für Sinologie in Europa wurde nach mehreren autodidaktischen Anläufen nicht-professioneller Proto-Sinologen (Theophil Siegfried Bayer (1694-1738) in St. Petersburg oder Étienne Fourmont (1683-1745) in Paris) im Jahre 1815 in Paris am Collège du Roi (heute Collège de France) errichtet.③ Erster Lehrstuhlinhaber war Jean-Pierre Abel-Rémusat (1788-1832),④ der

---

① http://www.bl.uk/collections/chinesehistory.html[ONL].[2007-01-10].

② Clarke J. The Tao of the West. Western Transformations of Taoist Thought[M]. London, New York: Routledge, 2000:41-43.

③ Lundbæk K. T. S. Bayer (1694-1738). Pioneer Sinologist [M]. London: Routledge Curzon, 1986.

④ Lundbæk K. The Establishment of European Sinology 1801-1815[C]//Cultural Encounters: China, Japan, and the West. Essays in Commemorating 25 Years of East Asian Studies at the University of Aarhus. Aarhus: Aarhus University, 1995:15-54.

sich auch mit dem Daoismus auseinandersetzte, der bis dahin kaum Beachtung in Europa gefunden hatte. Im Jahre 1816 erschien seine Übersetzung des daoistischen Werkes „Thai-changkaningphian" = *Taishangganyingpian* 太上感应篇 (Abhandlung über Tat und Vergeltung), eines volksreligiösen daoistischen Moraltraktates, ① als *Le livre des récompenses et des peines*, und 1823 erschien sein Büchlein *Mémoire sur la vie et les opinions de Lao-Tseu* (Paris). Ein größerer Artikel Rémusats erschien in den *Mélanges posthumes* (Paris 1843). ② Damit war Rémusat der erste Europäer und Nicht-Missionar, der den philosophischen Daoismus behandelte und sozusagen gesellschaftsfähig machte. ③ Die erste gedruckte Übersetzung des *Daodejing* in eine europäische Sprache wurde 1842 in Paris von Rémusats Schüler Stanislas Julien (1797-1873) veröffentlicht: *Le livre de la voie et de la vertu*. ④ Die erste deutschen Übersetzungen war die von Victor von Strauß [und Torney] (1809-1899) im Jahre 1870 *Laò-Tsès TaòTéKīng*, sowie Reinhold von Plänckners Übersetzung aus demselben Jahr, die jedoch heute so gut wie unbekannt ist.

In der Definition des daoistischen Vokabulars für den Westen spielte der protestantische Theologe, Missionar und erster Sinologieprofessor in Oxford (seit 1876) James Legge (1815-1897) eine führende Rolle. Neben den Kanonischen und Klassischen Büchern Chinas übersetzte er auch daoistische Werke, obwohl er den religiösen Volksdaoismus für grotesk hielt im Vergleich zu den tief philosophischen Lehren des Laozi und des *Zhuangzi*. Seine

---

① Wylie A. Notes in Chinese Literature: with Introductory Remarks on the Progressive Advancement of the Art [M]. Shanghai 1867, repr. New York: Paragon Reprint Corp., 1964:223.

② Lundbæk K. Notes on Abel Rémusat and the Beginning of Academic Sinology in Europe[C]//Actes du VIIeColloque international de Sinologie, Chantilly 1992. Taipei, Paris: Institut Ricci, 1995:207-221.

③ Lundbæk K. Notes on Abel Rémusat and the Beginning of Academic Sinology in Europe[C]//Actes du VIIeColloque international de Sinologie, Chantilly 1992. Taipei, Paris: Institut Ricci, 1995:211-213.

④ Walf K. Westliche Taoismus-Bibliographie[C]. Essen: Die blaue Eule, 1986: 26.

Übersetzungen des *Daodejing*, des *Zhuangzi* und des *Taishangganyingpian* erschienen im Kontext der von Max Müller (1823-1900) herausgegebenen, 50-bändigen Serie „The Sacred Books of the East". Ähnlich wie schon die Jesuiten beurteilte er bei aller Bewunderung für die chinesische Kultur die daoistische Volksreligion negativ und hielt sie für Aberglauben, was ihn jedoch nicht hinderte, das *Daodejing* ins Englische zu übersetzen.① Trotzdem fand Legge, ähnlich wie die Figuristen, darin Anklänge an die christliche Religion, wie auf die Trinität.② Eine weitere „theologische" Übersetzung des *Daodejing* wurde vom protestantischen Tübinger Alttestamentler Julius Grill (1840-1930) im Jahr 1910 veröffentlicht. Auch er entdeckte viele Parallelstellen zwischen dem Neuen Testament und dem *Daodejing*, wobei er besonders Anklänge an das Johannesevangelium fand.③

Auf katholischer Seite wurde der Daoismus dann erst zu Beginn des 20. Jahrhunderts wieder positiv wahrgenommen. Der elsässische Jesuit Léon Wieger (1856-1933) verfaßte ein zweibändiges Werk mit daostischen Quellen: *Les Pères du système Taoiste. Lao-tzeu*, *Lie-tzeu*, *Tchoang-tzeu* (Hien-hien 1913; Paris 1950).④

Seit der Wende zum 20. Jahrhundert erlebte dann der Daoismus in Deutschland im spirituellen und moralischen Vakuum gepaart mit einer gewissen Skepsis gegenüber dem Fortschrittsglauben im Rahmen der Alternativkultur eine Blüte. Nach dem 1. Weltkrieg war es neben Martin Bubers Auswahl aus Zhuangzi vor allem Richard Wilhelms Übersetzung des

① Girardot N. The Victorian Translation of China. James Legge's Oriental Pilgrimage[M]. Berkeley, Los Angeles: University of California Press, 2002:240.

② Clarke J. The Tao of the West. Western Transformations of Taoist Thought[M]. London, New York: Routledge, 2000: 44f.

③ Grasmück O. Geschichte und Aktualität der Daoismusrezeption im deutschsprachigen Raum[M]. Münster: LIT, 2004: 41f.

④ Beckmann J. Die katholischen Missionare und der Taoismus vom 16. Jahrhundert bis zur Gegenwart[J]. Neue Zeitschrift für Missionswissenschaft, 1970(26):14.

Daodejing, welche diese aufblühende Alternativkultur beeinflußten.① Im Gegensatz zum Christentum verband er nämlich Religion mit Körperertüchtigung. In diesem Zusammenhang muß dann auch Richard Wilhelms *Daodejing*-Übersetzung gesehen werden, die im Verlag Eugen Diederichs erschien, der damals eine Sparte für neureligiöse Bewegungen ins Verlagsprogramm aufgenommen hatte.②

Doch außer den Übersetzungen des *Daodejing* fand der Daoismus kaum Beachtung, denn die Sicht des Westens von China wurde immer noch bestimmt durch die „vernünftige" chinesische Oberschicht, die Konfuzianer. Daher gehörte im Westen neben dem religiösen Daoismus auch der Figurismus zu den unwissenschaftlichen Ansätzen, die man nicht ernstnehmen mußte. Die ersten Europäer, die sich vorsichtig mit dem religiösen Daoismus befaßten, waren Theologen und Philosophen wie Hegel, der Würzburger Theologe Herman Schell, Schelling. Auch in der Alternativkultur der Jahrhundertwende vom 19. zum 20. Jahrhundert und später in der Weimarer Zeit spielte der Daoismus eine besondere Rolle. Intellektuelle und Dichter wie Alfred Döblin, Martin Buber, Hermann Hesse, Bertolt Brecht, Carl Gustav Jung, Franz Kafka und Elias Canetti beschäftigten sich mit ihm. Dabei änderte sich die Wahrnehmung der chinesischen Kultur beträchtlich, wie der gegenwärtige Buchmarkt für „Dao-Literatur" beweist, der besonders seit Beginn der 80er Jahre bedeutende Zuwachsraten aufweist, aber meist unter dem Gesichtspunkt Esoterik gesehen wird.③

---

① Grasmück O. Geschichte und Aktualität der Daoismusrezeption im deutschsprachigen Raum[M]. Münster: LIT, 2004: 44.

② Grasmück O. Geschichte und Aktualität der Daoismusrezeption im deutschsprachigen Raum[M]. Münster: LIT, 2004: 47.

③ Liu W. Die daoistische Philosophie im Werk von Hesse, Döblin und Brecht[M]. Bochum: Brockmeyer, 1991; Walf K. Fascination and Misunderstanding: The Ambivalent Reception of Daoism in the West[J]. Monumenta Serica, 2005(LIII):273-286.

Somit dürften die Gründe für die Änderung der negativen Haltung gegenüber dem Daoismus in der westlichen Welt die folgenden sein:

1. Alternativkultur der Weimarer Zeit

2. New Age mit alternativer Religiosität

3. Großen Auftrieb bekam der Daoismus durch die Entdeckung von „neuen" Texten des *Daodejing*. 1973 wurde in Mawangdui 马王堆, Chang-sha in Hunan, ein Grab aus dem 2. Jahrhundert v. Chr. entdeckt und ausgegraben, das u.a. einen Text des *Daodejing* auf Seide zutage förderte, die älteste Ausgabe des *Daodejing*.① Dazu kamen die Funde aus den Gräbern in Guodian 郭店 im Jahr 1993, die von der Mitte des 4. bis frühes 3. Jahrhundert v. Chr. stammen.②

4. Das internationale Projekt des *Daozang*, bei dem eine Beschreibung des daoistischen Kanons durchgeführt wurde. Dieser Kanon war teilweise auch in China in Vergessenheit geraten und erst durch das Projekt wurde sein Reichtum neu entdeckt.③

5. Ein Boom im Westen mit mehr oder weniger esoterisch / philosophisch / daoistisch angehauchten Kampfkünsten, vor allem Taiji, Qigong, Schwertkunst u.a.

Inzwischen sind eine Reihe von wissenschaftlichen Studien zu historischen, rituellen, religiösen, philosophischen und medizinischen Aspekten des Daoismus erschienen, darunter das von Livia Kohn herausge-

---

① Laotse. Tao Te King. Nach den Seidentexten von Mawangdui [M]. Möller H., herausgegeben. Frankfurt a. M.: Fischer, 1995.

② Allan S., Williams C. The Guodian Laozi. Proceedings of the International Conference, Dartmouth College, May 1998 [C]. Berkeley: Society for the Study of Early China, 2000.

③ Schipper K., Verellen F. The Taoist Canon. A Historical Companion to the Daozang. Vol. 1: Antiquity through the Middle Ages, vol. 2: The Modern Period, vol. 3: Biographies, Bibliography, Indexes [C]. Chicago: University of Chicago Press, 2004.

gebene, zweibändige *Daoism Handbook* (Leiden 2000; Boston, London 2004), die Beiträge in: John Lagerwey, Lü Pengzhi (eds.): *Early Chinese Religion. Part Two: The Period of Division* (220-589 *AD*) (Handbook of Oriental Studies, section 4. China; 21/2.1-2) (Leiden, Boston 2010), und endlich die von Fabrizio Pregadio herausgegebene, zweibändige *The Routledge Encyclopedia of Taoism* (New York 2011).

8. Schluss

Mit ihren Übersetzungen von einer Kultur in die andere, d. h. aus europäischen Sprachen ins Chinesische sowie aus dem Chinesischen in europäische Sprachen wurden die Jesuiten nicht nur zu Kulturvermittlern, sondern auch zu Sprachschöpfern und zu Interpreten zweier Kulturen. Missionare, d. h. Theologen, waren die zur damaligen Zeit die am besten Vorbereiteten für die Aufgabe des Übersetzens, denn sie waren von Haus aus schon in mehreren Sprachen versiert. Dazu kam ihre Ausbildung in Seelsorge und der Interpretation von Texten. Daher liegen die Anfänge der Orientalistik ebenfalls in der Theologie. Freilich war diese Interpretation und Übersetzung auch gefährlich, denn die Begriffsmuster der eigenen Religion wurden benutzt, um neue Religionen und Philosophien interpretierend zu übersetzen. Um die neuen Religionen und Sprachen verständlich zu machen, wurden sie dann häufig, oft auch unbewußt, schief gesehen und dargestellt. Bei dieser Art der Interpretation wurden dann bestimmte Dinge besonders hervorgehoben. Ein gutes Beispiel für eine solche Interpretation sind die Figuristen. Sie „fanden" in den Kanonischen Büchern, dabei vor allem im *Yijing*, aber auch im *Daodejing*, Spuren der Uroffenbarung mit Hinweisen auf den künftigen Messias und sogar Hinweisen auf Dogmen.

Auch die Daoismusrezeption im Westen wurde stark von katholischen wie protestantischen Theologen geprägt. Nicht nur die Figuristen „fanden" in den daoistischen Texten Hinweise auf das Christentum und seine Dogmen, auch protestantische Missionare wie James Legge, Julius Grill oder Richard Wilhelm sahen christliche Anklänge im *Daodejing*. Mit der Übersetzung biblisch-orientalischer Texte vertraut wandten sie deren Sprachbilder auch auf chinesische Texte an, wodurch sie ihren westlichen, gebildeten Lesern den Zugang erleichterten. Exotische Religionen wurden erst sehr viel später gefragt.

Daß die Missionare gute Kenner der neuen Sprachen waren, steht außer Zweifel. Während die Händler und Kaufleute sich mit rudimentären Kenntnissen begnügten und Dolmetscher einsetzten, gingen die Missionare viel weiter. Sie wurden ausgezeichnete Kenner der chinesischen Kultur und gaben zudem ihr Wissen sowie Bücher und Wörterverzeichnisse großzügig nach Europa weiter. Damit und mit ihren Übersetzungen wurden sie zu Proto-Sinologen, wie der amerikanische Sinologe David Mungello sie nennt.[1] Aber noch mehr: sie versuchten, mehr oder weniger Teil der zunächst fremden Kultur zu werden, und viele folgten dem Beispiel des Apostels Paulus, der schrieb: „Allen bin ich alles geworden, um auf jede Weise einige zu retten",[2] d.h. sie wurden Chinesen für die Chinesen. Bei Richard Wilhelm wurde das so ausgeprägt, daß er zu einem Missionar Chinas in Europa wurde und damit genau den Wünschen des deutschen Philosophen und Universalgelehrten Gottfried Wilhelm Leibniz (1646-1716) entsprach, der chinesische Missionare für Europa gefordert hatte.[3]

---

[1] Vgl. Mungello D. Curious Land: Jesuit Accommodation and the Origins of Sinology[M]. Honolulu: University of Hawaii Press, 1985.

[2] 1. Korinther 9, 19-23.

[3] „Jedenfalls erscheint mir die Lage unserer hiesigen Verhältnisse angesichts des ins Unermeßliche wachsenden moralischen Verfalls so zu sein, daß es beinahe notwendig erscheint, daß man Missionare der Chinesen zu uns schickt, die uns Anwendung und Praxis einer natürlichen Theologie lehren könnten, in gleicher Weise, wie wir ihnen Leute senden, die sie die geoffenbarte Theologie lehren sollen." Leibniz G. Das Neueste von China (1697). Novissima Sinica [C]. Nesselrath H., Reinbothe H., herausgegegen, übersetzt, erläutert. Köln: Deutsche China-Gesellschaft, 1979:19.

Richard Wilhelms Beitrag zur Verbreitung von *Daodejing*

Tan Yuan

摘要：卫礼贤受其岳父布卢姆哈特和前辈汉学家花之安影响，在与中国人进行文化交流之初就采取了一种平等交流的态度，努力学习中国典籍、掌握中国文化中的核心要素。在开办学校的过程中，他也要求中国学生同时学习中国传统文化，实现中西方知识的结合。通过创办学校，卫礼贤与当地的中国学者建立起往来，在中国朋友的帮助下成功地深入了中国文学和传统文化的世界，从传教士转型为一名学者，并在翻译中国经典的过程中成为向西方介绍中国文化的优秀翻译家和汉学家。在成为职业汉学家后，卫礼贤更是向德国人积极传播他从中国文化中发现的"永恒精神和道德价值"，对中国文化特别是《道德经》及道家思想在德国的传播作出了卓越贡献。

1. Aufbruch nach China und Annäherung an die chinesische Kultur

Richard Wilhelm wurde 1873 in Stuttgart als Sohn eines Glasmalers geboren. Nach seinem Theologiestudium in Tübingen wurde er protestantischer Pfarrer in Württemberg. Nach seiner Ordinierung in der Stuttgarter Stiftskirche 1895 wurde Wilhelm Vikar in Wimsheim, 1897 in Bad Boll, wo er Christoph Friedrich Blumhardt kennen lernte. Die Bekanntschaft mit Blumhardt, der sich allmählich aus der Bindung mit der evangelischen Kirche löste und sich zunehmend sozialen Fragen engagierte und daher der Sozialdemokratie nahestand, hat Wilhelm stark beeinflusst.① 1899 verlobte sich Wilhelm mit Blumhardts Tochter Salome, die er 1900 in Shanghai heiratete.

Im Dienst des Allgemeinen Evangelisch-Protestantischen Missionsvereins kam Wilhelm im Mai 1899 nach China. Zu der Zeit war die Mission in China nicht ohne Lebensgefahr. Am 1. November 1897 wurden in der östlichen Provinz Shandong zwei deutsche Missionare ermordet. Dieser Fall bot dem deutschen Kaiser den „längst ersehnten Anlass"② zur Besetzung der Jiaozhou-Bucht. Nach der Verhandlung wurde die Stadt Qingdao auf 99 Jahre an das Deutsche Reich „verpachtet". Als Richard Wilhelm in Tsingtau eintraf, war die Stadt noch ein kleines Dorf. Über seine Ankunft vermerkt das *Monatsheft für Missionskunde und Religionswissenschaft* 1899: „Unser neuer Missionar Pf. Wilhelm ist glücklich an seinem Bestimmungsort in Tsintau eingetroffen, hat sofort mit der Einrichtung einer deutschen Schule begonnen und am 1. Pfingstfeiertag seinen ersten Gottesdienst für die evangelische Besatzung und Civilgemeinde gehalten."③

Im deutschen Pachtgebiet Qingdao (Tsingtau) fungierte sich Wilhelm zunächst als Pfarrer und Pädagoge. Dort gründete er eine deutsch-chinesische Schule und nahm auch durch seine pädagogische Tätigkeit Kontakte mit traditionell gebildeten chinesischen Gelehrten,④ die seine Studie des

---

① Bauer W. Zeugen aus der Ferne. Der Eugen Diederichs Verlag und das deutsche China-Bild[C]//Hübinger G. Versammlungsort moderner Geister. Der Eugen Diederichs Verlag-Aufbruch ins Jahrhundert der Extreme. München: Diederichs, 1996:455.

② Gollwitzer H. Die gelbe Gefahr: Geschichte eines Schlagworts; Studien zum imperialistischen Denken[M]. Göttingen: Vandenhoeck & Ruprecht, 1962:209.

③ N. N. Aus China[J]. Monatsheft für Missionskunde und Religionswissenschaft, 1899(14):224.

④ Vgl. Wilhelm R. „Unser Deutsch-Chinesisches Seminar in Tschingtau"[C]// Wilhelm R. Unsere Schulen in Tsingtau. Görlitz: Hoffmann & Reiber, 1913, S. 3-11.

klassischen chinesischen Schrifttums unterstützten. Dadurch kam Wilhelm auch „ mit einheimischen Gelehrten in lebendige Berührung", ① die großes Interesse an der traditionellen chinesischen Kultur bei ihm erregten. Bereits im ersten Bericht schrieb Wilhelm: „ Die Zeit, möchte ich neben diesen Geschäften übrig habe, verwende ich auf die Erlernung des Chinesischen, zu welchem Zweck ich bei einem chinesischen Gelehrten 5 mal wöchentlich Unterricht nehme." ② Man kennt leicht Wilhelms Eifer für chinesische Kultur an seinem Bericht über die Zeit von November 1899 bis Januar 1900: „Meinen chinesischen Studien widme ich besonders die Nachmittagszeit. Seit meiner Wiedergenesung habe ich meinen Lehrer ganz zu mir ins Haus genommen, so daß er mir jederzeit zur Verfügung steht und ich täglich 2-3 Stunden Chinesisch treiben kann. Neben der Konversationssprache beschäftige ich mich augenblicklich besonders in Erlernung des Schreibens, da mir zu einem wirklichen Eindringen in das chinesische Wesen auch eine gewisse Kenntnis und Beherrschung der wichtigsten Zeichen wünschenswert erscheint. Ich verbinde beides in der Weise, daß ich, nachdem eine Lektion durchgearbeitet ist, den Stoff derselben nach dem Diktat des Lehrers niederschreibe." ③ Dazu noch ein Bericht wenige Monate später: „ Meine Haupttätigkeit ist auf Erlernen des Chinesischen gerichtet, wobei mir gegenwärtig ein sehr guter Lehrer aus der hiesigen Gegend zur Seite steht, der Christ ist und medizinisch in Tengtschoufu geschult ist. ... Auch meine Frau

---

① Wilhelm S. Richard Wilhelm. Der geistige Vermittler zwischen China und Europa[M]. Düsseldorf, Köln: Diederichs, 1956:11.

② Wilhelm R. Bericht des Misssionars und Pfarrers Wilhelm in Tsintau über die Zeit vom 13. Mai bis 29. Juni 1899 [J]. Monatsheft für Missionskunde und Religionswissenschaft, 1899(14):287.

③ Wilhelm R. Bericht des Pfarrers und Missionars R. Wilhelm in Tsingtau über die Zeit vom November 1899 bis Januar 1900 [J]. Monatsheft für Missionskunde und Religionswissenschaft, 1900(15):189.

setzt mit Eifer ihre chinesischen Studien fort. "①

Dass Wilhelm bald zum aktiven Lerner und Chinaforscher wurde, lag auch daran, dass die deutsche Chinamission gerade zu dieser Zeit einen Wandel erlebte. Der 1884 gegründete Allgemeine Evangelisch-Protestantische Missionsverein (später Ostasien-Mission, ab 1885 in Shanghai, ab 1897 in Qingdao) sah z. B. ihre Aufgaben „nicht so sehr in der Missionierung, sondern auf dem Gebiet der Erziehung und medizinischen Betreuung".② In den Statuten des Allgemeinen Evangelisch-Protestantischen Missionsvereins wurde das Missionsziel folgendermaßen definiert:

§ 2. Sein Zweck ist, christliche Religion und Geisteskultur unter den nichtchristlichen Völkern auszubreiten in Anknüpfung an die bei diesen schon vorhandenen Wahrheitselementen.③

Es setzt also voraus, dass die Missionare zunächst das Wichtigste der „vorhandenen Wahrheitselementen" Chinas kennen sollten.④ Frühjahr 1900, wenige Monate nach seiner Ankunft in China, schrieb Richard dementspre-

---

① Wilhelm R. Bericht des Pfarrers und Missionars R. Wilhelm über die Zeit vom 1. Juni bis August 1900[J]. Monatsheft für Missionskunde und Religionswissenschaft, 1900 (15):378.

② Mende E. Einige Ansichten über die deutsche protestantische Mission in China bis zum Ersten Weltkrieg[C]//Kuo H. Von der Kolonialpolitik zur Kooperation. Studien zur Geschichte der deutsch-chinesischen Beziehungen. München: Minerva-Publikation, 1986:377.

③ Mende E. Einige Ansichten über die deutsche protestantische Mission in China bis zum Ersten Weltkrieg[C]//Kuo H. Von der Kolonialpolitik zur Kooperation. Studien zur Geschichte der deutsch-chinesischen Beziehungen. München: Minerva-Publikation, 1986:377.

④ Vgl. Bitterli U. Die „Wilden" und die „Zivilisierten": Grundzüge einer Geistes- und Kulturgeschichte der europäisch-überseeischen Begegnung [M]. München: Beck, 1976:339ff.

chend in einem Brief:

> Ich lese gegenwärtig auch ein Werk über einen alten Chinesen
> namens Me Tsai oder Mecius, der eine ganz sozialistische Anschauung
> hatte auf Grund der allgemeinen Menschenliebe, die er vertrat. Er
> wurde aber von Konfuzius und noch mehr von dessen Schüler Micius
> heftig bekämpft. Und da nun Konfuzius' und Micius' Lehre in China
> orthodoxe Lehren geworden sind, so wird Mecius schon in den Schulen
> als böser Ketzer gelehrt, und kein Mensch weiß mehr etwas von ihm
> außer dem Namen. Demgegenüber ist es mir sehr von Interesse, mich
> mit seinen Schriften, wenigstens zunächst in guter Übersetzung,
> bekannt zu machen.①

Wilhelm sah sein Vorbild auch in seinem Vorgänger, Pfarrer Ernst
Faber, der vor seiner Ankunft schon über 20 Jahre in China tätig war und
1877 eine kommentierte deutsche Übersetzung des taoistischen Philosophen
Liezi② veröffentlichte. Als Wilhelms frühster sinologischer Lehrer gab er ohne
Zweifel diesem Ankömmling die Anregung zur Auseinandersetzung mit dem
klassischen philosophischen Schrifttum Chinas.③ Vor diesem Hintergrund ist
auch Wilhelms Vortrag bei der Einweihung der Deutsch-Chinesischen Schule
am 20. Juni 1901 verständlich:

---

① Wilhelm S. Richard Wilhelm. Der geistige Vermittler zwischen China und
Europa[M]. Düsseldorf, Köln: Diederichs, 1956:102.

② Faber E. Der Naturalismus bei den alten Chinesen sowohl nach der Seite des
Pantheismus als des Sensualismus oder die sämmtlichen Werke des Philosophen
Licius [M]. Elberfeld: Friderichs, 1877. In demselben Jahr erschien noch seine
übersetzung Die Grundgedanken des alten chinesischen Socialismus oder die Lehre des
Philosophen Micius.

③ Wilhelm S. Richard Wilhelm. Der geistige Vermittler zwischen China und
Europa[M]. Düsseldorf, Köln: Diederichs, 1956:456.

Andererseits find unsre Schüler Chinesen und wir wollen sie nicht zu etwas anderem machen. Deshalb halten wir es auch für wichtig, daß sie eine möglichst gute chinesische Bildung erhalten, und haben daher Unterricht in den Klassikern und den Dingen, worauf man in China als zur Bildung gehörig, Wert legt, ebenfalls in unsern Lehrplan aufgenommen und hoffen, daß die Schüler gerade darauf auch die nötige Sorgfalt verwenden; denn wenn ihr nur fremde Bildung habt und in Beziehung auf einheimisches Wissen euch schämen müßt, so ist es wie bei einem Vogel, der nur einen Flügel hat; er nützt ihm nichts, da er doch nicht fliegen kann.①

Für Richard Wilhelm wurde der Konfuzianismus bald zum Wichtigsten unter den „vorhandenen Wahrheitselementen" Chinas. Bereits 1901 begann Richard mit Übersetzungen aus den chinesischen Kanons. Seine erste Übersetzung war *Sanzijing* 三字经, ein traditionelles chinesisches Lehrbuch für Schulanfänger, in dem vor allem die Grundkenntnisse der konfuzianistischen Lehre vermittelt wurden. Mit Recht können wir sagen, dass Wilhelm mit dieser Übersetzung seinen Übergang vom Pädagogen zum Sinologen angefangen hat. Danach übersetzte Wilhelm mehrere Abschnitte aus den chinesischen Romanen wie *Sanguoyanyi* 三国演义 und das Edikt des Kaisers Kanghi (Kangxi), in dem die chinesische Ethik und Kultur eine zentrale Rolle spielte. Durch Eindringung in die klassischen Schriften gewann Wilhelm auch sehr schnell die ersten Einblicke in alte chinesische

---

① Wilhelm R. Eröffnung der chinesischen Tagesschule in Tapautau[J]. Monatsheft für Missionskunde und Religionswissenschaft, 1901 (16): 279-280. Für seine Verdienste um die chinesische Erziehung verlieh ihm der chinesische Kaiser 1906 den „Rangknopf vierter Klasse" und den Titel „Daotai", den normalerweise der Ranghöchste eines Teils der Provinz trug.

171

Lebensweisheit.

2. Karriere als Übersetzer der chinesischen Klassiker

Die Sinologie unserer Tage ist von dem alten theologischen Vorurteil, dass außerchristliche Erscheinungen mit eignem Maßstabe misst, noch immer nicht los. Und ich bin nach wie vor überzeugt, dass wirkliches Verständnis gerade einer unserer Art so fremden Erscheinung [...] gegenüber, nur auf Grund einer liebevollen Versenkung und eines vorurteilslosen Verstehenwollens möglich wird.

— Richard Wilhelm, Tsingtau, den 8. Okt. 1910①

1905 veröffentlichte Wilhelm seine erste Teilübersetzung von *Lun Yü* in der *Zeitschrift für Missionskunde und Religionswissenschaft*. Bei der Arbeit an diesem Kanon bekam er sogar die Unterstützung vom „Herzog Kung, dem direkten Nachkommen des Konfucius".② 1909 begann Richard Wilhelm seine Zusammenarbeit mit dem Verleger Eugen Diederichs. Als Wilhelm 1909 das Manuskript von *Lun Yü. Gespräche von Konfuzius* an ihn schickte, überlegte er eigentlich, die anderen konfuzianischen Kanons als nächste zu übersetzen.③ Im März 1910 schickte er einen Arbeitsplan an Diederichs. Die taoistischen Werke *Dschuang Dsi* und *Daodejing* tauchten als Nummer sieben auf der Liste

---

① Wilhelm R. Brief an Eugen Diedrich am 8. Okt. 1910[C]//Diederichs U. Eugen Diederichs. Selbstzeugnisse und Briefe von Zeitgenossen. Düsseldorf, Köln: Diederichs, 1967:179.

② Wilhelm R. Brief an Eugen Diederichs [C]//Diederichs U. Eugen Diederichs. Selbstzeugnisse und Briefe von Zeitgenossen. Düsseldorf, Köln: Diederichs, 1967:172.

③ Wilhelm R. Brief an Eugen Diederichs [C]//Diederichs U. Eugen Diederichs. Selbstzeugnisse und Briefe von Zeitgenossen. Düsseldorf, Köln: Diederichs, 1967:174.

mit insgesamt acht Posten auf. Diese Zeile versetzte Wilhelm noch zusätzlich mit einem Fragezeichen:

7. Eventuell Tschuang Tse und Lao Tse's Tao Te King?[1]

Seine Zögerung lag daran, dass das *Daodejing* „schon so oft übersetzt ist, dass sich eine Neuübersetzung kaum lohnen dürfte".[2] Aber offensichtlich wurde er bald von Diederichs überredet, der Übersetzung von *Daodejing* Priorität zu räumen, denn am 9. September schrieb er schon im Brief:

Mit Laotse eile ich so sehr ich kann. Doch muß immer alles sehr reiflich stilisiert werden, was bei ihm noch weit mehr Mühe macht als bei den ‚Gesprächen'. Ich schreibe oft einen Paragraphen 5-6 mal, ehe er mir die richtige Form zu haben scheint. Dennoch hoffe ich bis Oktober im wesentlichen fertig zu werden.[3]

Zugleich gab er zu: „[D]er Tao Te King wird übrigens in Europa mehr ziehen als die Gespräche Kungs."[4]

Das europäische Interesse am *Daodejing* um 1911 kam aus vielen Seiten. Viele Gelehrte versuchten in diesem Buch aus dem alten China Exotik, Philosophie, Theologie, Mystik und Lebensweisheit zu entdecken. Zu beachten ist, dass dieses Interesse auch zum Teil mit der Krise innerhalb der

---

[1] Wilhelm R. Brief an Eugen Diederichs [C]//Diederichs U. Eugen Diederichs. Selbstzeugnisse und Briefe von Zeitgenossen. Düsseldorf, Köln: Diederichs, 1967:177.

[2] Wilhelm R. Brief an Eugen Diederichs [C]//Diederichs U. Eugen Diederichs. Selbstzeugnisse und Briefe von Zeitgenossen. Düsseldorf, Köln: Diederichs, 1967:176.

[3] Wilhelm R. Brief an Eugen Diederichs [C]//Diederichs U. Eugen Diederichs. Selbstzeugnisse und Briefe von Zeitgenossen. Düsseldorf, Köln: Diederichs, 1967:178.

[4] Wilhelm R. Brief an Eugen Diederichs [C]//Diederichs U. Eugen Diederichs. Selbstzeugnisse und Briefe von Zeitgenossen. Düsseldorf, Köln: Diederichs, 1967:178.

christlichen Kirche verbunden war. Zu dieser Zeit war gerade ein Prozess der „Entzauberung" im Sinne von Max Weber in der christlichen Welt zu beobachten. Herausgefordert von der Evolutionstheorie und den anderen wissenschaftlichen Entdeckungen verlor die Genesis selbst in Europa allmählich ihre Glaubwürdigkeit. Nach dem Philosophen Hermann Graf Keyserling überstieg „der Skeptizismus den christlichen Idealen gegenüber zur Zeit schon alle Grenzen". ① Der Blick nach Osten kam gerade in Mode. ② Die neu entstandene theosophische Bewegung förderte auch diese Entwicklung. Die 1875 gegründete Theosophische Gesellschaft versuchte von Anfang an die taoistische Philosophie, insbesondere das Gedankengut des Laotse, in ihre Vorstellung zu integrieren. ③ Von dieser Gesellschaft stammte auch Franz Hartmanns Übersetzung *Theosophie in China. Betrachtungen über das Tao-Teh-King*, die 1897 in Leipzig erschien. ④ Die Entzauberung führte auch zum zunehmenden Vorbehalt gegenüber der theologischen Interpretation der taoistischen Philosophie. ⑤ Wie wir in dem Zitat an Anfang dieses Kapitels sieht, kritisierte Richard Wilhelm, der selber ein Missionar war, das zunehmend „theologische Vorurteil" und erforderte eine „vorurteilslose" Forschung. ⑥ Inmitten dieser Spannung veröffentlichte der jüdische Theologe Martin Buber 1910 seine Teilübersetzung *Reden und Gleichnisse des Tschuang-*

---

① Keyserling H. Philosophie als Kunst[M]. Darmstadt: Reichl, 1920:123-125.

② Vgl. Schuster I. China und Japan in der deutschen Literatur 1890-1925 [M]. Bern, München: Peter Lange, 1977:56ff.

③ Walf K. Tao für den Westen. Eine Einführung[M]. München: Kösel, 1989:13.

④ Vgl. Walf K. Christian theologoumena in Western Translations of the Daoists[C]//Eber I., Wan S., Walt K. Bible in Modern China. Nettetal: Steyler, 1999: 123-133.

⑤ Grasmück O. Geschichte und Aktualität der Daoismusrezeption im deutschsprachigen Raum[M]. Münster: LIT, 2004: 25.

⑥ Wilhelm R. Brief an Eugen Diederichs am 8. Okt. 1910 [C]//Diederichs U. Eugen Diederichs. Selbstzeugnisse und Briefe von Zeitgenossen. Düsseldorf, Köln: Diederichs, 1967:179.

Tse. 1911 verlegte der Verlag Diederichs Richard Wilhelms *Laotse: Tao Te King. Das Buch des Alten vom SINN und LEBEN*, die zehnte deutsche *Daodejing*-Übersetzung seit 1870.

Somit fing Richard Wilhelm seine Karriere als der bedeutendste deutsche Übersetzer der taoistischen Philosophie im 20. Jahrhundert an. Erst nach dem Ersten Weltkrieg beendete Wilhelm 1920 seine zwanzigjährige Missionstätigkeit und kehrte nach Deutschland zurück. Zwei Jahre später kam er wieder nach China und war bis 1924 als Professor an der Peking-Universität sowie Berater für Kulturfragen des deutschen Gesandten in China tätig. Von seiner Chinamission zog Wilhelm schon längst zurück. Er soll einmal gesagt haben: „Es ist mir ein Trost, daß ich als Missionar keinen Chinesen bekehrt habe". [1]

1924 wurde Wilhelm Professor für chinesische Kultur und Literatur an der Universität Frankfurt am Main, wo er am 15. Nov. 1925 das China-Institut gründete. Zu seinen Freunden zählten viele große Gelehrte seiner Zeit, z. B. Albert Schweitzer, Hermann Hesse, Martin Buber, Carl Gustav Jung und Graf Hermann Keyserling. Am 1. März 1930 starb Richard Wilhelm in Tübingen und hinterließ 28 Werke, mindestens 200 Aufsätze und Rezensionen in mindestens 125 namhaften Fachzeitschriften sowie in der Tagespresse.[2] Zu seinen wichtigsten Übersetzungen und Werken gehören:

> *Kongfutse. Gespräche (Lun Yü).* Jena 1910
> *Laotse. Tao Te King. Das Buch des Alten vom SINN und LEBEN.* Jena 1911.
> *Liä Dsi. Das wahre Buch vom quellenden Urgrund.* Jena 1911.
> *Dschuang Dsi. Das wahre Buch vom südlichen Blütenland.*

---

[1] Chang C. Richard Wilhelm, der Weltbürger [C]//Dem Andenken Richard Wilhelms. Frankfurt a. M.: Vereinigung der Freunde ostasiatischer Kunst Köln, 1930:26.

[2] Chang C. Richard Wilhelm, der Weltbürger [C]//Dem Andenken Richard Wilhelms. Frankfurt a. M.: Vereinigung der Freunde ostasiatischer Kunst Köln, 1930:43.

Jena 1912.

Chinesische Volksmärchen. Jena 1914.

Mong Dsi (Mong Ko). Jena 1916.

Chinesisch-Deutsche Jahres-und Tageszeiten. Jena 1922.

I Ging. Das Buch der Wandlungen. Jena 1924.

Lao-tse und der Taoismus. Stuttgart 1925.

Die chinesische Literatur. Potsdam 1926.

Frühling und Herbst des Lü Bu We. Jena 1928.

Das Geheimnis der goldenen Blüte. München 1929.

Li Gi. Das Buch der Sitte des älteren und jüngeren Dai. Jena 1930.

Der Mensch und das Sein. Jena 1931.

3.Richard Wilhelm über Laotse: Denker und Mystiker

Im Brief vom 9. September 1910 verspricht Richard Wilhelm dem Verleger Eugen Diederichs, für die vorgesehene Veröffentlichung ein passendes Bild von Laotse zu suchen:

Es gibt eine konventionelle Darstellung von ihm, auf einem Ochsen reitend, die in unzähligen guten und schlechten Reproduktionen kursiert. [...] Authentischen Wert haben natürlich alle diese Darstellungen nicht. Weiß man ja kaum, ob der Mann überhaupt gelebt hat.-Nebenbei ich glaube daran; denn im Tao te King ist doch zuviel individuelles.[1]

---

[1] Wilhelm R. Brief an Eugen Diederichs [C]//Diederichs U. Eugen Diederichs. Selbstzeugnisse und Briefe von Zeitgenossen. Düsseldorf, Köln: Diederichs, 1967:178.

Sein Zweifel an Laotses Bestehen beeinflusst noch seine *Daodejing*-Übersetzung von 1911. Er verdankt zwar in der Einleitung dem Geschichtsschreiber Sima Qian „die wesentlichen Daten" über Laotses Leben,① aber an seiner Wiedergabe ist ebenfalls seine Skepsis zu bemerken:

Als die öffentlichen Zustände sich so verschlimmern, dass keine Aussicht auf Herstellung der Ordnung mehr vorhanden war, soll Laotse sich zurückgezogen haben. Als er an den Grenzpaß Han Gu gekommen sei, nach späterer Tradition auf einem schwarzen Ochsen reitend (vgl. Abbildung), habe ihn der Grenzbeamte Yin Hi gebeten, ihm etwas Schriftliches zu hinterlassen. Darauf habe er den Taoteking, bestehend aus mehr als 5000 chinesischen Zeichen, niedergeschrieben und ihm übergeben. Dann sei er nach Westen gegangen, kein Mensch weiß wohin.②

Wilhelm weist noch darauf hin, dass man wegen der „Spärlichkeit und Unsicherheit der Nachrichten"③ Laotse „samt seinem Werk im Gebiet der Mythenbildung den Platz anwies":④

Dass auch an diese Erzählung sich die Sage geknüpft hat, die Laotse nach Indien führte und dort mit Buddha in Berührung kommen ließ, ist verständlich. [...] Gerade weil das Leben des , Alten' der Forschung so wenig Anhalt bot, konnte die Sage um so freier damit

---

① Wilhelm R. Einleitung[M]//Laotse. Taoteking. Das Buch des Alten vom SINN und LEBEN. Jena: Diederichs, 1911:V.

② Wilhelm R. Einleitung[M]//Laotse. Taoteking. Das Buch des Alten vom SINN und LEBEN. Jena: Diederichs, 1911:V.

③ Wilhelm R. Einleitung[M]//Laotse. Taoteking. Das Buch des Alten vom SINN und LEBEN. Jena: Diederichs, 1911:VI.

④ Wilhelm R. Einleitung[M]//Laotse. Taoteking. Das Buch des Alten vom SINN und LEBEN. Jena: Diederichs, 1911:IV.

schalten. Die Persönlichkeit des verborgenen , Alten ' wuchs immer mehr ins Riesengroße und zerfloß schließlich zu einer kosmischen Gestalt, die zu den verschiedensten Zeiten auf Erden erschienen sei.①

In der Geschichte haben die chinesischen Taoisten Laotses Auswanderung eigentlich sehr stark mythologisiert. Sie verknüpften Sima Qians Erzählung mit der taoistischen These von der „Konvertierung der Barbaren" (*huahu*) und behaupten, dass Laotse nach Indien gewandert sei und dort den Gründer des Buddhismus aufgeklärt habe.② Und nach einer anderen Erläuterung ist Laotse selber das fleischgewordene Tao und Schöpfer der Gotteswelt „Drei Reinheiten". Als „Himmlischer Edler des Tao und De" (道德天尊, Dao-de-tian-zun), einer der drei höchsten taoistischen Götter, regiert er von dort aus die Welt.③ Ab und zu solle er sich auch in menschliche Figur verwandeln und auf die Erde kommen, um die Menschen zu bekehren und seine Werke auf die irdische Welt zu bringen. Bei der Durchforschung der chinesischen Religionen muss Wilhelm immer wieder auf solche Mythen stoßen haben.④ Dass er die hervorragende Stellung Laotses in

① Wilhelm R. Einleitung[M]//Laotse. Taoteking. Das Buch des Alten vom SINN und LEBEN. Jena: Diederichs, 1911:V-VI.

② Zu der Entstehung der „Huahu "-Lehre und die Debatte über ihre Glaubwürdigkeit siehe vor allem Zürcher E. The Buddhist Conquest of China. The Spread and Adaption of Buddhism in Early Medieval China[M]. Leiden: Brill, 1959:293-313. Dazu noch Kohn L. Daoism Handbook [M]. Leiden, Boston, Köln: Brill, 2000: 4. Die chinesische Literatur (1926) von Richard Wilhelm beginnt auch interessanterweise mit einer Tafel namens ‚Laotse bei den Stämmen des Westens seine Lehre verkündigend", die auf diese Sage zurückzuführen ist.

③ Vgl. Kohn L. Daoism Handbook[M]. Leiden, Boston, Köln: Brill, 2000:4.

④ Vgl. Wilhelm R. Einleitung[M]//Laotse. Taoteking. Das Buch des Alten vom SINN und LEBEN. Jena: Diederichs, 1911:XI-XII. Darüber hinaus soll darauf hingewiesen werden, dass Qingdao gerade am Fuß des Laoshan-Gebirges, eines der berühmtesten taoistischen „heiligen Orte" mit zahlreichen Klöstern und Tempeln, liegt. Richard Wilhelm hat auch in Begleitung seiner chinesischen Freude diese Klöster besucht und dort übernachtet.

der taoistischen Religion verschweigt und schließlich nur beiläufig von „einer kosmischen Gestalt" erwähnt, ist ein Zeichen für Wilhelms Versuch, Laotse zu entzaubern. Auch dem bekannten Mythos von Laotse Geburt als achtzigjähriger weißhaariger Greis rümpft er nur die Nase. In der Erstausgabe vom Jahr 1911 schreibt Wilhelm nur beiläufig: „Die albernen Spielereien mit der Bezeichnung Laotse (die auch mit „altes Kind" übersetzt werden kann) brauchen in unserem Zusammenhang nicht erwähnt zu werden."① Den Inhalt der Sage des „alten Kindes", die wir immer wieder in den Jesuitenberichten finden, erwähnt er erst 1925 im Werk *Lao-tse und der Taoismus*.②

Den Versuch der Entzauberung erkennt man noch an Wilhelms Bewertung der chinesischen Religionen. Die „übliche Dreiteilung der chinesischen Religionen in Konfuzianismus, Taoismus, Buddhismus" sei „der Wirklichkeit nicht entsprechen".③ Denn der Buddhismus gehöre wie der Islam und das Christentum zu den fremden Religionen. Der Konfuzianismus sei „keine Religion, sondern eine Staatslehre".④ Und der „Taoismus Laotse" besitze „vollends keine kirchenbildende Kraft".⑤ Darüber hinaus habe Laotse nicht wie Konfuzius eine Schule gründen wollen. Denn „dazu hatte er weder Lust noch Bedürfnis".⑥ Die historische Stellung Laotses als „Gründer der Sekte", die seit der Zeit der Jesuiten in Europa bekannt gewesen ist, wird von Wilhelm in allen Hinsichten widerlegt.

---

① Wilhelm R. Einleitung [M]//Laotse. Taoteking. Das Buch des Alten vom SINN und LEBEN. Jena: Diederichs, 1911:VI.

② Wilhelm R. Lao-tse und der Taoismus [M]. Stuttgart: Frommann, 1925:17f.

③ Wilhelm R. Einleitung [M]//Laotse. Taoteking. Das Buch des Alten vom SINN und LEBEN. Jena: Diederichs, 1911:XIV.

④ Wilhelm R. Einleitung [M]//Laotse. Taoteking. Das Buch des Alten vom SINN und LEBEN. Jena: Diederichs, 1911:XIV.

⑤ Wilhelm R. Einleitung [M]//Laotse. Taoteking. Das Buch des Alten vom SINN und LEBEN. Jena: Diederichs, 1911:XIV.

⑥ Wilhelm R. Einleitung [M]//Laotse. Taoteking. Das Buch des Alten vom SINN und LEBEN. Jena: Diederichs, 1911:XI.

Anders als Victor von Strauß, der 1870 in seiner ersten deutschsprachigen *Daodejing*-Übersetzung Laotse als den „ tiefsten " ① sowie „ ältesten " ② chinesischen Philosophen bezeichnet und allmählich ein Profil Mystikers③ ausmalt, spricht Wilhelm von Anfang an vom „ Mystiker ".④ Diese Stellungnahme wird in den späteren Werken Wilhelms noch deutlicher. Im *Lao-tse und der Taoismus* vom Jahr 1925 fängt Wilhelm sein Werk mit diesem Satz an: „ Zu den großen Mystikern der Menschheit gehört der chinesische Denker Laotse. "⑤

Er räumt zwar ein, dass Laotse seine Metaphysik im *Daodejing* aufgebaut hat. Aber einen wesentlichen Unterschied sieht er zwischen Laotse und den europäischen Philosophen: Obwohl sie alle nach einem Prinzip für die Welterklärung suchten, konnte nur die antike griechische Philosophie über die materialistische Psychologie hinauskommen und nach der „ subjektivistisch-skeptischen Periode der Sophisten " eine höhere Stufe erreichen.⑥ Das chinesische „ Denken " bleibe hingegen immer beim Ausgangspunkt der Erkenntnisse.⑦„ Weder Kungfutse noch Laotse haben das humanistische Gebiet verlassen. "⑧ 1925 schreibt Wilhelm noch ganz eindeutig: „ Ich nenne

---

① Strauß V. Laò-tsès Taòtêking[M]. Leipzig: Friedrich Fleischer, 1870:X.

② Strauß V. Laò-tsès Taòtêking[M]. Leipzig: Friedrich Fleischer, 1870:XIX.

③ Die erste Stelle über Laotse als Mystiker befindet sich im Teil 7 der Einleitung. Strauß V. Laò-tsès Taòtêking[M]. Leipzig: Friedrich Fleischer, 1870:XXVII.

④ Wilhelm R. Einleitung[M]//Laotse. Taoteking. Das Buch des Alten vom SINN und LEBEN. Jena: Diederichs, 1911:XVI.

⑤ Wilhelm R. Lao-tse und der Taoismus[M]. Stuttgart: Frommann, 1925:7.

⑥ Wilhelm R. Einleitung[M]//Laotse. Taoteking. Das Buch des Alten vom SINN und LEBEN. Jena: Diederichs, 1911:VI und Laotse, Taoteking. Das Buch des Alten vom SINN und LEBEN[M]. Wilhelm R., verdeutscht und erläutert. Jena: Diederichs, 1911: 110.

⑦ Wilhelm R. Einleitung[M]//Laotse. Taoteking. Das Buch des Alten vom SINN und LEBEN. Jena: Diederichs, 1911:XVII.

⑧ Wilhelm R. Einleitung[M]//Laotse. Taoteking. Das Buch des Alten vom SINN und LEBEN. Jena: Diederichs, 1911:XVII.

ihn nicht einen Philosophen, da er ebenso wie die meisten anderen chinesischen Denker sich von dem Typus eines Philosophen, wie er sich in Europa ausgebildet hat,[…] unterscheidet[…]."①

Das Ziel von Wilhelms Vergleich ist jedoch nicht die Degradierung Laotses. Wilhelm verweist auf die Zeit, in der die chinesischen Denker lebten. Konfuzius habe „jedes erdenkliche Mittel versucht, um die Lehren der alten Heiligen auf dem Thron, in denen er das Heilmittel sah, zur Anwendung zu bringen".② Laotse, der für seine „Geschichtsmüdigkeit"③ kennzeichnend war, ging aber einen anderen Weg. Denn „bei solchen Zuständen mußte jedes Ordnen die Unordnung nur mehren. Solch einer Krankheit ist nicht mit äußeren Mitteln zu helfen," wenn „im Innern Gier und Habsucht alles vergifteten".④ Unter diesen Umständen sah Laotse schließlich „die Genesungskräfte der Natur" als den „Ausweg".⑤ Unter dem Verweis auf Rousseau bezeichnet Wilhelm diesen Gedanken als „Wahrheit":

Wenn auch in anderem Rhythmus und *mit* anderer Betonung, hat um die Mitte des 18. Jahrhunderts Rousseau in seinem „Zurück zur Natur" dieselbe Wahrheit verkündet.⑥

Zu erwähnen ist noch, dass Wilhelms *Daodejing*-Kommentar mit einer Übersetzung der chinesischen Prosa *Pfirsichblütenquelle* über das idyllische

① Wilhelm R. Lao-tse und der Taoismus[M]. Stuttgart: Frommann, 1925:7.

② Wilhelm R. Einleitung[M]//Laotse. Taoteking. Das Buch des Alten vom SINN und LEBEN. Jena: Diederichs, 1911:VIII.

③ Wilhelm R. Einleitung[M]//Laotse. Taoteking. Das Buch des Alten vom SINN und LEBEN. Jena: Diederichs, 1911:IX.

④ Wilhelm R. Einleitung[M]//Laotse. Taoteking. Das Buch des Alten vom SINN und LEBEN. Jena: Diederichs, 1911:IX.

⑤ Wilhelm R. Einleitung[M]//Laotse. Taoteking. Das Buch des Alten vom SINN und LEBEN. Jena: Diederichs, 1911:IX.

⑥ Wilhelm R. Einleitung[M]//Laotse. Taoteking. Das Buch des Alten vom SINN und LEBEN. Jena: Diederichs, 1911:IX.

Leben in der Natur endet, das Laotse als Ideal verkündet.①

Im *Lao-tse und der Taoismus* vom Jahr 1925 bezeichnet Wilhelm das Gedankengut Laotses zwar weiterhin nicht als Philosophie, weil es kein lückenloses System der Weltanschauung ist,② aber zugleich beschreibt er es als „ Fingerzeige zu unmittelbarem Erleben einer höheren Ebene der Wirklichkeit".③ Laotse wolle „das ganze Denken des Menschen eine Stufe tiefer hinabführen zur unmittelbaren Berührung mit den wahren Weltzusammenhängen, so daß das Denken in Schauen und noch weiter in Erleben übergeht und von da aus das ganze Leben entscheidend beeinflußt. "④ In diesem Sinn gründet Laotse zwar keine philosophische Schule, aber er weist der Menschheit einen anderen Weg des wahren Lebens.

Im Werk *Lao-tse und der Taoismus*, das den Forschungsstand der 1920er Jahre referiert, zeigt Wilhelm mehr Kenntnisse von Laotses Leben. Im Gegensatz zu seinem Verdacht im Jahre 1910 schreibt er im Schlussabschnitt des Kapitels „ Das Leben des Laotse ": „ Diese Geschichte [aus *Dschuang Dsi*] […] ist sehr geeignet, die Zweifel an der historischen Existenz des Laotse, die gelegentlich immer wieder auftauchen, zu beschwichtigen."⑤

① Wilhelm R. Einleitung[M]//Laotse. Taoteking. Das Buch des Alten vom SINN und LEBEN. Jena: Diederichs, 1911:112f.

② Wilhelm R. Lao-tse und der Taoismus[M]. Stuttgart: Frommann, 1925:7.

③ Wilhelm R. Lao-tse und der Taoismus[M]. Stuttgart: Frommann, 1925:7.

④ Wilhelm R. Lao-tse und der Taoismus[M]. Stuttgart: Frommann, 1925:7.

⑤ Wilhelm R. Lao-tse und der Taoismus[M]. Stuttgart: Frommann, 1925:23. Im *Goethe und Lao Dsi* (1931) schreibt Wilhelm noch: „ Die Konturen seines Lebens verschwimmen wie die Umrisse eines fernen Gebirges. Das geht so weit, daß es namentlich in unserer Zeit Gelehrte gegeben hat, die ihn aus der Geschichte ganz streichen wollen und aus seinen Worten, die das Gepräge der Persönlichkeit so bestimmt tragen wie kaum etwas sonst in der chinesischen Literatur, eine Sammlung anonymer Sprüche aus verschiedenen Zeiten machen wollen." Wilhelm R. Goethe und Lao Dsi[C]//Wilhelm S. Der Mensch und das Sein. Jena: Diederichs, 1931: 101f. Vergleichen Wir diesen Abschnitt mit seinen ersten Briefen an Diederichs, dann können wir erkennen, wie stark sich Wilhelms Meinung zu Laotse geändert hat.

Noch auffälliger ist Wilhelms neue Bewertung von Laotses Stellung im chinesischen Geistesleben. Er sieht Konfuzius als Vertreter der Kultur Nordchinas. Der konfuzianische Weg sei „Weg des Menschen" und führe zur Kultur.① Im Gegensatz dazu sei Laotse „der Vertreter der südlichen Richtung der chinesischen Kultur" : ②

Während im Norden der Patriarchismus schon seit einem halben Jahrtausend den Sieg errungen hatte, ging Laotse aus der Verwirrung des Tages zurück auf die Natur, das große Mütterliche. Sein Weg ist nicht der Weg des Menschen, sondern der Weg des Himmels, der Weg der großen Natur, in die der Mensch auch wieder untertauchen muß, um den Frieden zu finden in dem Chaos, das Kultur und zuviel Bewusstsein veranlasst haben.③

In diese neue Bewertung projiziert Wilhelm in der Tat die neuen Zeitgeister Deutschlands nach dem Ersten Weltkrieg. In seinem Vortrag *Licht aus Osten* (1928) sagt Wilhelm :

Man kann es beobachten, daß immer, wenn der vorwiegend aktive europäische Geist auf einem kriegerisch militaristischen Höhepunkt angelangt war und der Umschlag einzusetzen begann, vom Osten her eine Geistesrichtung kam, die beruhigend, verinnerlichend und dadurch bereichernd wirkte.④

---

① Wilhelm R. Lao-tse und der Taoismus[M]. Stuttgart: Frommann, 1925:11.

② Wilhelm R. Lao-tse und der Taoismus[M]. Stuttgart: Frommann, 1925:12.

③ Wilhelm R. Lao-tse und der Taoismus[M]. Stuttgart: Frommann, 1925:12.

④ Wilhelm R. Licht aus Osten[C]//Wilhelm S. Der Mensch und das Sein. Jena: Diederichs, 1931:143.

Er nannte mehrere Beispiele in der Geschichte: In die „Starrheit des römischen Imperiums" kamen das Christentum und „andere vorderasiatische Kulte, aus denen die Kirche sich gestaltete ".① Zur Zeit Kreuzzugs befruchtete gerade der Geist des Islam „jene mystische Sehnsucht nach Osten" und verhalf der Gotik zur Entstehung.② Diesmal, nach dem Ersten Weltkrieg, soll „das Licht aus Osten", wie der Titel lautet, den Europäern helfen, denn gerade da gibt es „das ganz andere, das in den stillen Hainen Ostasiens lebt und dessen vollständiger Gegensatz zu der Hast und Hitze des modernen Europäertums für den Augenblick nur einen pikanten Reiz mehr bedeutet": ③

Und es scheint, daß wir heute an einem ähnlichen Zeitpunkte stehen, da nach dem Weltkrieg der materialistisch expansive europäische Geist trotz aller Fortdauer kriegerischer Entladungen vor einer entscheidenden Richtungsänderung steht, und diesmal ist es der ferne Osten, der seine ergänzenden und befruchtenden Ströme zu uns herüberzusenden beginnt.④

Wilhelm sieht zugleich „eine tiefe Kluft zwischen den beiden Kulturkreisen vorhanden ist, die sich vielleicht nie wird ganz überbrücken

---

① Wilhelm R. Licht aus Osten[C]//Wilhelm S. Der Mensch und das Sein. Jena: Diederichs, 1931:143.

② Wilhelm R. Licht aus Osten[C]//Wilhelm S. Der Mensch und das Sein. Jena: Diederichs, 1931:143.

③ Wilhelm R. Licht aus Osten[C]//Wilhelm S. Der Mensch und das Sein. Jena: Diederichs, 1931:141.

④ Wilhelm R. Licht aus Osten[C]//Wilhelm S. Der Mensch und das Sein. Jena: Diederichs, 1931:143.

lassen ".① Das europäische Geistesleben sei „ gekennzeichnet durch den Drang nach außen "② und konstatiere einen wesentlichen Unterschied zu Laotse. Für Laotse handele es sich „letzten Endes wie für Rousseau einfach um Rückkehr zur Natur und Auswirkenlassen des Tao, das sich als Gesetz des Weltenlaufs ebenso dokumentiert wie als Sinn des persönlichen Lebens ".③ Worauf es Laotse ankomme, sei nur, dass „man alle Willkür, alles Machen meiden" solle.④ Denn Willkürlichkeit und Selbstmachen „verdecken immer den großen Sinn des Weltlaufs mit kleinen und zufälligen Menschengedanken und bringen dadurch nur Unruhe und Not in Gesellschaft und Menschenherz".⑤ Gerade darin sieht Wilhelm auch ein Heilmittel gegen die Not und Unruhe im Westen:

Aber das Heil wird auch für Europa darin bestehen, daß die Selbstbesinnung, die wir brauchen, bewirkt, daß neben der Außenwelt, den Dingen, der Technik, den Institutionen wieder die Innenwelt, die Menschen, die Lebenskunst, die Organisierung in den Blickpunkt des Bewußtseins treten. Das ist Licht aus Osten, dessen wir bedürfen.⑥

① Wilhelm R. Licht aus Osten[C]//Wilhelm S. Der Mensch und das Sein. Jena: Diederichs, 1931:143.

② Wilhelm R. Licht aus Osten[C]//Wilhelm S. Der Mensch und das Sein. Jena: Diederichs, 1931:144.

③ Wilhelm R. Licht aus Osten[C]//Wilhelm S. Der Mensch und das Sein. Jena: Diederichs, 1931:148.

④ Wilhelm R. Licht aus Osten[C]//Wilhelm S. Der Mensch und das Sein. Jena: Diederichs, 1931:148.

⑤ Wilhelm R. Licht aus Osten[C]//Wilhelm S. Der Mensch und das Sein. Jena: Diederichs, 1931:148f.

⑥ Wilhelm R. Licht aus Osten[C]//Wilhelm S. Der Mensch und das Sein. Jena: Diederichs, 1931:154.

Wilhelms Vortrag ist ein Spiegel dafür, dass zu der Zeit nach dem Weltkrieg zahlreiche deutsche Intellektuellen genauso im Chaos nach Ausweg und Ruhe suchten. Hier ergibt sich die Antwort, warum das erste deutsche „Tao"-Fieber gerade in diesen Jahren auftauchte. Und in diesem stieg auch allmählich die Stellung Laotses zu einer neuen Höhe: ein Denker von übergeschichtlicher Weltbedeutung.①

4. Richard Wilhelms Wirkung im kulturellen Kontext

Zu Wilhelms Arbeit zeigten seine Zeitgenossen ganz unterschiedliche Reaktionen.② Die schärfste Kritik kam aus dem Kreis der Sinologen, die besonders seine Zugangsweise zur chinesischen Kultur für problematisch hielten. Alfred Forke meinte, dass Wilhelm „fast chinesiert" worden sei und den kritischen Sinn „durch sein Aufgehen im Chinesentum verloren" habe.③ Sein fast vorbehaltloses Lob für Konfuzius erregte auch die Konservativen. Otto Franke, der sinologische Professor am Hamburger Kolonialinstitut, war z. B. empört, dass Wilhelm Konfuzius sogar höher als Christus stelle.④ Rudolf

① Vgl. Pohl K. Spielzeug des Zeitgeistes. Zwischen Anverwandlung und Verwurstung-Kritische Bestandsaufnahme der Daoismus-Rezeption im Westen[C]//Thesing J., Awe T. Dao in China und im Westen. Impulse für die moderne Gesellschaft aus der chinesischen Philosophie. Bonn: Bouvier, 1999:28f.

② Leutner M. Kontroversen in der Sinologie: Richard Wilhelms kulturkritische und wissenschaftliche Positionen in der Weimarer Republik[C]//Hirsch K. Richard Wilhelm: Botschafter zweier Welten. Frankfurt a. M.: IKO, 2003:48.

③ Forke A. Rezension zu Kungtse-Leben und Werk[J]. Logos, 1926(15):242. Vgl. Lackner M. Richard Wilhelm, a „sinisized" German translator[C]//Alleton V., Lackner M. De l'un au multiple. Paris: 81 éditions de la Maison des sciences de l'homme, 1999:86-97.

④ Franke O. Rezension zu Kungtse-Leben und Werk[N]. Deutsche Literaturzeitung 1926, 47 N.F(3):701. Vgl. Leutner M. Kontroverse in der Sinologie: Richard Wilhelms kulturkritische und wissenschaftliche Positionen in der Weimarer Republik[C]//Hirsch K. Richard Wilhelm: Botschafter zweier Welten. Frankfurt a. M.: IKO, 2003:75.

Pannwitz kritisierte Wilhelm in seiner Studie *Die Krisis der europäischen Kultur* (1917): „Übertragungen wie die der gespräche des kungfutse oder des werks des laotse von dr. richard wilhelm spotten jedes begriffs und verdienen die härteste verdammung es ist unbeschreiblich mit welcher rohheit und frechheit die letzten zartesten bilder und sinne da in ein deutsches pastoren und assessoren tohuwabbohu zusammengerührt werden. "① Diese unsachliche Kritik wurde freilich von anderen Forschern mit sinologischen Kenntnissen zurückgewiesen.②

Im Kreis der deutschen Intellektuellen war die Wirkung seiner Übersetzung jedoch definitiv positiv. Hermann Hesse,③ Alfred Döblin, Klabund und Bertolt Brecht waren z. B. nicht nur seine Leser, sondern sie haben auch daraus neue Ideen für ihre literarischen Schriften geschöpft.④ Hesse hielt die *Daodejing*-Übersetzung für eine „ schöne und gründliche " Arbeit.⑤ Bei Wilhelms Tod schrieb er: „ Nichts von alledem ist mir im Laufe von beinahe 20 Jahren wichtiger und teurer geworden als Wilhelms deutsche Ausgabe der chinesischen Klassiker, sie haben mir und vielen eine Welt erschlossen, ohne die wir nicht mehr leben möchten. "⑥ In der Tat ist Wilhelms *Buch des Alten vom SINN und LEBEN* die erfolgreichste *Daodejing*-

---

① Pannwitz R. Die Krisis der europäischen Kultur [M]. Nürnberg: Carl, 1917: 228.

② Schuster I. China und Japan in der deutschen Literatur 1890-1925 [M]. Bern, München: Peter Lange, 1977:164.

③ Hsia A. Herman Hesse und Richard Wilhelm [C]//Hsia A. Hermann Hesse und China. Frankfurt a. M.: Suhrkamp, 1981:340-347.

④ Vgl. Tan Y. Der Chinese in der deutschen Literatur. Unter besonderer Berücksichtigung chinesischer Figuren in den Werken von Schiller, Döblin und Brecht [M]. Göttingen: Cuviller, 2007:78-245.

⑤ Hesse H. Weisheit des Ostens [C]//Hsia A. Hermann Hesse und China. Frankfurt a. M.: Suhrkamp, 1981:97.

⑥ Zitiert nach Hsia A. Herman Hesse und Richard Wilhelm [C]//Hsia A. Hermann Hesse und China. Frankfurt a. M.: Suhrkamp, 1981:341.

Übersetzung in der Geschichte der Taoismusrezeption. Man braucht nur diese Tatsache in Sicht zu nehmen, dass diese Übersetzung noch in mehrere europäischen Sprachen übersetzt wird und bis heute die beliebteste auf dem deutschen Buchmarkt ist. Laut der Statistik vom Tübinger Theologen Oliver Grasmück hat Wilhelms *Daodejing*-Übersetzung bis 2000 mindestens 33 Auflagen erlebt.① Diese Zahl übertrifft bei weitem die Auflagenzahl von Günther Debons Übersetzung (14 Auflagen), die auf dem zweiten Platz steht. Diese Statistik bestätigt die Tendenz in der Rezeption, dass die „Genauigkeit der Wiedergabe", d.h. eine wortgetreue Übersetzung aus dem Altchinesischen, „in einem populären Werk keine Rolle spielt ",② wie Erich Hauer, der Verfasser mehrerer Rezensionen zu Wilhelms Übersetzungen in den 1920er Jahren, einst zugab. Dass Wilhelm sich „mit Vorliebe aus dem Sprachschatz der Bibel und Goethes" bedient habe,③ störte die Schriftsteller kaum. Häufig haben sie Wilhelms „künstlerisches Neuschöpfen"④ ohne weiteres akzeptiert. Im Vergleich mit anderen Übersetzungen zeichne sich „die von Wilhelm durch seine kräftigere, bestimmtere, und persönlichere Sprache und damit denn auch durch seine leichtere Zugänglichkeit aus", ⑤ so meint Hesse. Brecht hat in seinem Drama *Der gute Mensch von Sezuan* einen Abschnitt von Wilhelms *Dschuang Dsi* fast wortwörtlich abgeschrieben.⑥ Zugunsten der Handlung gibt

---

① Grasmück O. Geschichte und Aktualität der Daoismusrezeption im deutschsprachigen Raum[M]. Münster: LIT, 2004:65f.

② Hauer E. Rezension zu Richard Wilhelm: Die chinesische Geschichte [N]. Orientalistische Literaturzeitung 1927(30):894.

③ Hauer E. Rezension zu Richard Wilhelm: Laotse. Taoteking[N]. Orientalistische Literaturzeitung 1924(27):540.

④ Schüler W. Richard Wilhelms wissenschaftliche Arbeit[J]. Sinica, 1930(5):59.

⑤ Hesse H. Weisheit des Ostens[C]//Hsia A. Hesse und China. Frankfurt a. M.: Suhrkamp, 1981:97.

⑥ Tan Y. Der Chinese in der deutschen Literatur. Unter besonderer Berücksichtigung chinesischer Figuren in den Werken von Schiller, Döblin und Brecht [M]. Göttingen: Cuviller, 2007:212f.

es manchmal noch weitere Abweichungen von Wilhelms Übersetzung, wie z.
B. in Döblins Roman *Die drei Sprünge des Wang-lun.*① Dazu schreibt Adrian
Hsia: „Ganze Generationen in Deutschland verdankten ihre Kenntnisse vom
chinesischen Denken Richard Wilhelm, der zuerst in China für den
christlichen Glauben missionierte und dann als Kulturmissionar Chinas in
Deutschland tätig war."② Dank Wilhelms Bemühung ist „das Suchen des
Tao" in den 1920er Jahren eine Mode geworden. Dazu sagt Carl G. Jung am
10. Mai 1930 in der Rede *Zum Gedächtnis Richard Wilhelms* auf dessen
Trauerfeier:

Der Geist des Ostens ist wirklich ante portas. Darum scheint es
mir, daß die Verwirklichung des Sinnes, das Suchen des Tao, bei uns
in weit stärkerem Maße bereits kollektive Erscheinung geworden ist, als
man allgemein denkt.③

---

① Tan Y. Der Chinese in der deutschen Literatur. Unter besonderer
Berücksichtigung chinesischer Figuren in den Werken von Schiller, Döblin und
Brecht[M]. Göttingen: Cuviller, 2007:128.

② Hsia A. Nachwort[C]//Hsia A. Deutsche Denker über China. Frankfurt a. M.:
Insel, 1985:388.

③ Hsia A. Nachwort[C]//Hsia A. Deutsche Denker über China. Frankfurt a. M.:
Insel, 1985:388.

„Andeutungen des Unaussprechlichen":
Richard Wilhelms deutsches *Daodejing*

Heinrich Detering

摘要：一百多年前，卫礼贤着手将老子《道德经》翻译为德语时，不仅要翻越"道可道，非常道"这样一座语言大山，而且面临着在东西方两大思想体系之间架起一座文化桥梁的使命。戴特宁教授借鉴施莱尔马赫的翻译理论，详尽分析了卫礼贤在译作中对中国文化的尊重以及对歌德、路德、尼采等人作品的巧妙借用，指出他所采取的并非一般意义上的异化或归化翻译，而是通过融汇中西，打开了一条东西方文化交流的大道，从而造就了一部百余年来在德语世界享有盛誉的《道德经》译本。

Meine Damen und Herren, ich freue mich sehr darüber, dass wir dieses Gespräch hier in Wuhan in einem ehrwürdigen daoistischen Kloster führen dürfen. Als Richard Wilhelm vor hundert Jahren in Qingdao zu seinen chinesischen Zuhörern sprach, da trugen alle Zuhörer chinesische Kleidung, nur Richard Wilhelm trug einen deutschen Anzug. Heute tragen sämtliche chinesischen Zuhörer europäische Kleidung, nur ich habe ein chinesisches Hemd angezogen. Betrachten Sie dieses Hemd bitte als einen Teil meines Vortrags. Es ist gewissermaßen ein Teil meiner These.

Denn es geht mir um interkulturelle Begegnungen, die durch diesen Ihnen inzwischen wohlbekannten Sinologen, in einer ganzen Reihe von

Übersetzungen zwischen China und Deutschland vermittelt worden sind und die bis heute fortwirken. Es geht um interkulturelle Begegnungen, unter denen ein Buch bis heute der Bestseller Richard Wilhelms in Deutschland geblieben ist: das *Daodejing*, oder wie Richard Wilhelm es nach der französischen Titelgestalt ins Deutsche übersetzt hat, das *Taoteking*. Es ist in seiner Übersetzung bei uns zum lange Zeit erfolgreichsten chinesischen Buch geworden, und das ist umso erstaunlicher, als die Tan Yuan gerade bemerkt hat, das *Daodejing* ja schon unabhängig von Wilhelms Version das überhaupt mit Abstand meistübersetzte Buch der chinesischen Literatur in Deutschland gewesen ist. Auf diesem umkämpften Markt ist es Wilhelm gelungen, einen Bestseller zu schreiben, der bis heute die maßgebliche Übersetzung dieses Buches geblieben ist, trotz aller Kritik, die Sinologen mittlerweile vorgebracht haben.

Mir geht es um die Frage, wie in diesem Buch Sprech- und Denkweisen der chinesischen Kultur und Philosophie in Beziehung gebracht werden zu deutschen Denk- und Sprechweisen, deutscher Kultur und Philosophie. Ich selber lese und verstehe kein Wort Chinesisch. Ich kann ein chinesisches Hemd tragen, und ich kann die Worte Wuwei, Dao und De aussprechen. Aber ich kann kein Chinesisch. Ich kann also nicht beurteilen, wie weit Richard Wilhelms Übersetzung richtig oder falsch ist. Ich will darum das auch gar nicht versuchen. Ich beschränke mich auf die Frage, auf welche Weise dieser deutsche Laotse zustande kommt, wie das, was Richard Wilhelm schreibt, als ein deutscher Text funktioniert. Und dabei geht es mir um die beiden Pole von Fremdheit und Eigenheit, Asiatisch und Europäisch, Chinesisch und Deutsch. Sie werden diese Frage vielleicht als banal empfinden. Sie ist aber gerade in diesem Fall außerordentlich kompliziert, wie ich Ihnen jetzt zeigen möchte.

Wenn Sie das Buch, das 1911 im angesehenen Eugen Diederichs Verlag in Jena erschien, als deutscher Leser zum ersten Mal in die Hand nehmen, dann sehen Sie sich unmittelbar konfrontiert mit *Fremdheit*. Schon der Umschlag zeigt eine Reihe von Symbolen, von denen deutsche Leser 1911 glauben mussten, das alles sei eigentlich irgendwie chinesisch. Das chinesische Zeichen, das Sie hier in der Mitte sehen, ist allerdings bloß das Verlagszeichen des Diederichs-Verlags in Jena. Aber es sieht hier aus, es ist drapiert wie ein chinesisches Symbol.

Wenn Sie das Buch dann aufschlagen, sehen Sie diese Doppelseite. In vielen Auflagen haben deutsche Leser sie so gesehen, in Tausenden von Exemplaren, mit dem Schriftzeichen *Laotse* und mit einem Bild von Laotse, das es in China nie gegeben hat. Ein deutscher Graphiker namens Ernst Schneidler hat dieses ‚chinesische' Kunstwerk geschaffen. Er tat es mit der Absicht, in der Bildersprache des europäischen Jugendstils einen möglichst chinesischen Eindruck zu erzeugen. Dieses Buch suggeriert, dass Sie lesend in eine fremde Welt eintreten werden, eine Welt, die anders ist als alles, was Sie kennen — und genau so, wie Sie sich das exotische Fremde immer vorgestellt haben.

Nun blättern Sie um, und Ihr Blick fällt auf diese Titelseite. Auch sie bleibt in den späteren Auflagen erhalten. Aber nur in den ersten Auflagen findet sich auch dieses durchsichtige Blatt mit den deutschen Übersetzungen, das Sie über die chinesischen Zeichen legen können.

Was sagt diese Seite uns als deutschen Lesern dieses Buchs? Inhaltlich sagt sie uns nichts anders als das, was wir schon beim Kauf oder spätestens vom Umschlag gewusst haben; nur in der betont wörtlichen, also etwas befremdlichen Wort-für-Wort-Übersetzung aus dem Chinesischen: „Deutschland", „Diederichs-Verlag", „Laotse", „Daodejing", „Qingdao", „Wilhelm erklärt, übersetzt". In Wahrheit sagt diese Seite uns etwas ganz anderes: Hier werdet ihr deutschen Leser konfrontiert mit einer Welt, die euch vollständig unbegreiflich ist; keines dieses Zeichen könnte ihr lesen ohne meine Hilfe. Das ist die erste Botschaft. Die zweite Botschaft lautet: Ich werde euch diese Hilfe geben — ich, das heißt „Qingdao, Wilhelm, Erklärung"; ich übersetze Euch alles, was ihr in dieser fremden Welt nicht versteht. Am Ende dieses Buches werdet ihr dies alles verstanden haben; ich, das Buch, mache euch das Fremde zum Eigenen.

Graphische Fremdheitssignale durchziehen die Übersetzung in der gesamten Buchgestaltung, für die durchwegs Ernst Schneidler zuständig ist, der deutsche Graphiker, der sich als Chinese ausgibt. Dies alles ist, wie Sie sehen, natürlich in europäischer, lateinischer Schrift gesetzt. Aber angefangen vom ersten A lehnen die Buchstaben sich an chinesische Schriftzeichen an, sie imitieren für deutsche Augen eine chinesische Schrift.

So beginnen Sie zu lesen. In der Vorrede erzählt Richard Wilhelm, selbstverständlich in deutscher Sprache, die allen Chinesen bekannte Legende von Laotse und die Entstehung des Buches Daodejing, und er fügt im Text in Klammern die Bemerkung ein „(vergleiche Abbildung)". Auf der folgenden Doppelseite, die damit gemeint ist, finden Sie tatsächlich eine alte chinesische Illustration mit dem Vermerk „Chinesische Zeichnung". Sie lesen den Text also in einer Sprache, die Sie verstehen, weil es Ihre deutsche Sprache ist. Aber dieser Text erklärt Ihnen nur etwas, was mit einem — allerdings verständnislosen — Blick auf einem chinesischen Bild zu sehen ist. Da ist der Grenzwächter, dort der Grenzpass, der alte Weise sitzt auf dem Ochsen, den der Knabe führt; es ist der Augenblick, in dem das *Daodejing* entsteht. Wieder sagt uns das Buch — und noch immer haben wir noch nichts von Laotse gelesen, sondern nur im Buch geblättert — vor allem, dass diese Welt fremd ist, dass sie sich aber verstehen lässt, dass sie im Laufe der Lektüre eure Welt werden wird.

Soviel über die Erscheinungsformen dieses Buchs, über seine äußere Gestaltung. Aber was steht in dem Buch?

Der Name „Richard Wilhelm" erscheint auf der Titelseite, in der Übersetzung der chinesischen Zeichen auf dem durchsichtigen Papier als „Übersetzer" und „Erklärer". Ich will zunächst nach dem Begriff des Übersetzers fragen, wie er zur Zeit Richard Wilhelms in Deutschland verstanden werden musste; denn da gab es verschiedene Möglichkeiten. Danach will ich mich dem Erklärer zuwenden, anhand der drei Teile von Wilhelms Buch: seiner Einleitung, seiner Übersetzung und seiner

Kommentare zu dieser Übersetzung.

Zunächst zur Frage des Übersetzers und der Übersetzung. Ein Jahrhundert vor Richard Wilhelm, im Berlin des Jahres 1813, hatte der Begründer der modernen Übersetzungstheorie und der Begründer der modernen Hermeneutik eine komplette und komplexe Philosophie des Verstehens, des Verstehens eines Anderen und Fremden entwickelt. Friedrich Schleiermachers grundlegende Abhandlung galt auch hundert Jahre später — und gilt auch heute noch — als der eigentliche Grundtext der Übersetzungswissenschaft. Es gibt eigentlich kein Grundproblem des Übersetzens aus anderen Sprachen und Kulturen, das in diesem Text nicht berührt würde. Also, ein kurzer Blick zurück auf Schleiermacher.

Schleiermacher führt zwei Begriffe ein, die bis zu Richard Wilhelm und darüber hinaus gelten und die zwei Typen von Übersetzung unterscheiden: die „einbürgernde" und die „verfremdende" Übersetzung. Jeder Übersetzer, so sagt Schleiermacher sinngemäß, müsse sich für eine dieser beiden Möglichkeiten entscheiden, entweder-oder. Ich möchte Ihnen zeigen, dass Richard Wilhelm eine Variante vorschlägt: ein ‚ sowohl-als auch'.

Schleiermacher geht, in der Nachfolge seines Zeitgenossen Wilhelm von Humboldt, von der sehr grundsätzlichen Beobachtung aus, dass jeder einzelne Mensch, dass wir alle in unserer Wahrnehmung und Deutung der Welt unvermeidlich gebunden sind an die Voraussetzungen der unserer jeweiligen Sprache. Wir können unsere Welt und uns selber nur so sehen, wie unsere eigene Sprache uns erschließt. Ich gebe Ihnen ein ganz banales Beispiel — leider nur aus europäischen Sprachen, weil ich ja kein Chinesisch kann. Die meisten Menschen deutscher Sprache würden vermutlich annehmen, dass alle anderen Menschen, in allen anderen Sprachen der Welt, mit ihren jeweiligen Entsprechungen für das Wort „ Baum " dasselbe meinen, was eben das deutsche Wort „ Baum " bezeichnet. Aber wenn wir auf Deutsch fragen, woraus der Baum besteht, dann lautet die Antwort: aus Holz. Wenn wir fragen, was wir im Kachelofen verbrennen, dann lautet die Antwort wieder: Holz, Brennholz eben. Die meisten Deutschen werden das als „ natürlich " empfinden; so sagt man eben unter Menschen. Ein Sprecher des Dänischen aber, nur ein paar Hundert Kilometer weiter im Norden, sagt, um den Baum zu bezeichnen, das Wort „træ". Und für das Material, aus dem der Baum besteht, benutzt er dasselbe Wort; auch das ist für ihn „træ". Also „Holz" und „Baum" sind in Dänemark irgendwie dasselbe. Für dasjenige aber, das im Kachelofen brennt, hat der dänische Nachbar ein ganz anders Wort; er nennt es „brænde" — „Brennholz". Das ist etwas Anderes, ein neues Wort. In Dänemark also ist Brennholz im Ofen etwas anderes als das Holz, aus dem der Baum besteht, der draußen im Wald wächst. Fragt man nun einen Nachbarn in Frankreich, was er zu dem Baum sagt, dann lautet die Antwort, natürlich: „arbre". Für das Holz aber, aus dem er besteht, gebraucht er das Wort „ bois "; ein „ arbre " besteht aus „ bois ". So aber nennt man in Frankreich auch einen kleinen Wald, ein Gehölz: „bois" heißt es.

Was zeigt das kleine, simple Beispiel? Der Anblick des winzig kleinen Weltausschnitts, in dem nur Bäume und Holz vorkommen, wird in der deutschen Sprache ganz anders gegliedert als in der dänischen und dort wieder ganz anders als in der französischen Sprache, und vermutlich ist es in der chinesischen wieder ganz anders. Jede dieser Sprachen sieht eine andere Welt. Das meint Humboldt, dem folgt Schleiermacher. Er erklärt: „ Jeder Mensch ist auf der einen Seite in der Gewalt der Sprache, die er redet; er und sein ganzes Denken ist ein Erzeugnis derselben. Er kann nichts mit völliger Bestimmtheit denken, was außerhalb der Grenzen derselben läge; die Gestalt seiner Begriffe, die Art und die Grenzen ihrer Verknüpfbarkeit ist ihm vorgezeichnet durch die Sprache, in der er geboren und erzogen ist, Verstand und Fantasie sind durch sie gebunden. " Er variiert diesen Gedanken dann folgendermaßen: „ … jede freie und höhere Rede [zum Beispiel ein Text wie das *Daodejing*] … will auf der anderen Seite [auf] gefasst sein aus dem

196

Gemüt des Redenden als seine Tat, als nur aus seinem Wesen gerade so hervorgegangen und erklärbar... Man versteht die Rede auch als Handlung des Redenden nur, wenn man zugleich fühlt, wo und wie die Gewalt der Sprache ihn ergriffen hat ..." Für die Übersetzung heißt das: „Entweder der Übersetzer lässt den Schriftsteller möglichst in Ruhe und bewegt den Leser ihm entgegen; oder er lässt den Leser möglichst in Ruhe und bewegt den Schriftsteller ihm entgegen. Beide sind so gänzlich voneinander verschieden, dass durchaus einer von beiden so streng als möglich muss verfolgt werden, aus jeder Vermischung aber ein höchst unzuverlässiges Resultat ... hervorgeht ... Im ersten Falle nämlich ist der Übersetzer bemüht, durch seine Arbeit dem Leser das Verstehen der Ursprache, das ihm fehlt, zu ersetzen. Die andere [Art] ... zeigt, wie er [der Verfasser] ... ursprünglich als Deutscher deutsch würde geschrieben haben."

Entweder also bewegt der Übersetzer den Leser zum Text hin und konfrontiert ihn mit einer ganz fremden sprachlichen Welt. Oder er bewegt den Text zum Leser hin und lässt den Text etwa in einer deutschen Übersetzung so sprechen, als ob ihn ein Deutscher geschrieben hätte. Es gibt nur diese beiden Möglichkeiten, die einbürgernde oder die verfremdende Übersetzung, nichts Drittes. Soweit Schleiermacher.

Mein verstorbener Kollege Horst Turk, Germanist in Göttingen und Doktorvater von Tan Yuan, hat hinzugefügt, es gebe zwei Grundformen von Fremdheitserfahrung; er nennt sie „Alterität" und „Alienität". Als *Alterität* bezeichnet er eine relative kulturelle Fremdheit, die durch eine schon gegebene Kohärenz zwischen mir und dem Fremden überbrückt werden kann[1] — etwa durch ähnliche weltanschauliche Voraussetzungen oder diskursive Regeln oder soziale Konventionen; so verhält es sich in

---

[1] Turk H. Alienität und Alterität als Schlüsselbegriffe einer Kultursemantik. Zum Fremdheitsbegriff der übersetzungsforschung [C]//Wierlacher A. Kulturthema Fremdheit. München: Iudicium, 1993:173-197.

Deutschland etwa mit der christlich geprägten Kultur der Lutherzeit und der antiken jüdischen Kultur, wie sie in der Bibel dokumentiert ist. Die eine Welt ist der anderen fremd, aber die erste kann die zweite leicht verstehen, weil sie verbindende Gemeinsamkeiten haben. Luthers Bibelübersetzungen basieren auf dieser Voraussetzung; und die deutsche Kultur der Goethezeit um 1800 entdeckt auf ähnliche Weise die griechische Kultur der Antike. Auch sie ist fremd, aber es können Brücken gebaut werden, weil man nah genug beieinander ist, auf demselben Boden. Auch Schleiermachers eigene, betont verfremdende Übersetzungen Platons zeigen eine kulturelle und sprachliche Welt, die fremd ist, aber verstehbar.

Als „Alienität" bezeichnet Turk dagegen eine systemische kulturelle Fremdheit, die Konfrontation mit einer prinzipiell fremden und rätselhaften Welt, die gegenüber dem Eigenen in jeder Hinsicht diskontinuierlich erscheint. Das Verhältnis zwischen der deutschen Kultur der Moderne und der alten chinesischen Kultur ist Horst Turks eigenes Beispiel. Wäre das alles, was zu unserem Problem zu sagen wäre, dann könnte ein Deutscher um 1900 ein chinesisches Buch wie das *Daodejing* gar nicht übersetzen, weil es keine gemeinsame Voraussetzung gibt; man müsste mindestens Sinologie studieren, um sich diesem Buch überhaupt annähern zu können, eigentlich müsste man Chinese sein. Übersetzen aber kann man es streng genommen nicht.

Richard Wilhelm widerspricht nun in seiner Praxis Schleiermacher, und er widerspricht auch Horst Turk. Auf den ersten Blick ist seine Übersetzung des *Daodejing* eine durchaus einbürgernde Übersetzung, und die Einbürgerung nimmt von Auflage zu Auflage zu. Mit Schleiermachers Ausdruck: Richard Wilhelm übersetzt Laotse möglichst so, als ob er auf Deutsch geschrieben hätte, für deutsche Leser. Insofern scheint es nur folgerichtig, dass aus der betont verfremdenden Einbandgestaltung der ersten Auflagen sehr bald *diese* hier geworden ist: eine unauffällige deutsche Leineneinbindung, in der nur noch ein einzelnes chinesisches Schriftzeichen daran erinnert, dass hier etwas

Fremdes eingedeutscht werden soll. Auch das Vorsatzblatt verschwindet, und es bleibt dieses simple, weiße Blatt übrig: nichts mehr von Fremdheit, nichts mehr von China, nichts von Alienität.

Aber, das ist meine These: dieser Eindruck täuscht. Ich bin nämlich der Ansicht, dass Richard Wilhelm in seiner Übersetzung etwas tut, das sowohl einbürgernd als auch verfremdend ist. Das will ich Ihnen jetzt zeigen, indem ich zunächst auf seine Einführung, dann auf den Übersetzungstext und den Kommentar eingehe.

Richard Wilhelms Einführung beginnt mit einer Selbstrelativierung: der Erinnerung daran, dass es von diesem Buch schon eine Reihe von Übersetzungen gibt, von James Legge, über Paul Carus in Chicago bis zu den französischen und deutschen Übersetzungen. Aus dieser Reihe geht er auf drei Beispiele näher ein. Die Nennung von „ Franz Hartmann: *Theosophie in China. Aus dem Chinesischen* " versieht er dabei mit dem lakonischen Zusatz: „?" ①Das Fragezeichen stammt von Richard Wilhelm, der nicht glauben kann, dass diese phantasievolle Fassung tatsächlich aus dem Chinesischen übersetzt sein soll. Also, der Übersetzer gibt uns zu Beginn zu verstehen, dass es viele Übersetzungen gibt und dass seine eigene nur ein weiteres Glied in einer langen Reihe bildet. So beginnt auch sein Vorwort, das auf den 1. Dezember 1910 in Qingdao datiert ist. „Wenn man", so schreibt er:

Wenn man es heute unternimmt, dass Laotse zu übersetzen, so bedarf das in den Augen sämtlicher Sinologen vom Fach einer ausdrücklichen Entschuldigung. Denn kein chinesisches Werk hat seit ungefähr hundert Jahren die Übersetzertätigkeit so sehr auf sich gezogen

---

① Laotse. Taoteking. Das Buch des Alten vom SINN und LEBEN[M]. Wilhelm R., verdeutscht und erläutert. Jena: Diederichs, 1911:115.

wie gerade der *Taoteking*. Das Rätselhafte und Schwierige des Textes gibt so viel zu denken und zu sinnen. Und da der *Taoteking* ein Werk ist, dessen Verständnis auch unter den chinesischen Gelehrten nicht eben häufig angetroffen wird, so pflegt der Mut des angehenden Sinologen der Aufgabe gegenüber zu steigen. Wenn keines versteht, dann brauche ich misszuverstehen. So gut wie die chinesischen Literaten ihm nicht gewachsen sind, fühlt er auch in sich die Berechtigung, ihn, der Laotse, falls es nicht anders sein kann, mißzuverstehen. Ja, diese Berechtigung zu individueller Auffassung pflegt noch wesentlich weiter zu reichen. Es soll in der deutschen Literatur mehr als eine freie Nachdichtung des alten Weisen umlaufen, die ihre Quellen nicht im Studium des chinesischen Textes hat, sondern in einem intuitiven Erfassen dessen, was andere, weniger geistvolle Übersetzer bei der Wiedergabe des Textes in englischer oder französischer Sprache sich an philosophischem Tiefsinn haben entgehen lassen, wobei seltsamerweise die Seelenverwandtschaft meist soweit geht, daß der alte Chinese [Laotse] in seinen Gedanken eine auffallende Übereinstimmung mit dem jeweiligen Übersetzer zeigt.[Jeder hört echt seine eigene Stimme.-H. D.]

Man kann bei dieser Überfülle der Übersetzungen billig fragen, warum nun noch eine weitere dazukommen solle. Zwei Gründe sind es, die mir den Mut gegeben haben zu der vorliegenden Neuherausgabe. Der erste liegt in dem Plan des ganzen Unternehmens. Richard Wilhelm hat nämlich den Vorsatz in mindestens acht Bänden, die gesamte klassische chinesische Philosophie als System ins Deutsche zu übersetzen, und dieser Band ist nur der siebte von achten. Unter den Urkunden der Religion und Philosophie Chinas, selbst wenn, wie es beabsichtigt ist, nur das Allerwichtigste gegeben werden soll, darf das kleine Büchlein, das einen so große Einfluß ausgeübt hat, nicht fehlen.

Auch kommt es dadurch, daß es so mitten drin steht in seinem natürlichen Zusammenhang, in eine Beleuchtung, die geeignet ist, manches, das in seiner Isoliertheit befremden muß oder unverständlich bleibt, aufzuklären und richtigzustellen. ①

Das entspricht Horst Turks Systemgedanken: Man kann kein einzelnes chinesisches Wort übersetzen. Aber man kann das kulturelle System, in dem diese Philosophie und ihre Sprachspiele gegründet sind, zu übersetzen versuchen. Nicht einen Band, sondern eine ganze chinesische Klassiker-Bibliothek übersetzt Wilhelm darum, und er hofft darauf, dass in diesem Kontext auch das einzelne Buch verständlich zu werden beginnt. Wilhelm fährt fort: „Der zweite Grund für die Übersetzung ist, daß gerade mitten unter den vielen modernen Wiedergaben des alten Chinesen Laotse, es sich vielleicht ganz gut macht, wenn er selbst auch einmal wieder zu Wort kommt."

Also Richard Wilhelm hat sich vorgesetzt, zum ersten Mal so weit wie möglich Laotse auf Deutsch *zu Wort kommen zu lassen*. Also muss er nun, am Ziel einer sehr langen Einleitung, erklären, nach welchen Prinzipien das seiner Ansicht nach geschehen kann. Zuerst erklärt er das Wort *Dao*, den Kernbegriff:

Die ganze Metaphysik des *Taoteking* ist aufgebaut auf einer grundlegenden Intuition, die der streng begrifflichen Fixierung unzugänglich ist, und die Laotse, um einen Namen zu haben „notdürftig" mit dem Worte TAO (sprich: dao) bezeichnet (vgl. No. 25). In Beziehung auf die richtige Übersetzung dieses Wortes herrschte von Anfang an viele Meinungsverschiedenheit. Und nun schlägt er

---

① Wilhelm R. Einleitung[M]//Laotse. Taoteking. Das Buch des Alten vom SINN und LEBEN. Jena: Diederichs, 1911:I-II.

Übersetzungen für das Wort darauf vor, die sich in der Tradition seit den Jesuiten gefunden haben, Gott', „Weg' „Vernunft' „Wort' „λόγος ' sind nur ein paar der vorgeschlagenen Übersetzungen, während ein Teil der Übersetzer einfach das chinesische Wort, Tao unübertragen in die europäischen Sprachen herübernimmt. ①

Hier übersetzt man Tao mit Dao, es gibt keine bessere Übersetzung. Im Grunde genommen kommt auf den Ausdruck wenig an, da er ja auch für Laotse selbst nur sozusagen ein algebraisches Zeichen für etwas Unaussprechliches ist. Aber Richard Wilhelm will das Wort übersetzen:

Es sind im wesentlichen ästhetische Gründe, die es wünschenswert erscheinen lassen, in einer deutschen Übersetzung ein deutsches Wort zu haben. Es wurde von uns durchgängig das Wort SINN gewählt. In großen Buchstaben geschrieben. Dies geschah im Anschluß an die Stelle im Faust I, Goethe, wo Faust vom Osterspaziergang zurückkehrt, sich an die Übersetzung des Neuen Testaments macht und die Anfangsworte des Johannes-Evangeliums u. a. mit: , Im Anfang war der Sinn' wiederzugeben versucht.[Fußnote: In den chinesischen Bibelübersetzungen ist λόγος fast durchweg mit dao wiedergegeben.] Es scheint das SINN die Übersetzung zu sein, die dem chinesischen , Tao' am meisten gerecht wird. Das chinesische Wort geht zwar von der Bedeutung , Weg' aus, von da aus erweitert sich die Bedeutung zu , Richtung' „Zustand', dann , Vernunft' „Wahrheit'.

Verbal gebraucht heißt das Wort , reden' „sagen', in übertragener

---

① Wilhelm R. Einleitung[M]//Laotse. Taoteking. Das Buch des Alten vom SINN und LEBEN. Jena: Diederichs, 1911:XV.

Bedeutung , leiten '. ①

Aber was tut Richard Wilhelm hier eigentlich? Er gibt uns eine ganze Reihe von Übersetzungen, die tatsächlich alle irgendwo schon erprobt sind, wägt sie ab und schließt sich keiner an. Stattdessen wählt er eine neue, das heißt: eine sehr alte Lösung, die auf den *Faust* von Goethe zurückgreift. Und zwar auf eine Stelle im *Faust*, an der Faustselber übersetzt: So wie Goethes Faust mühevoll den Beginn des *Johannes — Evangeliums* übersetzen will, so übersetzt Richard Wilhelm den Laotse.

Das ist überraschend. In Deutschland, sagt er, müsse man Laotse mit Goethe, man muss ihn *ins Goethedeutsch übersetzen*, und man tut gut daran, dabei dem Übersetzungsvorbild zu folgen, das Goethe hier selber gibt. Hier bei Wilhelm gegenüber dem *Daodejing* wie dort bei Faust gegenüber der *Bibel* geht es um letzte Wahrheiten, um, mit Fausts Worten, „ Offenbarung, die nirgends würdiger und schöner brennt /Als in dem Neuen Testament. " (V. 1217-1219) Und dann erprobt Faust unterschiedliche Übersetzungen des griechischen „ λόγος "-wie Luther als „ das Wort ", dann als „ der Sinn ", dann als „die Kraft", schließlich-ganz so, wie es seinem eigenen Charakter entspricht-als „die Tat".

Richard Wilhelm hingegen wählt von Fausts Lösungen die zweite. Warum? Weil sie einerseits vertraut, andererseits aber gegenüber Luthers wie gegenüber Fausts eigener Variante abweichend ist, fremd bleibt. Sie erinnert seine deutschen Leser nicht nur an ein irgendwie in der Alltagssprache gebräuchliches, sondern an ein aus einer Schlüsselstelle in Goethes Hauptwerk vertrautes Wort-aber eines, das schon dort problematisiert wird.

Soviel zunächst zum Dao als „ dem Sinn". Nun zum zweiten Titel-Begriff,

---

① Wilhelm R. Einleitung [M]//Laotse. Taoteking. Das Buch des Alten vom SINN und LEBEN. Jena: Diederichs, 1911:XV.

der „De". Wilhelm sagt:

> Um hier gleich die Übersetzung des andern immer wiederke-
> hrenden Wortes Te (sprich: de) zu rechtfertigen, so sei bemerkt, daß
> die chinesische Definition desselben lautet, was die Wesen erhalten,
> um zu entstehen, heißt de. Wir haben das Wort daher mit
> LEBEN übersetzt.[1]

Also wieder wählt er die einem durchschnittlich gebildeten deutschen
Leser des Jahres 1911 bekannte Version aus der Luther-Bibel. Möglich wäre
auch die Übersetzung mit „Natur", „Wesen", „Geist", „Kraft",
Übersetzungen, die Wilhelm in seiner Übersetzung der Gespräche des Kungtse
häufig verwandt hat, „die aber hier wegen ihrer Kollision mit andern
vorkommenden Ausdrücken vermieden wurden". Aber „Natur" oder „Wesen",
„Geist" oder „Kraft" — das wäre doch zumindest genauso leicht verständlich
gewesen. Allein die Sprechweise der Luther-Bibel aber kann in Deutschland
1911 als allgemein bekannt gelten; das haben das Wort „Sinn" in seiner hier
erläuterten spezifischen Verwendung im Goethe- und das Wort „Leben" in
seiner spezifischen Verwendung im Luther-Deutsch gemeinsam.

Wenn aber in Deutschland um 1911 das Wort „Leben" fällt, dann denkt
jeder gebildete Deutsche noch an einen zweiten, zeitlich sehr viel näheren
und kulturell sehr viel kontroverseren Autor: an Nietzsche nämlich und seine
Lebensphilosophie. Wilhelms Schreibweise „LEBEN" in Majuskeln markiert-
vermittelt über den ausdrücklich benannten Bibelbezug — einen Verweis auch
auf Nietzsche.

---

[1] Wilhelm R. Einleitung [M]//Laotse. Taoteking. Das Buch des Alten vom SINN
und LEBEN. Jena: Diederichs, 1911:XVI. In Anlehnung zugleich, und das ist wieder das
Johannes-Evangelium, an Johannes 1 Kapitel, 4: „In ihm war das Leben, und das Leben
war das Licht der Menschen."

Sie bemerken, Richard Wilhelm übersetzt Laotse nicht nur ins Deutsche, sondern in die Bildungssprache des deutschen Bildungsbürgertums: von Luthers Bibel, Goethes *Faust*, Nietzsches *Zarathustra*. Um diese Hinweise zu entschlüsseln, um zu bemerken, dass nicht irgendein „ Sinn " gemeint ist, sondern der Goetheschen, und nicht irgendein „ Leben ", sondern das des Lutherschen Johannes-Evangeliums: dazu bedarf es allerdings des Kommentars in dieser Einleitung. Ohne ihn bleibt die Übersetzung selbst unvollständig.

Immer wieder kommt Wilhelm auf diese Quellen zurück. Die größten Schwierigkeiten des Laotse sagt er, liegen darin, das Dao auszudrücken, und dann kommen plötzlich in Richard Wilhelms Text Verse. Dann steht da plötzlich: „ Der Gott, der mir im Busen wohnt, kann tief mein Innerstes erregen, der über allen meinen Kräften thront, er kann nach außen nichts bewegen. "[1] Was sind das für Verse? Er erklärt nichts. Er setzt nämlich zuversichtlich voraus, dass seine deutschen Leser sie wiedererkennen. Sie stammen nämlich ebenfalls aus Goethes *Faust*, aus der Studierzimmer-Szene. Es ist Goethedeutsch.

In derselben Einleitung versucht Richard Wilhelm schließlich auch zu erklären, was Laotse meint, wenn er von dem Dao als dem Einen spricht und fortsetzt: „Das Tao erzeugt die Einheit. /Die Einheit erzeugt die Zweiheit. / Die Zweiheit erzeugt die Dreiheit. /Die Dreiheit erzeugt alle Geschöpfe ".[2] Wenn er diesen Grundgedanken des Laotse zu erklären versucht, dann findet er erstens den Ausdruck, Laotse sei eine „ entschiedener Monist ", und bezieht den Gedanken damit auf die zeitgenössische monistische Philosophie in Deutschland. Er spielt zweitens auf den Begriff des *unio mystica* an, also an die großen mystischen Traditionen der deutschen Literatur, an die der Leser

[1]   Wilhelm R. Einleitung[M]//Laotse. Taoteking. Das Buch des Alten vom SINN und LEBEN. Jena: Diederichs, 1911:XXII.

[2]   Laotse. Taoteking. Das Buch des Alten vom SINN und LEBEN[M]. Wilhelm R., verdeutscht und erläutert. Jena: Diederichs, 1911:47.

hier denken kann, aber nicht denken muss. Und er hat drittens eine Übersetzung für Laotses Texte gefunden, von der er selber im Kleingedruckten schreibt: „Es verdient bemerkt zu werden, wie die rationale Philosophie bei Laotse genau dieselben Bahnen wandelt, wie zweieinhalb Jahrtausende später Hegel. "① Damit hat von Laotse von Anfang an eingeordnet in ein Beziehungssystem der zeitgenössischen deutschen Bildungskultur: der ‚Monismus', die Einheitsvorstellung der *unio mystica*, die Hegelsche Geschichtsphilosophie. Nichts davon hat vielleicht wirklich mit Laotse zu tun, aber alles davon ist für deutsche Leser um 1911 unmittelbar verständlich, manchmal genügt ein Signalwort. Und alle drei Vorstellungen ähneln zwar einander, aber sie kommen *nicht zur Deckung*: sie sind offenkundig vorläufige und behelfsweise Annäherungen aus der Mitte der einen Kultur an eine sehr fremde andere.

Ich fasse zusammen: Richard Wilhelms Übersetzung bevorzugt, wenn man den Selbstkommentaren seiner Einleitung glauben will, Ausdrücke, die erstens der Bibel entstammen, vor allem den Evangelien, namentlich dem Johannes-Evangelium. Zweitens bevorzugt er Ausdrücke und Vorstellungen, die durch Goethe und die Lebensphilosophie Nietzsches im deutschen Bildungsbürgertum nach der Bibel, postchristlich, adaptiert worden sind. Bereits durch die in diesen Verweisen betonte Idee einer ursprünglichen und wiederzuerlangenden Einheit ist die Tradition der religiösen Mystik als eine mögliche Brücke der interkulturellen Verständigung angedeutet. Das Vorwort *proklamiert* damit zwar, mit Schleiermacher zu sprechen, eine strikt einbürgernde Übersetzung: Wir sollen den Laotse verstehen, als ob Laotse Luther, Goethe, Nietzsche gelesen, als ob er seine Sprüche für deutsche Leser geschrieben hätte. Zugleich aber ist das Buch in seiner Gestaltung —

---

① Wilhelm R. Einleitung[M]//Laotse. Taoteking. Das Buch des Alten vom SINN und LEBEN. Jena: Diederichs, 1911:XXIII.

jedenfalls in der ursprünglichen Konzeption — eine einzige Hervorhebung der Fremdheit des Textes und seines kulturellen Kontextes. Die Erläuterungen in der Einleitung betonen diese faktische Distanz zusätzlich, jedoch als eine prinzipiell überwindbare. Was also die Übersetzung nach Deutschland holt, das schiebt die Buchgestaltung gewissermaßen nach China zurück, es sind zwei entgegengesetzte und komplementäre Bewegungen. Wie aber sehen nun die Übersetzungen selber aus, der Hauptteil des Buches?

Beginnen wir mit der Beobachtung, dass der bereits so ausführlich erörterte Goethe auch in diesen Übersetzungen selbst eine Rolle spielt. Richard Wilhelms Laotse hat erstaunlich viel von Goethe gelesen. Denn so ist zum Beispiel in der Übersetzung des sechsten Kapitels zu lesen, unter der Überschrift DAS WERDEN DER FORMEN:

> Der Geist der Tiefe stirbt nicht.
>
> Das ist das Ewig-Weibliche.
>
> Des Ewig-Weiblichen Ausgangspforte
>
> Ist die Wurzel von Himmel und Erde.[1]

Und so lautet die Überschrift, die Wilhelm dem fünfundzwanzigsten Kapitel hinzufügt: „ DES UNZULÄNGLICHEN GLEICHNIS ".[2] Wenn chinesische Studierende das lesen, werden sie vermutlich vor einem Rätsel stehen. Deutsche Bildungsbürger um 1911 aber denken an beiden Stellen sofort an den Schluss des zweiten Teils von Goethes *Faust*: Dort singt der *Chorus mysticus* die berühmten Schlussworte:

---

[1] Laotse. Taoteking. Das Buch des Alten vom SINN und LEBEN[M]. Wilhelm R., verdeutscht und erläutert. Jena: Diederichs, 1911:8.

[2] Laotse. Taoteking. Das Buch des Alten vom SINN und LEBEN[M]. Wilhelm R., verdeutscht und erläutert. Jena: Diederichs, 1911:27.

Alles Vergängliche

Ist nur ein Gleichnis;

Das Unzulängliche

Hier wird's Ereignis;

Das Unbeschreibliche,

Hier ist's getan

Das Ewig-Weibliche

Zieht uns hinan.①

Dies ist der Text, dies ist die Sprache, in die Wilhelm das *Daodejing* übersetzt — zugleich einbürgernd und offensichtlich verfremdend.

Ähnlich geht Richard Wilhelm mit der Bibel in Luthers Übersetzung um. Im Vorwort erwähnt und diskutiert er ja auch diese Beziehungen. Wenn der Kritiker Rudolf Pannwitz die Übersetzung im Blick auf Übernahmen wie die folgenden ein „freches Pfarrer — Tohuwabohu" nennt, dann verfehlt er — glaube ich — die entscheidende Pointe von Wilhelms Programm. Denn Wilhelm, der ja weniger das Christentum nach China als vielmehr das chinesische Denken ins christliche Europa vermittelt hat, will Laotse nicht mit der Bibel verschmelzen und schon gar nicht die Bibel über den Laotse stellen, sondern er will ihn *mithilfe* der Bibel übersetzen, im ausdrücklichen und erklärten Bewusstsein der Uneigentlichkeit, des Behelfsweisen dieses Versuchs. Ich gebe Ihnen ein paar rasche Beispiele. Schon im vierten Kapitel ist zu lesen:

Der SINN[also das Dao] faßt alles Bestehende in sich.

Ich weiß nicht, wessen Sohn er ist.

[...]

---

① Goethe J. W. Faust[M]. Tübingen: Deutsche Klassiker, 2007:464.

Er scheint früher zu sein als der HERR.①

Richard Wilhelm kommentiert diese, die er sagt, überaus schwierige Stelle, „nach andrer Lesart gar , wes Menschen Sohn er ist‘ " (er spielt an auf die Übersetzung von Viktor Strauß), mit Hinweisen auf chinesische Vorstellungen vom Gottkaisertum und anderen Erwägungen, die das Nichtchristliche, die radikale Fremdheit des Gemeinten hervorheben. Nein, Laotse soll keineswegs als ein Christ dargestellt werden. Sondern mithilfe von Ausdrucksweisen und Bildern, die christlichen Lesern vertraut sind, soll eine Annäherung an das ganz Andersartige versucht werden, von dem er im Urtext spricht. Derselbe Wilhelm, der Laotse so konsequent ins Lutherdeutsche übersetzt, schreibt immer wieder, man müsse die Differenz betonen zwischen der biblischen Rede von Gott, vom „Herrn", von Vater und Sohn einerseits und der hier bei Laotse vorausgesetzten „ pantheistischen " Vorstellung andererseits :

> Zudem darf der fundamentale Unterschied zwischen der unpersönlich-pantheistischen Konzeption Laotses und der scharf umrissenen historischen Persönlichkeit des israelitischen Gottes nicht außer acht gelassen werden.②

Die Übersetzung geht gewissermaßen einen Schritt nach vorn und macht Laotse zum Bibelleser, der Kommentar geht dann wieder einen Schritt zurück und betont die Differenz zur Bibel. — Und so geht es das ganze Buch durch, in den Übersetzungen und im Kommentar. Da ist im 10. Kapitel davon die

---

① Laotse. Taoteking. Das Buch des Alten vom SINN und LEBEN[M]. Wilhelm R. , verdeutscht und erläutert. Jena : Diederichs, 1911 : 6.

② Laotse. Taoteking. Das Buch des Alten vom SINN und LEBEN[M]. Wilhelm R. , verdeutscht und erläutert. Jena : Diederichs, 1911 : 94.

Rede, dass man werden solle wie die Kindlein:

> Wer seine Seele einfältig macht und demütig,
> der mag wohl werden wie ein Kindlein.
> Wer reinigt und läutert sein inneres Schauen,
> der mag wohl seiner Fehler ledig werden. ①

So redet Jesus im Matthäus-Evangelium, 10. Kapitel, Vers 14f.: „Lasset die Kindlein zu mir kommen, und wehret ihnen nicht; denn solchen gehört das Reich Gottes." Und falls Sie die Anspielungen etwa doch nicht bemerkt haben sollten, weist Richard Wilhelm im Kommentar darauf hin und schreibt: „Zum Bild des Kindleins, das häufig wiederkehrt, vgl. Matthäus 18, 3f."② Und er erörtert, wie weit der chinesische Text überhaupt verständlich überliefert und inwieweit er womöglich verdorben sei.

Auch wo es in der Übersetzung selbst keine derart auffallenden Bibel-Bezüge gibt, kann Richard Wilhelms Kommentar sie herstellen-mit dem lakonischen Hinweis „vgl.": einem Hinweis auf eine Brücke, über die der Leser vielleicht in ein erstes Verständnis des Gemeinten gelangen könnte: „Zu der praktischen Anwendung am Schluß vgl. Matt 23, 12: Wer sich selbst erhöht[, der soll erniedrigt werden]; 10, 39: Wer sein Leben findet[, der wird es verlieren]."③ So im Kommentar zu Kapitel 7 oder im Kommentar zum 14. Kapitel, der wieder, wie zuvor im skeptischen Bezug auf Viktor Strauß, an die Tradition der religiös vereinnahmenden Übersetzungsversuche

---

① Laotse. Taoteking. Das Buch des Alten vom SINN und LEBEN[M]. Wilhelm R., verdeutscht und erläutert. Jena: Diederichs, 1911:12.

② Laotse. Taoteking. Das Buch des Alten vom SINN und LEBEN[M]. Wilhelm R., verdeutscht und erläutert. Jena: Diederichs, 1911:93.

③ Laotse. Taoteking. Das Buch des Alten vom SINN und LEBEN[M]. Wilhelm R., verdeutscht und erläutert. Jena: Diederichs, 1911:92.

anknüpft — aber beachten Sie, wie umsichtig, zurückhaltend und differenziert er sich auszudrücken bemüht ist:

> Daß die hier gezeichnete Anschauung des SINNS (der Gottheit) manche Parallelen in der israelitischen hat, sei nicht geleugnet; vgl. bes. die Stellen II. Mos. 33 und I. Kön. 19 zu unserem Abschnitt. ①

Gerade dieses 14. Kapitel ist immer wieder als ein Beweis für die unterstellte Ähnlichkeit zwischen Laotse und der jüdisch-christlichen Theologie gelesen worden, und gerade hier nutzt Richard Wilhelm gewissermaßen den Schwung dieser Deutungstradition, um in den offenkundigen Ähnlichkeiten die ebenso bedeutsamen Differenzen herauszuarbeiten.

Diese doppelte Strategie lässt sich durch das ganze Buch hindurch folgen- etwa wenn im Kapitel 21 von Wahrheit und Glaube die Rede ist wie im Johannes-Evangelium, wenn zum 44. Kapitel auf „Matth. 6, 25" verwiesen wird („Vgl.") oder wenn es im Kommentar zu Laotses Gebot einer „unbedingte[n] Güte und Treue" im 49. Kapitel heißt, „interessant" sei vor allem die Begründung dieser Forderung, denn: „Es ist die, Vollkommenheit, wie euer Vater im Himmel vollkommen ist', die Jesus als Motiv der Feindesliebe verlangt (Matth. 5, 48)" ② — und vielleicht lässt sich tatsächlich im ganzen *Daodejing* keine Stelle finden, in der eine ähnlich überzeugende Analogie der Forderungen zu finden ist: nach Anpassung an die Beschaffenheit des Dao hier, als Anpassung an das Wesen des himmlischen Vaters dort.

Vor allem das Johannes-Evangelium prägt Wilhelms Übersetzung noch bis

---

① Laotse. Taoteking. Das Buch des Alten vom SINN und LEBEN[M]. Wilhelm R., verdeutscht und erläutert. Jena: Diederichs, 1911:94.

② Laotse. Taoteking. Das Buch des Alten vom SINN und LEBEN[M]. Wilhelm R., verdeutscht und erläutert. Jena: Diederichs, 1911:104.

in kleinste Redeweisen hinein, die heute auch von deutschen Studierenden vermutlich gar nicht mehr bemerkt würden. So übersetzt Wilhelm eine Passage des 46. Kapitels, dem er die Überschrift „MÄßIGUNG DER BEGIERDEN" gibt:

> [...] Keine größere Schuld gibt es
> als Billigung der Begierden.
> Kein größeres Übel gibt es
> als sich nicht genügen lassen. ①

Genauso drückt sich in Luthers Übersetzung der Apostel Paulus aus-etwa im Brief an die Philipper Kapitel 4, Vers 11: „Ich habe gelernt, worin ich bin, mir genügen zu lassen", oder im 1. Brief an Timotheus, Verse 6 und 8: „Es ist aber ein großer Gewinn, wer gottselig ist und lässet sich genügen [...] Wenn wir aber Nahrung und Kleider haben, so lasset uns genügen."

Schon die Wendung „sich genügen lassen" ist biblische Redeweise, jeder bemerkt das um 1911 im deutschen Bildungsbürgertum. Und für die, denen das nicht genügt, fügt Richard Wilhelms Kommentar zuweilen auch ein Matthäus-Zitat hinzu, das bei Laotse gar keinen Gegenstand hat. Besonders eindrucksvoll ist das dort, wo es um eine Redeweise geht, die ausschließlich in Luthers Bibelübersetzung zu finden ist. So im 48. Kapitel der Vers „Die Vielbeschäftigten sind nicht geschickt, das Reich zu erlangen." ② Das ist eine bereits um 1911 völlig veraltete Ausdrucksweise-und eben darum sofort als biblische Wendung wiederzuerkennen. So drückt sich Jesus im Lukas-Evangelium aus, in Luthers Übersetzung: „Wer seine Hand an den Pflug legt

---

① Laotse. Taoteking. Das Buch des Alten vom SINN und LEBEN [M]. Wilhelm R., verdeutscht und erläutert. Jena: Diederichs, 1911:51.

② Laotse. Taoteking. Das Buch des Alten vom SINN und LEBEN [M]. Wilhelm R., verdeutscht und erläutert. Jena: Diederichs, 1911:53.

und sieht zurück, der ist nicht geschickt zum Reich Gottes." (Lukas 9, 62)
In den Seligpreisungen der Bergpredigt klingt es ähnlich: „Selig sind die
Sanftmütigen; denn sie werden das Reich besitzen." (Matthäus 5, 5) Vom
„SINN" sagen „die Alten", zufolge Wilhelms Übersetzung des 62. Kapitels:

> Wer bittet, der empfängt.
>
> Wer Sünden hat, dem werden sie vergeben.
>
> Darum ist er[der SINN] der köstlichste Schatz in der Welt. ①

Hier hat Wilhelm gleich drei oder vier Bibelstellen herangezogen: „Denn
wer da bittet, der empfängt", lehrt Jesus (Matthäus 7, 8), und zu dem
vorbehaltlosen Glaubenden sagt er: „Mensch, deine Sünden sind dir vergeben"
(Lukas 5, 20); der „köstlichste Schatz" schließlich verweist auf die
Gleichnisse von der „köstlichen Perle" (Matthäus 13, 46) oder vom Schatz
im Acker (Matthäus 13, 44), um derentwillen der Finder alles andere
verkauft.

Bei manchen dieser Anspielungen handelt es sich eher um Systemre-
ferenzen, wie Horst Turk das genannt hätte; das heißt, dass nicht einzelne
Bibelstellen evoziert werden, sondern eher ein bestimmter Luther'scher
„Sound". So etwa lautet bei Wilhelm das 67. Kapitel:

> DIE DREI SCHÄTZE
>
> [...] Ich habe drei Schätze,
>
> die ich schätze und hüte:
>
> Der eine ist die Liebe,
>
> der zweite ist die Genügsamkeit,

---

① Laotse. Taoteking. Das Buch des Alten vom SINN und LEBEN[M]. Wilhelm R.,
verdeutscht und erläutert. Jena: Diederichs, 1911:67.

der dritte ist die Demut.

Die Liebe macht, daß man mutig sein kann,

die Genügsamkeit macht, daß man weitherzig sein kann,

die Demut macht, daß man fähig wird zu herrschen.

... Denn die Liebe siegt im Kampfe,

ist fest in der Verteidigung.

Wen der Himmel retten will,

den schützt er durch die Liebe. ①

Da klingt natürlich der große Lobpreis der Liebe an, den Paulus im 13. Kapitel des 1. Briefes an die Korinther anstimmt, eine der bis heute beliebtesten und populärsten Passagen der Bibel überhaupt: „Nun aber bleibt Glaube, Liebe, Hoffnung, diese drei, die Liebe aber ist die größte unter ihnen". Aber über diese Einzeltextreferenz hinaus fasst Wilhelms Übersetzung eigentlich das gesamte Liebes-Konzept des Neuen Testaments in Worten zusammen, die sich auf Laotse beziehen. Dazu gehört auch die Fremdheit einzelner Vorstellungen, die gerade im christlichen Lesern vertrauten Kontext besonders auffällt: „daß man weitherzig sein kann", „daß man fähig wird zu herrschen", auch dass man „fest in der Verteidigung" bleibt. Hier wird der politische, der auf den Staat bezogene und an die Klugheit der Mächtigen appellierende Zug des *Daodejing* besonders markant erkennbar, für den es in den angespielten Texten des Neuen Testaments keine unmittelbare Entsprechung gibt.

Das nicht nur in Deutschland berühmteste Kapitel des *Daodejing* ist das drittletzte: das Gleichnis vom fließenden Wasser. Bei Wilhelm lautet sein Anfang so:

---

① Laotse. Taoteking. Das Buch des Alten vom SINN und LEBEN[M]. Wilhelm R., verdeutscht und erläutert. Jena: Diederichs, 1911:72.

Auf der ganzen Welt gibt es nichts Weicheres als das Wasser.

Und doch in der Art, wie es dem Harten zusetzt, kommt nichts ihm gleich.

Es kann durch nichts verändert werden.

Daß Schwaches das Starke besiegt

und Weiches das Harte besiegt,

weiß jedermann auf Erden,

aber niemand vermag danach zu handeln[...]. [1]

Diesem Kapitel, dessen Bildlichkeit der Bibel fremd ist, fügt Richard Wilhelm eine Überschrift zu, die diese Distanz wieder überwinden helfen soll: „WAS MAN DEN GLAUBEN ÜBERLASSEN MUSS". Allein durch diese Überschrift wird das für den Daoismus so zentrale Kapitel auf eine christliche Tradition bezogen, beziehbar gemacht; allein sie baut die Brücke, die das Vertraute mit dem Fremden verbinden soll.

Genauso nachdrücklich wie die möglichen Verbindungen und Analogien aber hebt Wilhelm bis zum Schluss auch hervor, was unvereinbar bleibt. Das gilt für die Selbstgenügsamkeit des Dao, die zu der christlichen Vorstellung eines mitleidenden, gar eines sich stellvertretend für die Sünder dahingebenden Gottes schlechterdings nicht passt; und das gilt natürlich ebenso für das Prinzip des *Wu-wei*, das trotz aller Ähnlichkeiten zu Vorstellungen auch der christlichen Mystik doch in einer Grundspannung bleibt zu den alt- und neutestamentlichen Geboten liebevollen, eingreifenden Handelns. Wie er die möglichen Berührungspunkte zwischen beiden Texten und Welten betont hat, so betont Wilhelm hier auch die Unvereinbarkeit mit biblischen Lehren:

---

[1]   Laotse. Taoteking. Das Buch des Alten vom SINN und LEBEN[M]. Wilhelm R., verdeutscht und erläutert. Jena: Diederichs, 1911:83.

Der SINN ist ewig ohne Machen,

Und nichts bleibt ungemacht[…]

Das Nichthandeln üben:

so kommt alles in Ordnung.

Der Berufene

wagt nicht zu handeln.

Der SINN:

Im Kreis läuft er und gefährdet sich nicht.

Darum spricht ein Berufener:

Ich handle nicht, und das Volk wandelt sich von selbst.

Ich liebe die Stille, und das Volk wird von selber recht.

Ich habe keine Geschäfte, und das Volk wird von selber reich. ①

Das sind unchristliche, ja antichristliche Ausdrucksweisen. Und so verwundert es auch nicht, dass schließlich neben den Goethe-und den Bibel-Anspielungen auch, wenngleich in deutlich geringerem Umfang, auch Referenzen auf den dezidiert nichtchristlichen Nietzsche, dessen Lebens-Begriff ja schon im Titel der Übersetzung anklang, auch in den einzelnen Texten zu hören sind. Wenn man in Richard Wilhelms Übersetzung das 20. Kapitel liest, „ ABSEITS VON DER MENGE ", dann liest man eine Paraphrase von Nietzsches letzten Schriften. Der Vers „ Zwischen Gut und Böse, was ist da für ein Unterschied? "② muss 1911 verstanden werden als eine Anspielung auf *Jenseits von Gut und Böse*, Nietzsches berühmt-

---

① Laotse. Taoteking. Das Buch des Alten vom SINN und LEBEN[M]. Wilhelm R., verdeutscht und erläutert. Jena: Diederichs, 1911:39.

② Laotse. Taoteking. Das Buch des Alten vom SINN und LEBEN[M]. Wilhelm R., verdeutscht und erläutert. Jena: Diederichs, 1911:22.

berüchtigtes Buch; Gedichte über den Verlust aller Bindungen, auch aller religiösen Bindungen und Gewissheiten klingen an, *Der Freigeist* (*Vereinsamt*) etwa und die *Dionysos-Dithyramben*:

> O Einöde, habe ich noch nicht deine Mitte erreicht? […]
>
> Ein müder Wanderer, der keine Heimat hat!
>
> Die Menschen der Menge leben alle im Überfluß:
>
> Ich allein bin wie verlassen!
>
> Wahrlich, ich habe das Herz eines Toren!
>
> Chaos, ach Chaos! […]
>
> Ich allein bin traurig, so traurig!
>
> Unruhig, ach, als das Meer!
>
> Umhergetrieben, ach, als einer der nirgends weilt! […] ①

So heißt es in Nietzsches populärstem Gedicht:

> Die Welt-ein Tor
>
> Zu tausend Wüsten stumm und kalt!
>
> Wer das verlor,
>
> Was du verlorst, macht nirgends Halt. ...
>
> Die Krähen schrein
>
> Und ziehen schwirren Flugs zur Stadt:
>
> Bald wird es schnein, -
>
> Weh dem, der keine Heimat hat! ②

Oder, in den *Dionysos-Dithyramben*:

---

① Laotse. Taoteking. Das Buch des Alten vom SINN und LEBEN[M]. Wilhelm R., verdeutscht und erläutert. Jena: Diederichs, 1911:22.

② Nietzsche F. Nietzsche's Werke: Bd. 8[M]. Leipzig: Naumann, 1895:355.

Rings nur Welle und Spiel.

[…] müßig steht nun mein Kahn.

[…] Wunsch und Hoffen ertrank,

glatt liegt Seele und Meer.

Siebente Einsamkeit! ①

Wie er in manchen Passagen „goethisch", in anderen biblisch-lutherisch gesprochen hat, so spricht Richard Wilhelms Laotse hier in den Worten und Bildern jenes Nietzsche, der sich in seinem 1888 erschienenen Buch selbst als *Der Antichrist* ausgegeben hat. Aber auch diese Kontextualisierung, diese Verstehenshinweise werden durch die Betonung genau entgegengesetzter Vorstellungen wieder gebrochen und relativiert-etwa durch Verwendungen des „Lebens"-Begriffs, die zu Nietzsches Vitalismus in einem so radikalen Gegensatz stehen wie diese, im 41. Kapitel:

Das höchste LEBEN erscheint als Leere.

Die höchste Reinheit erscheint als Schmach.

Das weite LEBEN erscheint als ungenügend.

Das starke LEBEN erscheint verstohlen. ②

Das ist ziemlich genau das Gegenteil dessen, was Nietzsche gesagt hat. Im Kommentar schon zum 2. Kapitel ist dieses Einerseits-Andererseits auf engstem Raum zu greifen: Wilhelm vergleicht den Gedanken mit Nietzsches *Jenseits von Gut und Böse*, aber nur, indem beide als *unterschiedlich* qualifiziert: „Das ‚Jenseits von Gut und Böse‘, das Laotse fordert, ist also

---

① Nietzsche F. Also sprach Zarathustra: Bd. 4[M]. Leipzig: Naumann, 1891:12.

② Laotse. Taoteking. Das Buch des Alten vom SINN und LEBEN[M]. Wilhelm R., verdeutscht und erläutert. Jena: Diederichs, 1911:46.

von dem-jenigen Nietzsches sehr wesentlich verschieden."① Auch hier also praktiziert Wilhelm seine Doppel-Strategie von Bewegung und Gegenbewegung, von einbürgernden und verfremdenden Verfahren.

Mindestens einmal wird Laotse übrigens sogar zum unmittelbaren Zeitgenossen gemacht, in den von Wilhelm hinzugefügten Überschriften der Kapitel 30 und 31. Sie lauten: WARNUNG VOR DEM KRIEG und DIE WAFFEN NIEDER. *Die Waffen nieder!* war der Titel eines Romans, mit dem Bertha von Suttner 1889 in Deutschland einen Bestseller geschrieben hatte und für den sie, kurz vor der Veröffentlichung von Richard Wilhelms Übersetzung, den Friedensnobelpreis erhalten hatte.

Je weiter und je gründlicher man die Kommentare liest, die Richard Wilhelm seinen Übersetzungen hinzufügt, desto deutlicher wird, dass er mit all dem, was wir an seinen Übersetzungen beobachtet haben, wahrhaftig ein genau durchdachtes Übersetzungsprogramm verfolgt. Einerseits betont er seine energischen Eingemeindungen und zeigt ihre Quellen vor. Zu den Schlusszeilen von Kapitel 73 etwa weist er darauf hin, dass die frühere Übersetzung von Carus hier an ein barockes Gedicht aus der deutschen Literatur gedacht habe, Verse des Friedrich von Logau. Wilhelm zitiert sie und bemerkt dann, es sei „aber fraglich, ob hier der Sinn nicht eher der von Matth [äus] 10, 29f. " sei,② und dann zitiert er zum Vergleich diese Bibelstelle, denn „In die Gedankenzusammenhänge von Laotse paßt dieser Sinn besser." Diese Abwägung unterschiedlicher Vergleichstexte in der deutschen Tradition wird den Lesern des Kommentars vorgeführt — als Prozess, nicht nur als Ergebnis. Ähnlich im Kommentar zu Kapitel 77: „ Daß Carus einen Gegensatz zu Matthäus 13, 12 [...] herauskonstruiert, beruht auf

---

① Laotse. Taoteking. Das Buch des Alten vom SINN und LEBEN[M]. Wilhelm R., verdeutscht und erläutert. Jena: Diederichs, 1911:90.

② Laotse. Taoteking. Das Buch des Alten vom SINN und LEBEN[M]. Wilhelm R., verdeutscht und erläutert. Jena: Diederichs, 1911:111.

Mißverständnis. Heranzuziehen wären Stellen wie Matthäus 20, 16[...]."① So auch in weiteren Überlegungen zum möglichen *Verhältnis* von Goethe- und Bibel-Bezügen (zu Kapitel 50).

Zugleich werden im selben Kommentar, der so ausdauernd nach Vergleichbarem sucht, nach möglichen Brückenpfeilern, in größerem Umfang als sonst irgendwo in diesem Buch Fremdheitssignale gesetzt, in Formulierungen wie der, dass ein Kapitel „ sehr große Schwierigkeiten " bereitet, dass ein Abschnitt „in seiner jetzigen Gestalt keinen eindeutigen Sinn" ergibt, dass „vermutlich[ein] Zitat" vorliegt, dass sich „verschiedene Abweichungen im Text" finden.② Wo es ihm überhaupt möglich erscheint, versucht Wilhelm zum Vergleich den Originaltext in seiner Fremdheit zu vermitteln: „im Chinesischen wörtlich: ... "③ Und wo er selber den Text nicht versteht, bekennt er das ausdrücklich ein: „Es ist höchst wahrscheinlich, daß hier auf einen dunklen Schöpfungsmythos angespielt wird ", den aber kennt auch er nicht, also: „Wir verzichten jedoch darauf, einen Rekonstruktionsversuch zu machen".④ Und so fort.

Damit bin ich am Schluss meiner Überlegungen: Ich bin der Ansicht, dass Richard Wilhelm die Spannungen und gegenläufigen Tendenzen, die wir in Einleitung, Übersetzungen und Kommentaren beobachtet haben, bewusst

---

① Laotse. Taoteking. Das Buch des Alten vom SINN und LEBEN[M]. Wilhelm R., verdeutscht und erläutert. Jena: Diederichs, 1911:112.
② Laotse. Taoteking. Das Buch des Alten vom SINN und LEBEN[M]. Wilhelm R., verdeutscht und erläutert. Jena: Diederichs, 1911:91, 93.
③ Laotse. Taoteking. Das Buch des Alten vom SINN und LEBEN[M]. Wilhelm R., verdeutscht und erläutert. Jena: Diederichs, 1911:105.
④ Laotse. Taoteking. Das Buch des Alten vom SINN und LEBEN[M]. Wilhelm R., verdeutscht und erläutert. Jena: Diederichs, 1911:93, 101.

einsetzt, dass er mit ihnen eine doppelte Strategie verfolgt. Deren Ziel ist eine Balance von Eingemeindung und Verfremdung, von Verständnislosigkeit gegenüber etwas grundsätzlich Fremdem und Wiedererkennen eines fernen Vertrauten.

Am Endpunkt seiner Überlegungen ist Wilhelm aber erst dort angelangt, wo er die Überzeugung andeutet, dass alle unterschiedlichen kulturellen und sprachlichen Ausdrucksformen letztlich doch auf ein gemeinsames, ein *anthropologisches* Substrat zurückzubeziehen wären. Erst aus dieser Grundauffassung leitet sich, so scheint mir, sein bei aller Relativierung doch immer spürbarer Übersetzungs- und Verstehensoptimismus ab. Wenn er zur Erklärung des „Wu-wei" die Bibel, Goethe, Spinoza, Nietzsche und das *Lun Yü* heranzieht, um den Begriff im *Daodejing* zu bestimmen, dann setzt er voraus, dass all diese unterschiedlichen Texte letztlich aus dem einen, verbindenden Grundgedanken — oder: einer menschheitlichen Grunderfahrung- ableitbar seien, die man mit dem Wort „Mystik" zusammenfassen kann.

Diese Gewissheit eines überzeitlich-allgemeinen Substrats des menschlichen Denkens und religiösen Erlebens entspricht dem (an den ungenannt bleibenden Herder erinnernden) Kommentarsatz. Der Satz lautet, die religiösen Anschauungen der Völker zeigen, die Chinesen, die Juden, alle Völker zeigten „Entwicklungsstufen des menschlichen Bewußtseins in seiner Erkenntnis des Göttlichen. "[1] Dem entspricht auch der Schlusssatz der Einleitung: „Es ist ein Zeichen für die Höhe des Standpunkts von Laotse, daß er sich auf Andeutungen des Unaussprechlichen beschränkt, dessen Verfolg jedem einzelnen überlassen bleiben mag. "[2]

---

[1]   Laotse. Taoteking. Das Buch des Alten vom SINN und LEBEN[M]. Wilhelm R. , verdeutscht und erläutert. Jena: Diederichs, 1911:94.

[2]   Wilhelm R. Einleitung[M]//Laotse. Taoteking. Das Buch des Alten vom SINN und LEBEN. Jena: Diederichs, 1911:XXV.

„Jedem einzelnen"① — das kann Goethe sein oder die Vielstimmigkeit der Bibel, Luther, Herder, Hegel, Nietzsche oder Richard Wilhelm oder Sie oder ich. Es gibt, so glaubt Wilhelm zuversichtlich, einen gemeinsamen Grund, alles andere sind differierende kulturelle und sprachliche Ausformungen. Damit formuliert Wilhelm die Fortsetzung des hermeneutischen (mit Hans-Georg Gadamers Lieblingsmetapher:) „Gesprächs", das in seiner Übersetzung begonnen hat, als *Auftrag* an die Leser — im Sinne Herders, Schleiermachers und Goethes. Das lässt sich lesen als ein Auftrag an uns, uns jeweils unsere eigene Version aus der Vielstimmigkeit der Texte zu erarbeiten, deren vorläufige Übersetzung er vorgelegt hat. Der so oft zitierte Goethe hatte 1801 geschrieben, „daß es keine patriotische Kunst und patriotische Wissenschaft gebe. Beide gehören der ganzen Welt an und können nur durch allgemeine, freie Wechselwirkung aller zugleich Lebenden, in steter Rücksicht auf das, was uns vom Vergangenen übrig und bekannt ist, gefördert werden."②

Kann man das noch einfacher sagen? Ja, und Goethe macht es selber vor: „ National-Literatur will jetzt nicht viel sagen, die Epoche der Welt-Literatur ist an der Zeit und jeder muß jetzt dazu wirken, diese Epoche zu beschleunigen." ③ Im Goetheschen Sinne des Wortes *Welt — Literatur* erzeugt Richard Wilhelm weder eine bloß eingemeindende noch eine strikt verfremdende Übersetzung, sondern er erzeugt eine Wechselbewegung, in der beides miteinander im Widerstreit liegt, damit die beteiligten Sprachen und

---

① Wilhelm R. Einleitung[M]//Laotse. Taoteking. Das Buch des Alten vom SINN und LEBEN. Jena: Diederichs, 1911:XIX.

② Goethe J. W. Sämtliche Werke. Briefe, Tagebücher und Gespräche. I. Abteilung: Bd. 12[M]. Neumann G., Dewitz H. Frankfurt a. M.: Deutscher Klassiker, 1989:757.

③ Goethe J. W. Sämtliche Werke. Briefe, Tagebücher und Gespräche. II. Abteilung: Bd. 12[M]. Michel C., Grüters H. Frankfurt a. M.: Deutscher Klassiker, 1999:225.

Kulturen miteinander ins Gespräch kommen. Nur unter dieser Voraussetzung, glaube ich, konnte diese Übersetzung denn auch so erfolgreich werden, dass so unterschiedliche deutsche Leser wie der jüdische Mystiker Martin Buber, wie Franz Kafka, wie Bertolt Brecht, wie Alfred Döblin, wie Klabund und Hermann Hesse und so viele andere in ein-und demselben Text jeweils ihre eigenen Sprechweisen, Denkweisen, kulturellen Horizonte wiederzuerkennen meinten.

So hat Richard Wilhelms Übersetzung dazu beigetragen, tatsächlich die eigene, die deutsche Kultur zu verändern, sie durch die umsichtige, spannungsvolle Integration des Fremden umzugestalten. Das ist sein Beitrag zur Weltliteratur als einem dynamischen Prozess, zum nie abschließbaren hermeneutischen Gespräch zwischen den Kulturen. Dank Richard Wilhelm ist es auch auf Deutsch weitergeführt worden, bis heute.

Über Richard Wilhelms Missionsmethode[①]

Sun Lixin

摘要：作为一位基督教传教士，卫礼贤在中国没有发展一个中国人加入基督教，相反，他在办学、翻译中国典籍、评介中国文化和向中国引进德国文化方面成绩显著，最终成为赫赫有名的"汉学家"。尽管如此，卫礼贤并没有改变自己对上帝和基督的坚定信仰，他只是采取了与其他传教士不同的新传教方法，而这种传教方法的改变又与其对基督教的独特理解和对人类社会的终极关怀有密切关系。卫礼贤坚信基督不仅仅是一位宗教领袖，他还是人性的神圣代表，他所代表的是整个人类。在上帝面前，人人平等。欧洲人一点也不比中国人优越，基督徒更不是个个都好。中国文化是"一种高度发达的、理性的文化"，足以弥补西方文化的欠缺。传教工作的崇高目标就是促进东西方文化的交流，在东西方之间建立真正和睦的关系，为上帝之国的大统一奠定基础。

Als christlicher Missionar hat Richard Wilhelm „ niemand in China getauft "[②]. Er hat auch keine Kirchengemeinde gegründet. Stattdessen widmete er sich hauptsächlich dem Umgang mit den Chinesen, der

---

① Das ursprüngliche Manuskript erscheint in Wippermann D. et al. Interkulturalität im frühen 20. Jahrhundert: Richard Wilhelm—Theologe, Missionar und Sinologe. Dokumentation einer Tagung der Evangelischen Akademie Bad Boll in Zusammenarbeit mit der Sinologie der Johann Wolfgang Goethe-Universität Frankfurt am Main vom 09. bis 11. Juli 2004[C]. Frankfurt am Main, London: IKO, 2007:41-56. Der neue Entwurf ist leicht modifiziert.

② Wilhelm R. Die Seele Chinas[M]. Wiesbaden: Marixverlag, 2009:32.

Schularbeit und Erforschung der chinesischen Klassiker. Er bediente sich einer Missionsmethode, die ganz anders als die herkömmliche war. Hinter dieser Missionsmethode steckt ein neuer theologischer Ansatz, der von Christoph Blumhardt entwickelt und von Wilhelm übernommen wurde. Sie entspricht auch einem neuen, von Wilhelm wahrgenommenen Chinabild. Im Folgenden möchte ich anhand der Selbstdarstellung von Wilhelm eine kurze Darstellung und Analyse über seine Missionsmethode unternehmen.

1. Reflexionen über die Probleme der Mission in China

Wilhelm stammte aus „ kleinbürgerlichem Milieu ", der sogenannten „Welt des Biedermeier ".① Er war hoch begabt und sehr intelligent. Er interessierte sich für Poesie, Musik, Malerei und Kunst. Durch das Studium der Theologie und Philosophie hatte er auch eine tiefgehende Erkenntnis über die Bedeutung des Lebens beworben. ② Er hegte eine starke Abneigung gegen die nüchterne Amtskirche und den schematischen Kirchenbetrieb. Um die Beschränkung der Kirche abzulegen, trat er 1899 an dem „ Allgemeinen evangelisch-protestantischen Missionsverein"③ bei, der 1884 in Weimar von freisinnigen Pfarrern und Theologieprofessoren gegründet worden war, und ersuchte „draußen in der Ferne das Zeugnis von Jesus"④ verkündigen.

Nachdem Wilhelm in China angekommen war, fand er aber in der Missionspraxis der älteren Missionare viele Probleme. Und je länger er in

① Ballin U. Richard Wilhelm (1873-1930). Eine biographische Einführung[C]// Hirsch K. Richard Wilhelm: Botschafter zweier Welten. Berlin: IKO, 2003:3.

② Vgl. Otto W. F. Richard Wilhelm. Ein Bild seiner Persönlichkeit[J]. Sinica, 1930, 5(2):50-51.

③ AEPM. Seit 1929 „Deutsche Ostasien-Mission" (DOAM) umgenannt.

④ [德]阿尔布莱希特·埃舍.卫礼贤与巴特·鲍尔[C]//孙立新,蒋锐.东西方之间——中外学者论卫礼贤.济南:山东大学出版社,2004:63.

China lebte, desto schärfer bezog er kritisch Stellung ihr gegenüber. Wilhelm kritisierte vor allem, dass die meisten Missionare zu ihrem Beruf nur mit bescheidener Eignung ausgestattet seien. Sie stammten oft aus der sozialen Unterschicht und erhielten nur geringe Ausbildung. Es fehle ihnen an Verständnis für das chinesische Wesen. Ihre Verachtung aller „heidnischen" Gebräuche war jedoch unbefangen und sehr naiv. Die Missionare attackierten nicht nur alle von den Chinesen verehrten Götter wie z. B. Guanyin und Guandi, sondern suchten sogar bei Konfuzius Fehler und Unvollkommenheiten. Alle „gütigen Heiligen und Helfer" der Chinesen wurden zu Teufeln gemacht oder als Lehmklösse verhöhnt. Das Fundament der chinesischen Ethik, die Kindesehrfurcht, wurde angetastet. Das Höchste, was man in China an Pflichten kannte, die Verehrung der Ahnen, wurde als Götzendienst gebrandmarkt. Dies kränkte in höchstem Grad die Selbstachtung der Chinesen und wurde von ihnen, insbesondere den „geistig hochstehenden Schichten" nicht geduldet. Die Missionare wurden gehasst und sogar verfolgt.① Dabei hatte Wilhelm einen brennenden Punkt für manche Christenverfolgungen beobachtet.

Wilhelm bemerkte noch, dass viele Missionare den chinesischen „Götzen" gegenüber den „wahren Gott" predigen und die „armen in Sünden verlorenen Seelen" retten wollten. Sie könnten aber die christliche Dogmatik weder richtig verstehen noch zutreffend erklären. Manche Missionare hatten auch wenig Takt und wussten nicht, wie man auf richtige Weise die Macht des Evangeliums wirken ließ. Um die „Wahrheit des Christentums" zu beweisen, vermengten die Missionare häufig die Religion und Zivilisation miteinander und behaupteten, „dass die christlichen Staaten, je christlicher sie seien, desto zivilisierter, mächtiger und reicher seien".② Diese Vermengung von

---

① Wilhelm R. Die Seele Chinas[M]. Wiesbaden: Marixverlag, 2009:212-213.

② Wilhelm R. Die Seele Chinas[M]. Wiesbaden: Marixverlag, 2009:219.

Zivilisation und Religion könnte nur dazu führen, dass man das „Verhältnis der Seele zu Gott" kühl abat. Ferner stimmten die wirklichen Taten der Missionare nicht mit ihren Predigten überein. Die Missionare propagierten die Menschenliebe, waren in der Tat aber vollkommen im Völkerhass befangen. Sie propagierten Toleranz, Duldung und Demut, taten in Wirklichkeit jedoch herrisch und anmaßend. Manche englischen und amerikanischen Missionare trieben sogar „Culi-trade" (Menschenhandel), warben Kulis für den Krieg in Europa an. Dies alles setzte die Achtung der Chinesen für die christlichen Völker und ihre Vertreter stark herab. Sie schadeten auch ernsthaft der Verbreitung des Christentums in China.[1]

Besonders schlimm waren die von Missionaren oft verwandte materielle Verlockung und ihre Einmischung in die Prozessangelegenheiten ihrer Konvertiten. Um die Chinesen zum Christentum zu bekehren, boten die Missionare den armen chinesischen Dorfbewohnern finanzielle Vorteile und gewährten ihren Kindern freie Verpflegung und kostenlosen Unterricht. Sie richteten auch Findelhäuser ein, in denen Waisenkinder Essen und Kleider bekamen. Manche Missionare halfen sogar ihren Konvertiten, Prozesse zu führen. Dabei stützten sie sich auf die politische Macht der fremden Staaten mit ihren Kanonenbooten, übten Druck auf chinesische Beamte aus und zwangen sie, den Christen Recht zu geben. Und die zum Christentum bekehrten Chinesen waren aber „zum großen Teil unruhige Elemente, die mit ihren Nachbarn nicht in Frieden lebten und durch Prozesse und sonstige Mittel ihren Besitz zu vergrößern suchten".[2] So kam es zwischen westlichen Missionaren und chinesischen Christen auf der einen Seite und den unchristlichen chinesischen Beamten und Bevölkerung auf der anderen Seite häufig zu Konflikten, die von Wilhelm als ein „Circulus Vitiosus"

---

[1] Wilhelm R. Die Seele Chinas[M]. Wiesbaden: Marixverlag, 2009:216.

[2] Wilhelm R. Chinesische Wirtschaftspsychologie [M]. Leipzig: Dt. Wiss. Buchhandlung, 1930:45.

beschrieben wurden. „Der Missionar bedrängte den Beamten zugunsten seiner Christen und drohte mit Kanonenbooten oder sonstigen diplomatischen Eingriffen. Der Beamte gab nach und drückte auf die Bevölkerung, dass die Christen recht behielten. Die Bevölkerung endlich brach, wenn sich die Misshandlungen gehäuft hatten, in irgendeinem lokalen Aufstand los, brannte die Missionsstationen nieder und schlug wohl auch einen Missionar tot. Dann griffen die fremden Mächte ein, entsandten Kanonenboote, führten Sanktionen durch[…] und die Dinge begannen wieder von vorne."① Ihre Folge ist: Weder das chinesische Volk noch die Mission könnte ruhig bleiben.

Wilhelms Kritik an der Mission ist sehr scharf und tiefschürfend. Sie war in den damaligen Missionskreisen auch selten zu finden. Allerdings gab er zu, dass es unter den Missionaren auch solche gebe, die die Missionsarbeit nicht so sehr mechanisiert trieben. Der deutsche Missionar Ernst Faber hatte z. B. die ganze chinesische Literatur durchgearbeitet, um eine wirklich gründliche Auseinandersetzung zwischen der chinesischen und der christlichen Weltanschauung zu ermöglichen. Der Basler Missionar Lechler widmete sich in Kantonprovinz „praktischer Liebesarbeit". Unter den englischen und amerikanischen Missionaren fanden sich Persönlichkeiten wie Dr. Jones, das Ehepaar Couling, Timothy Richard, Dr. Martin, der alte Mateer und Dr. Bergen usw., die durch ihre Güte und Wohltaten hervorragten.② Wilhelm lobte insbesondere „die Tätigkeit der verschiedenen amerikanischen, englischen und schwedischen Universitätsmissionen". Man habe dabei „in freiem und verständnisvollem Geist wertvolle, christliche Unterrichts-und Erziehungsarbeit" geleistet.③ Wilhelms Zuneigung für diese Missionare und

---

① Wilhelm R. Die Seele Chinas [M]. Wiesbaden: Marixverlag, 2009: 223-224. Vgl. Auch Wilhelm R. Chinesische Wirtschaftspsychologie [M]. Leipzig: Dt. Wiss. Buchhandlung, 1930: 45-46.

② Wilhelm R. Die Seele Chinas[M]. Wiesbaden: Marixverlag, 2009: 216-217.

③ Wilhelm R. Die Seele Chinas[M]. Wiesbaden: Marixverlag, 2009: 225.

diese Missionstätigkeiten deutet schon seine eigene Ansicht über die richtige Missionsmethode an.

Auch unter den chinesischen Christen gab es eine große Zahl von tief religiös veranlagten Persönlichkeiten, die sich der Lehre Christi anschlossen und sie in ihrem Leben zu verwirklichen versuchten. Dies gilt sowohl für viele Mitglieder der Geheimsekten, die nach Erlangung des ewigen Lebens suchten, wie auch jüngere, westliche gebildete Leute, die mit der westlichen Kultur zusammen auch die christliche Religion angenommen hatten.① Wilhelm freute sich besonders für die Entstehung einer einheimischen christlichen Gemeinschaft in China und äußerte sich mit anerkennendem Lob darüber, dass sie sich immer mehr frei von den falschen Einflüssen der Mission machte. Sie sorgte für ihre finanzielle Selbständigkeit, strebte nach der Verselbständigung gegenüber den fremden Missionsgesellschaften und bemühte sich gleichzeitig um einen engeren Anschluss an die Volksgenossen.② Dabei hatte Wilhelm auch seine Vorstellung über die richtige Entwicklungsrichtung der chinesischen Kirche zum Ausdruck gebracht.

Kurz gesagt, Wilhelm hatte aufgrund seiner persönlichen Erfahrungen in China tiefschürfende Reflexion über die christliche Mission gemacht. Diese Reflexion ermöglichte ihm, die Probleme in der herkömmlichen Missionspraxis gut zu erkennen, und drängte ihn dazu, auf die alte Missionsmethode zu verzichten und eine neue anzunehmen.

2. Ersetzung der alten Missionsmethode durch die neue

In Anbetracht der Probleme in der Missionspraxis versuchte Wilhelm in China einen Neuanfang. Er verzichtete auf die traditionelle Missionsmethode

---

① Wilhelm R. Die Seele Chinas[M]. Wiesbaden: Marixverlag, 2009:225-226.

② Wilhelm R. Die Seele Chinas[M]. Wiesbaden: Marixverlag, 2009:226.

und entschied sich für „eine ganz neue Missionsmethode für China" ①. Es ist die Methode, die mit den Worten Wilhelms so formuliert werden könnte: " Aber eben deshalb schien es mir richtiger, mich auf das einfache Leben nach christlichen Grundsätzen zu beschränken, durch Schule und Hospital zu wirken, mit den Menschen zusammenzuleben und ihnen innerlich nahe zu kommen". ② In dieser Formulierung sind drei Dinge enthalten.

Zum ersten handelt es sich um eine Leben-und Arbeitsweise. Wilhelm lebte zwar mit seiner Familie in „ komfortablem, gänzlich europäischem Milieu" ③, unterschied sich jedoch deutlich von den Europäern, die die Chinesen öffentlich diskriminierten und ständig erpressten. Er empfand große Sympathien gegenüber der chinesischen Bevölkerung, kümmerte sich um sie und bemühte sich darum, ihnen wirkliche Hilfe zu leisten. Wilhelm lehnte auch entschieden jeden religiösen Fanatismus der „pietistischen" Missionare ab und wollte in aller Stille arbeiten und schrittweise vorwärts gehen. So unternahm er beim „ Gaomi-Fall " einen Vermittlungsversuch zwischen den deutschen Truppen und der chinesischen Landbevölkerung, und tat sein Möglichstes, weitere blutige Konflikte zu vermeiden. Er pflegte auch zusammen mit anderen Leuten vor Ort die Verwundeten und errichtete dort Poliklinik und Schule für Chinesen. Durch solche Bemühungen hatte Wilhelm großes Vertrauen und eine gute Meinung bei den Chinesen gewonnen und eine feste Grundlage für weitere Schritte geschaffen.

Zweitens geht es um eine indirekte Missionsstrategie, die auch als Erziehungsmission und ärztliche Mission bezeichnet werden könnte. Schul-und Hospitalarbeit gehörten eigentlich zu den konventionellen Missionsmitteln. Das Ziel der Schularbeit richtete sich in erster Linie auf die Ausbildung der

---

① Wilhelm R. Die Seele Chinas[M]. Wiesbaden: Marixverlag, 2009:32.

② Wilhelm R. Die Seele Chinas[M]. Wiesbaden: Marixverlag, 2009:32.

③ Ballin U. Richard Wilhelm (1873-1930). Eine biographische Einführung[C]// Hirsch K. Richard Wilhelm: Botschafter zweier Welten. Berlin: IKO, 2003:14.

„eingeborenen" Gemeindehelfer und Einwirkung auf die „heidnische" Bevölkerung. Ebenfalls war das Hospital ein Bekehrungsmittel, das „die erbitterte Fremdenfeindschaft der Chinesen" und ihren „tiefgewurzelten Argwohn" überwinden und ihr Vertrauen in das Christentum gewinnen sollte.① Obwohl Wilhelm mit seiner Schul-und Hospitalarbeit auch im Dienst der Missionisierung stand, strebte er nicht nach augenblicklichen Vorteilen. Er wollte „den Schülern den Zugang eröffnen zum freien persönlichen Anschluss an den Ursprung persönlich-geistigen Lebens in Jesus Christus"②. Ferner bemühte Wilhelm sich um die Anerkennung seiner Schule③ seitens der chinesischen Regierung. Damit konnten die Schüler an den chinesischen Staatsprüfungen teilnehmen und später als Mitglieder der Oberschicht einen größeren Einfluss auf die chinesische Gesellschaft ausüben. So hielt er keinen regulären Religionsunterricht ab. Dagegen legte er großen Wert auf die chinesische Bildung. Die Schüler konnten neben westlicher Wissenschaft auch die chinesischen Klassiker lernen. Die Praxis bewies, dass Wilhelm bei der Schularbeit gute Resultate erzielte.

Drittens bezieht es sich auf den Verkehr mit den Chinesen und das echte Verständnis ihres Geistes. Als ein Missionar trug Wilhelm zwar die „heilige" Aufgabe von Anleitung des geistigen Lebens der Menschen, er hatte aber keine hohe Meinung von sich selbst. Er strebte nicht nach Privilegien und wollte nicht über die Chinesen herrschen. Im Gegenteil beließ er seinen religiösen Status so weit wie möglich im Hintergrund und bemühte sich darum, mit den Chinesen gleichberechtigt zu verkehren. Vor allem suchte

---

① Sun L. Das Chinabild der deutschen protestantischen Missionare des 19. Jahrhunderts. Eine Fallstudie zum Problem interkultureller Wahrnehmung und Begegnung[M]. Marburg: Tectum, 2002:106,115.

② Rennstich K. Die zwei Symbole des Kreuzes. Handel und Mission in China und Südostasien[M]. Stuttgart: Quell-Verl., 1988:218.

③ Seit 1901 eröffnete Wilhelm Lixian Schuyuan (Zivilisations-und Tugend-Buchhof), die bis heute noch in Qingdao existiert.

Wilhelm die Freundschaft mit chinesischen Beamten und Gelehrten. Damit wollte er einerseits das höhere geistige Leben der Chinesen kennenlernen, andererseits wollte er die Zuneigung der Chinesen gewinnen und den Kulturaustausch zwischen China und Deutschland befördern. Dabei nahm Wilhelm vielfach die Jesuiten-Missionare im 17. und 18. Jahrhundert zum Vorbild, die eine Anpassungspolitik in die Mission eingeführt hatten. So versuchte er, zuerst mit den Lokalbeamten in Shandong und den traditionellen Gelehrten in Qingdao Umgang zu pflegen. Nach der Revolution 1911 verkehrte er sogar mit zahlreichen hohen Adligen und Beamten der gestürzten Qing-Dynastie, die nach Qingdao Zuflucht genommen hatten. Als die Neue Kulturbewegung entstanden war, stand er mit Cai Yuanpei und Hu Shi in engem Kontakt. Durch seine Berührung mit chinesischen intellektuellen und kulturellen Kreisen machte Wilhelm sich tatsächlich mit dem Geistesleben der Chinesen vertraut. Er war auch fasziniert von den chinesischen Klassikern und begann mit Hilfe der chinesischen Gelehrten das Werk ihrer Übersetzung und Erläuterung.

Aus obiger Darstellung können wir schon einen klaren Begriff über Wilhelms Missionsmethode gewinnen. Diese Methode ist sehr ungewöhnlich. Sie weicht in großem Maße von der Arbeit der meisten Missionare ab. Taufe und Gemeindegründung werden völlig aufgegeben. Im Gegensatz dazu wird Schularbeit und Forschungsarbeit nachdrücklich betont. Was ist das letzte Ziel der solchen Missionsarbeit? Darüber hat Wilhelm keine deutliche Erklärung abgegeben. Er sprach es nur implizit aus: „ indem ich es dem Wirken des Geistes überließ, was sich daraus gestalten würde. "[1] In Anknüpfung an andere Worten von Wilhelm können wir sehen, dass er den Schwerpunkt seiner Arbeit vielmehr auf den Kulturaustausch zwischen Osten und Westen und auf eine Synthese der östlichen und westlichen Kulturen legte. Er wollte

---

[1] Wilhelm R. Die Seele Chinas[M]. Wiesbaden: Marixverlag, 2009:32.

damit die Grundlage für eine einige Menschheit schaffen und der Herrschaft Gottes Bahn brechen.

Wilhelm hat geschrieben: „In vergangenen Zeiten hatte Ost und West keine Berührung, die Völker gingen ihren eigenen Weg, hatten ihre eigene Zivilisation, Sitten und Einrichtungen, die gegenseitig nicht übereinstimmten. Was man von einander hörte, war wenig, diente nur zu gegenseitiger Verwunderung. Die Zeiten haben sich jedoch nunmehr sehr verändert. Eisenbahn und Dampfschiff haben einen ungeahnten Verkehr herbeigeführt, der sich noch immer steigert und der die Völker mit unabweislicher Notwendigkeit zusammenführt. Es ist sicher auch dabei ein göttlicher Gedanke, auf den zu achten unsre Pflicht ist. Gott will, dass nicht nur ein Handelsverkehr zwischen den Völkern sich anbahnt, sondern dass auch die Erkenntnis immer mehr durchdringt, dass wir Menschen vor Gott Brüder sind und vor ihm kein Unterschied zwischen Chinese und Europäer existiert. So ist es denn auch die Pflicht der Völker, sich zu bemühen, einander zu verstehen und zu würdigen und das, was man an wertvollen geistigen Gütern besitzt, gegenseitig auszutauschen." ①

Wilhelm glaubte, dass die Mission für den Kulturaustausch und kulturelle Verschmelzung von großer Bedeutung sei. Für ihn war die Mission „eine Erscheinung, die in der modernen Zeit die Bedeutung hat, die im Mittelalter den Kreuzzügen zukam".② Sie würde unvermeidlich zu einer geistigen Auseinandersetzung zwischen Osten und Westen führen. Und die Auseinandersetzung bei der modernen Mission sei „vielleicht die letzte und wichtigste, die die Weltgeschichte bisher geboten hat, eine Synthese nicht nur zweier polar entgegengesetzter Kulturräume, sondern vielleicht auch zweier

---

① Wilhelm R. Eröffnungsrede bei der Feier der Eröffnung der chinesischen Tagesschule in Tapautau[J]. Zeitschrift für Missionskunde und Religionswissenschaft 1901 (16):279.

② Wilhelm R. Die Seele Chinas[M]. Wiesbaden: Marixverlag, 2009:227.

Menschheitszeiten"①. Sie würde eine große Umwälzung für den Osten und für den Westen bringen, ihre Gegensätze überwinden und ihre gegenseitigen Bereicherung ermöglichen. Man kann sagen, dass das von Wilhelm bestrebte Ziel der Mission sehr weitreichend ist. Wilhelm wollte „ nichts weniger, als dass die tiefsten Anliegen aller großen Welt-Religionen realisiert würden, nämlich Menschlichkeit und Gerechtigkeit, Friede und Völkerfreund-schaft".②

3. Neue Theologie und neues Chinabild

Genau wie ich am Anfang schon gesagt habe, setzt die von Wilhelm angenommene Missionsmethode einen neuen theologischen Ansatz voraus. Dieser Ansatz stammte ursprünglich aus Christoph Blumhardt, dem Schwiegervater von Wilhelm, einem religiösen Sozialisten.

Blumhardt war ein Pfarrer und Leiter des pietistischen Erweckungs-und Heilungszentrums von Bad Boll. Er hatte festen Glauben an die in der Bibel verheißene Heilsgeschichte und sorgte mit großer Sympathie für die Unterprivilegierten und Proletarier. Für ihn bezog sich Gottes Liebe auf die ganze Welt und die ganze Menschheit, nicht nur auf einzelne Menschen oder gar nur auf die bekennenden Christen. Sein Motto war: „ Gott glaubt in jedem Mensch" oder „ Jeder ist ein von Gott Geglaubter".③ Es bedeutet, dass der Mensch direkt zu Gott kommen kann, egal ob er ein Christ ist oder nicht. Das ist ein revolutionärer theologischer Ansatz! Damit werden alle üblichen Bekehrungsforderungen und die meisten kirchlich-dogmatischen Lehraussagen

---

① Wilhelm R. Die Seele Chinas[M]. Wiesbaden: Marixverlag, 2009:230.

② [德]阿尔布莱希特·埃舍.卫礼贤与巴特·鲍尔[C]//孙立新,蒋锐.东西方之间——中外学者论卫礼贤.济南:山东大学出版社,2004:64-65.

③ [德]阿尔布莱希特·埃舍.卫礼贤与巴特·鲍尔[C]//孙立新,蒋锐.东西方之间——中外学者论卫礼贤.济南:山东大学出版社,2004:60.

verneint. „ Die Heiden kommen in das Reich Gottes, ohne Christen zu werden. Sie werden zu Christus kommen, nicht aber zu den Christen und ihren unseligen Kirchen. Die Grundsätze des Menschensohns, die Grundsätze der Menschlichkeit, die sozialen Verpflichtungen, die politischen Ausgleiche durch Frieden und Friedenswerke fangen schon zu rumoren an, auch unter den Heiden, und das ist ein erster Anfang des erdumfaßenden Geistes Christi. Nicht mehr der Christ oder der Mohammedaner oder Buddhist, sondern der rechte Mensch wird die Erscheinung der zukünftigen Religion sein. Gedanken aber mögen sich die Menschen machen, welche sie wollen, das hindert nichts an der großen Entwicklung der Völker zu einer einheitlich strebenden, höhere Ziele verfolgenden Menschheit, wobei das Schwache und Unvollkommene geschont und erhalten wird zu neuer Entwicklung. “ ① Blumhardts Ablehnung von der traditionellen Kirchenlehre brachte ihn in Gegensatz zur Kirche. Er wurde gezwungen, sein Pfarramt aufzugeben. Seine vornehme Persönlichkeit und seine Weitherzigkeit wurden aber von vielen Menschen verehrt.

1897 kam Wilhelm als Vikar nach Bad Boll und erhielt rasch Zugang zu Christoph Blumhardt. Er akzeptierte Blumhardts Theologie und wollte als seine Mission das chinesische Volk „direkt in Gottes Schoss" führen. Ganz im Sinne Blumhardts fand Wilhelm in China gar keine Heiden. Seiner Meinung nach waren alle Menschen — die Chinesen wie die Europäer, die Heiden wie die Christen-Kinder Gottes. Alle Menschen seien im Grunde gleich. Für Wilhelm sei es „ sehr wertvoll, dass man bei einigem guten Willen doch überall Menschen findet, und dass das gemeinsame menschliche Band das Trennende überwiegt" ②. Genau wie Blumhardt stellte Wilhelm die Menschen ins Zentrum seiner Aufmerksamkeit. Er wollte die Grenzen von Rasse und

---

① Rennstich K. Die zwei Symbole des Kreuzes. Handel und Mission in China und Südostasien[M]. Stuttgart: Quell, 1988:217.

② Wilhelm R. Bericht von R. Wilhelm über 1. Juli-1. November 1899 [J]. Zeitschrift für Missionskunde und Religionswissenschaft, 1900 (14) :30.

Religion zerbrechen und alle Völker zu einer Einheit vereinigen.

Ausgehend von diesem Standpunkt nahm Wilhelm eine Einstellung zu China und den Chinesen, die ganz anders ist als diejenige der meisten Missionare, die China als ein armes, rückständiges und stagnierendes Land der Heidentums und die Chinesen als ein grausames, perverses und fremdenfeindliches Volk ansahen.① Für Wilhelm war China „ein hochkultiviertes Land". Er habe „jahrtausende alte Kultur".② Die Chinesen seien gar nicht grausam, denn „es gibt kein Volk, das als Ganzes grausam wäre".③ Im Gegenteil hätten die Chinesen Gemüt. Sie behandelten z. B. die Kinder freundlich und milde. Auch die Töchter würden in China nicht verachtet. „Das Märchen vom Mädchenmord als einer chinesischen Volkssitte ist vollends eine absurde Erfindung von Missionaren, die vereinzelte Vorkommnisse lokaler Notstandszonen und-zeiten unbesehen verallgemeinerten."④ Die Chinesen seien auch nicht „fremdenfeindlich". Im Gegenteil sei China „das gastfreieste Land auf Erden […], wo es anständigen Fremden so wohl wird, wie kaum in einem anderen Land".⑤ Wenn auch die Chinesen gelegentlich radikale Aktionen gegen ausländische Dinge anwandten, könnte man sie gut verstehen. „Sie wehren sich nur, in den Schlamm hineingezerrt zu werden, der vom Westen aus der Welt zu ersticken droht."⑥ Solche Aussagen, die die Chinesen in Schutz nehmen, gibt es in der Darstellung Chinas durch Wilhelm viele. Sie zeigen deutlich seine Sympathie und sein Verständnis zum

---

① Vgl. Sun L. Das Chinabild der deutschen protestantischen Missionare des 19. Jahrhunderts. Eine Fallstudie zum Problem interkultureller Wahrnehmung und Begegnung[M]. Marburg: Tectum, 2002.

② Wilhelm R. Die Seele Chinas[M]. Wiesbaden: Marixverlag, 2009:221.

③ Wilhelm R. Die Seele Chinas[M]. Wiesbaden: Marixverlag, 2009:271.

④ Wilhelm R. Chinesische Wirtschaftspsychologie [M]. Leipzig: Dt. Wiss. Buchhandlung, 1930:27.

⑤ Wilhelm R. Die Seele Chinas[M]. Wiesbaden: Marixverlag, 2009:221.

⑥ Wilhelm R. Die Seele Chinas[M]. Wiesbaden: Marixverlag, 2009:250.

chinesischen Volk auf.

Wilhelm schätzte ebenfalls die chinesische Kultur sehr hoch. Für ihn war die chinesische Kultur „eine sehr hoch und rationale Kultur", [1] und „eine Kultur, die im unmittelbaren Weiterleben der natürlichen Triebe gewurzelt ist, eine Kultur der Verklärung der Natur". [2] Sie präsentiere „ein Ideal [...], das wesentlich auf Harmonie eingestellt ist im Zusammenhang mit der Vernunft der Organisation in Kosmos und Gesellschaft". [3] Sie zeige auch „einen harmonischen Gleichgewichtszustand der allgemeinen Ernährung" auf, „bei dem das Gesamtgemeinwesen ebenso die einzelnen Familien trug und stützte, wie die einzelnen Familien ihrerseits Macht und Reichtum des Staates bildeten". [4] Wilhelm lobte insbesondere die Lebensweisheit der Chinesen. Er hatte gesehen, „dass der chinesische Mensch sich nie vom Mutterboden des Irdischen gelöst hat und seine Harmonie gefunden hat in einer tiefen Bejahung der Welt als Kosmos. Auch die erkannten Unzulänglichkeiten der Wirklichkeit wurden nicht Grund zum Pessimismus. Man ließ sie gelten in der Gewissheit, dass sich im Großen und Ganzen doch letztlich alles zur Harmonie Ausgleicht." [5] „Darum ist das Leben auch des Geringsten verhältnis mäßig glücklich und zufrieden, nicht angekränkelt von des Gedankens Blässe." [6] Nach Ansicht Wilhelms hatte diese chinesische Lebensweisheit große Bedeutung für die modernen Europäer. Sie konnte den Mangel in der westlichen Kultur ausfüllen und sei damit „Heilmittel und Rettung für das

---

[1] Wilhelm R. Die Grundlagen der chinesischen Kultur[J]. Sinica, 1927(2):167.

[2] Wilhelm R. Die Krisis der chinesischen Kultur[J]. Sinica, 1928(3):211.

[3] Wilhelm R. Ost und West [M]//Wilhelm S. Der Mensch und das Sein. Jena: Diederichs, 1931:184.

[4] Wilhelm R. Die Grundlagen der chinesischen Kultur[J]. Sinica, 1927(2):167.

[5] Wilhelm R. Ost und West [M]//Wilhelm S. Der Mensch und das Sein. Jena: Diederichs, 1931:182.

[6] Wilhelm R. Ost und West [M]//Wilhelm S. Der Mensch und das Sein. Jena: Diederichs, 1931:184.

moderne Europa ".① Die Europäer müssten die anderen Nationen für „vollkommene gleichberechtigte Glieder der Völkergesellschaft" halten und auf ihre „bisherige praktische Alleinherrschaft" verzichten. Sie müssten vom alten China lernen. Die chinesische Lebensweisheit, die das alte China bieten könne, sei für die Europäer dringlich brauchbar.

Trotzdem hatte Wilhelm nicht sein Glauben an Gott aufgegeben. Er war überzeugt, „dass der Gang der Weltgeschichte in starken Händen ruht und dass alles, was geschieht (auch das Zerstören und Niederreißen), nur dazu dient, um unserem Herrn Jesus Christus zur Herrschaft über die Menschen zu verhelfen."② Und „Christus[...] ist mehr als ein Kirchenhaupt, ist mehr als der Gründer einer Religion. Er ist der göttliche Repräsentant der Menschheit, die in ihm, als ihrem Haupt ein einheitliches Ganzes darstellt."③ Wilhelm hatte in den von Christus ausgehenden Lebenskräften „die einzige Hoffnung für das chinesische Volk"④ gesehen und glaubte, dass die von ihm vertretene Menschheit „von kosmischer Bedeutung" sei, „und sie wird sich sicher verwirklichen in China so gut wie in Europa."⑤ Wilhelm bejahte die Frage, ob das Christentum die Zukunftsreligion Chinas sei. Er ging nur davon aus, dass das Christentum in China nicht „ in Form einer der jetzt bestehenden Kirchen" stehen könne. Denn „ diese Kirchen sind alle unter ganz bestimmten Verhältnissen entstanden. Keine hat als solche die ganze Wahrheit des Christentums. Es sind Notbauten, die nicht ohne weiteres in

---

① Wilhelm R. Ost und West[M]//Wilhelm S. Der Mensch und das Sein. Jena: Diederichs, 1931:187.

② Rennstich K. Die zwei Symbole des Kreuzes. Handel und Mission in China und Südostasien[M]. Stuttgart: Quell, 1988:218.

③ Wilhelm R. Die Seele Chinas[M]. Wiesbaden: Marixverlag, 2009:171.

④ Rennstich K. Die zwei Symbole des Kreuzes. Handel und Mission in China und Südostasien[M]. Stuttgart: Quell, 1988:218.

⑤ Wilhelm R. Die Seele Chinas[M]. Wiesbaden: Marixverlag, 2009:171.

andere Himmelsstriche versetzt werden dürfen."① Wilhelm trat in der Tat für "ein entdogmatisiertes, sinisiertes Christentum" ein.② Er war überzeugt, wenn das Evangelium in China in vollem Umfang in Erscheinung treten würde, müsse es einen Ausdruck finden, der aus dem chinesischen Geiste heraus geboren sei. Und „eine Kirche in einer Kulturnation kann sich nur von selbst konstituieren, sie kann nicht unter der Leitung von Fremden [...] stehen, ohne selbst zur Inferiorität verdammt zu sein."③ Dieser Anspruch der Sinisierung hat in der Tat für die Kirche in China in die richtige Entwicklung hingewiesen. Er ist bis heute noch von großer Wichtigkeit für das chinesische Christentum und die chinesische christliche Kirche.

① Wilhelm R. Die Seele Chinas[M]. Wiesbaden: Marixverlag, 2009:171.
② [德]豪斯特·格林德.卫礼贤——德国的自由派帝国主义者和中国的朋友[C]//孙立新,蒋锐.东西方之间——中外学者论卫礼贤.济南:山东大学出版社,2004:89.
③ Wilhelm R. Die Seele Chinas[M]. Wiesbaden: Marixverlag, 2009:32.

Hermann Hesses Rezeption der *Taoteking*-Übersetzung von Richard Wilhelm

Ma Jian

摘要: 诺贝尔文学奖获得者黑塞曾阅读和比较过当时出版的多个《道德经》德译本，并表达出对卫礼贤译本的偏爱。通过卫礼贤译本，黑塞尝试着"凭借勤奋和真正的努力"理解了《道德经》中的基本思想，接受了卫礼贤的观点。同时，他自己也移情于已经成为一切智慧和智者化身的老子，在自己的思考中同样将智慧和语言的表达形式对立起来。在其著作中，黑塞也一再强调卫礼贤为他指出了一个重要方向，打开了一个新的世界。在这个新的世界里，黑塞也发展了其个人的思想，因此对于黑塞来说，卫礼贤扮演的不仅仅是介绍者的角色，而且还为他树立起了一个榜样，推动黑塞同样凭借其思想和作品为东西方之间的相互理解作出了卓越的贡献。

1. Hermann Hesses erste Begegnung mit chinesischen Werken und der *Taoteking*-Übersetzung

In der Hermann Hesse-Forschung stellt sich immer wieder die Frage: Wann hat Hermann Hesse mit seiner chinesischen Lektüre angefangen? Auf diese Frage wird unterschiedlich geantwortet. In dem Buch *Hermann Hesse. Sein Leben in Bildern und Texten*, das 1987 vom Insel Verlag zum Gedenken an den 25. Todestag Hesses publiziert wird, wird z. B. diesbezüglich erwähnt:

240

„Seit seinem 27. Lebensjahr hat Hesse mit gespannter Aufmerksamkeit fast alles verfolgt und rezensiert, was aus dem in Europa noch nahezu unbekannten indisch-chinesischen Kulturkreis in Übersetzungen greifbar wurde."① Demzufolge war es die Zeit nach 1905, in der sich Hesse mit China zu beschäftigen beginnt. Auch Adrian Hsia weist in seinem Buch *Hermann Hesse und China* darauf hin, dass Hesses chinesische Lektüre um die Zeit 1907 oder etwas früher datiert: Am 27. 11. dieses Jahres erscheint in *Die Propyläen, Beilage zur Münchner Zeitung* eine Rezension Hesses über den von Hans Bethge zusammengestellten Gedichtband *Die chinesische Flöte*,② welche ebenfalls die erste Rezension Hesses über chinesische Literatur ist. Schon der erste Satz seines Artikels liefert einen wichtigen Anhaltspunkt: „ Aus China hat der Verlag früher eine schöne Übersetzung der Sprüche des Lao Tse gebracht."③ Die „Sprüche des Lao Tse" stammen aus dem von Alexander Ular umgeschriebenen *Daodejing* mit dem Titel *Die Bahn und der rechte Weg des Lao-Tse*, der 1903 vom Insel Verlag veröffentlicht wird.④ D. h. vor dem Verfassen seiner Rezension *der chinesischen Flöte* hat Hesse bereits den *Daodejing* kennengelernt. Ähnliches lässt sich auch in der Hesse-Biographie *Hermann Hesse. Dichter, Sucher, Bekenner* von Joseph Mileck lesen: „Bevor der Vater Hesses Aufmerksamkeit im Jahr 1907 auf Laotse lenkte und bevor er im gleichen Jahr Alexander Ulars übersetzte Auszüge aus dem Tao-te-king und darauf im Jahr 1910 Julius Grills Übersetzung des Lao-tse las, hatte er eigentlich nie Notiz von den Religionen Chinas genommen."⑤ Dies bestätigt

---

① Hesse H. Sein Leben in Bildern und Texten[M]. Frankfurt a. M.: Insel, 1987: 132.

② Hsia A. Hermann Hesse und China[C]. Frankfurt a. M.: Suhrkamp, 1981:54.

③ Hsia A. Hermann Hesse und China[C]. Frankfurt a. M.: Suhrkamp, 1981:53.

④ Siehe dazu ausführlich Michels V. Materialien zu Hermann Hesses „Siddhartha": Erster Band[C]. Frankfurt a. M.: Suhrkamp, 1976:52.

⑤ Mileck J. Hermann Hesse. Dichter, Sucher, Bekenner. Biographie [M]. Frankfurt a. M.: Suhrkamp, 1987:174.

Hermann Hesse selbst in seinem undatierten Aufsatz *Über mein Verhältnis zum geistigen Indien und China*, in dem er schreibt:

> Eine Bereicherung und teilweise Korrektur erfuhr mein östliches Wissen und Denken durch die Chinesen, die ich durch die Übersetzungen von R. Wilhelm allmählich kennenlernte. Von Lao Tse erfuhr ich schon etwas vorher durch meinen Vater, der ihn durch den Tübinger Professor Grill kennengelernt hatte (Grill hat selbst eine Übersetzung des Tao Te King gemacht). Mein Vater, sein Leben lang ein frommer Christ, aber stets suchend und nie dogmatisch festgelegt, war die letzten Jahre seines Lebens intensiv mit Lao Tse beschäftigt, den er oft mit Jesus verglich.[1]

So kann man feststellen, dass zum einen Hesse in dem Zeitraum zwischen 1905 und 1907 mit seiner chinesischen Lektüre anfängt und dass es zum anderen nicht die *Taoteking*-Übersetzung Richard Wilhelms ist, die Hesse erstmals an Lao Tse und sein Denken heranführt. Aber seitdem er die Übersetzungen von Richard Wilhelm zu lesen bekommt, spielen sie eine immer wichtigere Rolle in Hesses China-Studien und gleichzeitig in seinem eigenen Denken. So verweist er 1945 zurückblickend in seinem Aufsatz *Lieblingslektüre* auf die Wichtigkeit des geistigen Chinas für ihn selbst und akzentuiert hierbei die Wirkungen von Richard Wilhelms Übertragungen hierbei:

> [...] daß es eine wunderbare chinesische Literatur und eine chinesische Spezialität von Menschentum und Menschengeist gebe, die

---

[1] Hesse H. über mein Verhältnis zum geistigen Indien und China[C]//Michels V. Aus Indien. Aufzeichnungen, Tagebücher, Gedichte, Betrachtungen und Erzählungen. Frankfurt a. M.: Suhrkamp, 1980:260.

mir nicht nur lieb und teuer werden, sondern weit darüber hinaus eine geistige Zuflucht und zweite Heimat werden könnte, davon hatte ich bis über mein dreißigstes Jahr hinaus nichts geahnt. Aber dann geschah das Unerwartete, daß ich, der ich bis dahin vom literarischen China nichts gekannt hatte als das Schi King in Rückerts Nachdichtung, durch die Übersetzungen Richard Wilhelms und anderer mit etwas bekannt wurde, ohne das ich gar nicht mehr zu leben wüßte: das chinesisch-taoistische Ideal des Weisen und Guten.①

2. Hermann Hesses Vergleich von den *Taoteking*-Übersetzungen

Wie erwähnt, liest Hermann Hesse die verschiedenen *Taoteking*-Übersetzungen in bestimmter Reihenfolge: zuerst Alexander Ulars *Die Bahn und der rechte Weg des Lao-Tse*, danach Julius Grills Übersetzung und erst anschließend die Übertragung von Richard Wilhelm, die den Untertitel *das Buch des Alten vom Sinn und Leben* trägt.② Bei den ersten beiden Texten bevorzugt Hesse offenbar die von Grill, indem er sein Verdienst als Übersetzer preist. So heißt es in seiner Rezension *Weisheit des Ostens*, die ebenfalls 1911 in *Der Propyläen* erscheint:

Vor einigen Monaten habe ich hier die deutsche Übersetzung der Gespräche des Konfuzius mit Freude angezeigt. Nun erschien bei Mohr in Tübingen eine Übersetzung des *Lao-Tse* von Julius Grill. Der

---

① Hesse H. Lieblingslektüre (1945) [M]//Hesse H. Gesammelte Werke in zwölf Bänden: Elfter Band. Frankfurt a. M.: Suhrkamp, 1987:281.

② Siehe dazu Hsia A. Hermann Hesse und China[C]. Frankfurt a. M.: Suhrkamp, 1981:359.

Tübinger Orientalist tritt damit nun auch außerhalb des Rahmens der alttestamentlichen Theologie bedeutend hervor und gibt eine von jenen dankenswerten Arbeiten, mit denen unsre Orientalisten leider so sparsam geworden sind. Er hat das „Buch vom höchsten Wesen und vom höchsten Gut", das Tao-te-king des Lao-Tse, vollständig nach einem der besten Texte übersetzt; es handelt sich also hier nicht um eine auswählende Bearbeitung oder um die Wiedergabe einer englischen Ausgabe, sondern um eine nach Möglichkeit treue Übersetzung aus dem Chinesischen. Dadurch unterscheidet das Buch sich auch wesentlich von der poetischen Bearbeitung durch Ular, die vor einigen Jahren erschien.①

Aber als Hesse kurz danach die *Tao-Te-King*-Übersetzung von Richard Wilhelm erstmals liest, fällt es ihm am Anfang schwer, die Stärken und Schwächen beider Übertragungen gegeneinander abzuwägen:

Es scheint übrigens für diesen alten Chinesen in Europa ein beinahe begieriges Verständnis lebendig zu sein. Neben der Grillschen Übersetzung erschien nämlich dieser Tage eine zweite bei E. Diederichs in Jena. Sie ist von Richard Wilhelm in Tsingtau und geht, gleich Grill, direkt auf die chinesischen Quellen zurück. Zwei wertvolle Aufsätze leiten das Buch ein. Über die philologische Genauigkeit der beiden Übersetzungen steht mir kein Urteil zu, beide sind gründliche und schöne Arbeiten. Mag die Grillsche Ausgabe mit ihrem reichen Kommentar die wissenschaftlich brauchbarere sein, so zeichnet sich dafür die von Wilhelm durch eine kräftigere, bestimmtere, persönlichere

---

① Michels V. Materialien zu Hermann Hesses „Siddhartha": Erster Band [C]. Frankfurt a. M.: Suhrkamp, 1976:51f.

Sprache und damit denn auch durch eine leichtere Zugänglichkeit aus.①

Dieser schwierigen Beurteilung zum Trotz ist es leicht vorstellbar, dass Hesse
als Schriftsteller großes Gewicht auf die sprachliche Ausdruckskraft eines
Textes legt. Eben aus diesem Grund empfiehlt er am Ende dieser Rezension
den letzten Abschnitt des *Tao-Te-King* in Wilhelms Verdeutschung als Probe:

> Wahre Worte sind nicht schön,
>
> Schöne Worte sind nicht wahr.
>
> Tüchtigkeit überredet nicht,
>
> Überredung ist nicht tüchtig.
>
> Der Weise ist nicht gelehrt,
>
> Der Gelehrte ist nicht weise.
>
> Der Berufene häuft keinen Besitz auf.
>
> Je mehr er für andere tut,
>
> Desto mehr besitzt er.
>
> Je mehr er anderen gibt,
>
> Desto mehr hat er.
>
> Des Himmels SINN ist fördern,
>
> Ohne zu schaden.
>
> Des Berufenen SINN ist wirken,
>
> Ohne zu streiten.②

Um die sprachliche Genauigkeit der Übersetzung von Richard Wilhelm

---

① Michels V. Materialien zu Hermann Hesses „Siddhartha": Erster Band [C].
Frankfurt a. M.: Suhrkamp, 1976:52f.

② Michels V. Materialien zu Hermann Hesses „Siddhartha": Erster Band [C].
Frankfurt a. M.: Suhrkamp, 1976:53.

deutlich zu veranschaulichen, sei hier das chinesische Original zitiert:

信言不美，

美言不信。

善者不辩，

辩者不善。

知者不博，

博者不知。

圣人不积，

既以为人，

己愈有；

既以与人，

己愈多。

天之道，

利而不害。

圣人之道，

为而不争。①

Aus chinesischer Sicht und objektiv gesehen, ist Wilhelms Übersetzung wirklich dem chinesischen Original äußerst treu. Der Grund, warum Hermann Hesse gerade diesen Abschnitt aus dem *Taoteking* entnimmt, besteht vielleicht einfach darin, dass er den Lesern ein persönliches Leseerlebnis vermitteln möchte, aber andererseits hat es wahrscheinlich einen tiefsinnigen Zweck, denn eben dieser Abschnitt ist das zusammenfassende Kapitel des *Taoteking* und resümiert das höchste Prinzip des menschlichen Benehmens. Sein Inhalt ist entscheidend für Hesses Leseeindrücke, wenn er in derselben Rezension meint, im *Taoteking* „die elementaren Werte" entdeckt und „ethische Ideale"

---

① 沙子海,徐子宏,译注.老子全译[M].贵州:贵州人民出版社,1989:162.

erkannt zu haben, die „uns westlichen Ariern näher stünden und verwandter wären". ①

Während Hesse 1911 die beiden *Taoteking*-Übersetzungen gleichberechtigt gelten lässt, so zeigt er zehn Jahre später in einem Brief vom 08. 11. 1921 an Romain Rolland eindeutig seine Vorliebe für Wilhelms Text:

Und nun zu Lao Tse. [...] Es gibt von seinem kleinen Buch mehrere deutsche Übersetzungen, [...] Als gute dem Wortlaut möglichst nahe kommende Übersetzungen kann ich nur zwei empfehlen: die Übersetzung von Richard Wilhelm (Verlag E. Diederichs in Jena) und die von Julius Grill (Tübingen, Verlag I. C. B. Mohr). Die von Wilhelm ist mir die liebste. ②

Dieselbe Meinung äußert er noch 12 Jahre später in einem Brief vom Oktober 1933 an Fanny Schiller, in dem er auch Richard Wilhelm persönlich gedenkt:

Von Lao Tse besitze ich 4 oder 5 Ausgaben, am meisten benütze ich die Übersetzung von R. Wilhelm, weil ich an dessen Ton von seinen anderen Übersetzungen her gewohnt bin, und weil ich ihn und sein Deutsch gern habe. Leider lebt er nicht mehr, er ist seit etwa 3 Jahren tot, das letzte Briefchen, das er schrieb, war an mich. ③

Angesichts der beiden Briefausschnitte stellt sich nun die Frage: Was

---

① Michels V. Materialien zu Hermann Hesses „Siddhartha": Erster Band [C]. Frankfurt a. M.: Suhrkamp, 1976:52.

② Hesse H. Gesammelte Briefe: Erster Band [M]. Frankfurt a. M.: Suhrkamp, 1979: 480f.

③ Michels V. Materialien zu Hermann Hesses „Siddhartha": Erster Band [C]. Frankfurt a. M.: Suhrkamp, 1976:222.

begeisterte Hermann Hesse an Richard Wilhelms *Taoteking*-Übersetzung, außer dem sprachlichen Stil, und was konnte ihn an Richard Wilhelm selbst so anziehen und zum tiefen Nachdenken anregen?

3. Hermann Hesses Nachsinnen auf „Tao"

In der Kulturzeitschrift *März*, die Hermann Hesse mit herausgibt, erscheint im Januar 1911 sein Aufsatz *Chinesisches*, in dem er den Zentralbegriff des *Taoteking*, „Tao" sowie die Lehre von Lao Tse überhaupt folgendermaßen rezensiert:

> Ich rede von Lao-Tse, dessen Lehre in dem Buch Tao-te-king uns aufbewahrt worden ist. Seine Lehre vom Tao, dem Urprinzip alles Seins, könnte uns als philosophisches System gleichgültig bleiben oder höchstens interessierte Liebhaber anziehen, enthielte sie nicht eine so persönlich-kräftige, große und schöne Ethik, daß ihr letzter deutscher Bearbeiter, übrigens ein Theologieprofessor, den Lao-Tse direkt in Parallele mit Jesus stellt. Auf uns Ungelehrte nun wird freilich der Chinese einstweilen nicht so mächtige Wirkung üben können, da sein Werk für uns eine schwere, fremde Sprache redet, der nur mit Fleiß und echter Bemühung nahezukommen ist. Wer dazu Lust und Kraft hat, wird es nicht bereuen, wenn er den Lao-Tse in der eben erschienenen Übersetzung von Julius Grill studiert. Es handelt sich hier nicht um ein Kuriosum und eine literarisch-ethnologische Rarität, sondern um eines der ernsthaftesten und tiefsten Bücher des Altertums überhaupt.[1]

---

[1] Michels V. Materialien zu Hermann Hesses „Siddhartha": Erster Band [C]. Frankfurt a. M.: Suhrkamp, 1976:50f.

Dieser Abschnitt gibt zu erkennen: 1. Offensichtlich wird diese Rezension nach Hesses Auseinandersetzung mit Grillscher Übersetzung, gleichzeitig aber noch vor dem Lesen von Wilhelms Übertragung verfasst, denn er nennt Grill den letzten deutschen Bearbeiter. In diesem Fall ist es leicht vorstellbar, dass er das Verständnis von „Tao" durch Grill ganz und gar akzeptiert. Grill definiert „Tao" als „Urprinzip alles Seins", eine Definition, die einerseits mit dem Titel der Grillschen Übersetzung *Buch vom höchsten Wesen und vom höchsten Gut* übereinstimmt, die aber andererseits von europäischer Denkweise tief geprägt ist, weil sowohl „Urprinzip" als auch „Sein" etwas Substanzielles bezeichnen und beinhalten. 2. So ernsthaft Hermann Hesse die Bedeutung und den Tiefsinn des *Taoteking* einsieht, er nimmt eine andere Tatsache eindeutig zur Kenntnis, dass es eine langwierige und anspruchsvolle Aufgabe darstellt, dieses Werk nachzuvollziehen. „Sprache" ist hier offenbar nicht bloß auf die sprachliche Form des chinesischen Originals bezogen, die Hesse keineswegs kennt, sondern insbesondere auch auf den Inhalt des Textes.

Anders als Grill übersetzt Richard Wilhelm „Tao" als das deutsche Wort „Sinn", und zwar immer groß geschrieben. Hierfür erläutert Wilhelm in der Einleitung seiner Übersetzung, die Hermann Hesse sicherlich auch gelesen haben wird, den Grund, wobei er die geistige Grundlage der Lehre von Lao Tse zuerst beleuchtet:

> Die ganze Metaphysik des Taoteking ist aufgebaut auf einer grundlegenden Intuition, die der streng begrifflichen Fixierung unzugänglich ist und die Laotse, um einen Namen zu haben, „notdürftig" mit dem Worte TAO bezeichnet (vgl. Abschnitt 25). In Beziehung auf die richtige Übersetzung dieses Wortes herrschte von Anfang an viel Meinungsverschiedenheit. „Gott", „Weg", „Vernunft", „Wort", „λόγος" sind nur ein paar der vorgeschlagenen Übersetzungen, während ein Teil der Übersetzer einfach das „Tao"

unübertragen in die europäischen Sprachen herübernimmt. Im Grunde genommen kommt auf den Ausdruck wenig an, da er ja auch für Laotse selbst nur sozusagen ein algebraisches Zeichen für etwas Unaussprechliches ist.①

Selbst aus heutiger Sicht würde man Richard Wilhelm Recht geben, denn er begreift und erfasst recht scharfsichtig das größte Charakteristikum des *Taoteking* und sogar des philosophischen Geistes von China überhaupt: Sowohl die „der streng begrifflichen Fixierung" widersprechende Intuition als die Unaussprechlichkeit des menschlichen Denkens bilden den Kerngedanken der chinesischen (daoistischen) Philosophie. Ein Teil des ersten und des hier erwähnten 25. Abschnitts ist jeweils der beste Beleg hierfür: „Der SINN, der sich aussprechen läßt, /ist nicht der ewige SINN. /Der Name, der sich nennen läßt, /ist nicht der ewige Name."② und „Ich weiß nicht seinen Namen. /Ich bezeichne es als SINN. /Mühsam einen Namen ihm gebend, / nenne ich es: groß."③ „SINN", die Übersetzungslösung von Richard Wilhelm beruht sowohl eben auf diesem Verständnis als auch auf dem Vergleich der Bedeutungen des deutschen und des chinesischen Wortes:

Es sind im wesentlichen ästhetische Gründe, die es wünschenswert erscheinen lassen, in einer deutschen Übersetzung ein deutsches Wort zu haben. Es wurde von uns durchgängig das Wort SINN gewählt. Dies geschah im Anschluß an die Stelle im Faust I, wo Faust vom

① Wilhelm R. Einleitung[M]//Laotse. Taoteking. Das Buch des Alten vom SINN und LEBEN. Jena: Diederichs, 1911:XV.

② Laotse. Taoteking. Das Buch des Alten vom SINN und LEBEN[M]. Wilhelm R., verdeutscht und erläutert. Jena: Diederichs, 1911:3.

③ Wilhelm R. Einleitung[M]//Laotse. Taoteking. Das Buch des Alten vom SINN und LEBEN. Jena: Diederichs, 1911:27.

Osterspaziergang zurückkehrt, sich an die Übersetzung des Neuen Testaments macht und die Anfangsworte des Johannesevangeliums u. a. mit: „Im Anfang war der Sinn" wiederzugeben versucht. Es scheint das die Übersetzung zu sein, die dem chinesischen „Dau" in seinen verschiedenen Bedeutungen am meisten gerecht wird. Das chinesische Wort geht von der Bedeutung „Weg" aus, von da aus erweitert sich die Bedeutung zu „Richtung", „Zustand", dann „Vernunft", „Wahrheit".

Verbal gebraucht heißt das Wort „reden", „sagen", in übertragener Bedeutung „leiten". Das deutsche Wort „Sinn" hat ebenfalls die ursprüngliche Bedeutung „Weg", „Richtung", ferner 1. „das auf etwas gerichtete Innere eines Menschen", 2. „das Innere des Menschen als Sitz des Bewußtseins, der Wahrnehmung, des Denkens, Überlegens"; vgl. „der innere Sinn", 3. „leibliches Empfindungsleben", vorzugsweise im Plural gebraucht, 4. „Meinung, Vorstellung, Bedeutung von Worten, Bildern, Handlungen" (vgl. M. Heyne, Deutsches Wörterbuch, Leipzig 1906). Von all diesen Bedeutungen fällt nur die unter 3. Verzeichnete als unbrauchbar weg, so daß die Übereinstimmung der Bedeutungen eine sehr weitgehende ist. Um übrigens den algebraischen Charakter des Wortes deutlich zu machen, ist es von uns durchgängig mit großen Buchstaben geschrieben worden.①

Ein Paradox bei Lao Tse „entdeckt" Richard Wilhelm allerdings und führt es gleichsam bewusst weiter: Während Lao Tse für die unaussprechliche Intuition eine sprachliche Form findet, versucht Wilhelm, trotz dieses Paradoxons eine sinngemäße Übersetzung vorzunehmen. Und wenn Hermann

---

① Wilhelm R. Einleitung [M] // Laotse. Taoteking. Das Buch des Alten vom SINN und LEBEN. Jena: Diederichs, 1911: XV-XVI.

Hesse beim und nach dem Lesen dieser ihm am liebsten Übersetzung den Versuch ausführt, mit „Fleiß und echter Bemühung" die „schwere, fremde Sprache" zu erfassen, so ist es vorstellbar, dass er mit seiner Intelligenz und sprachlichen Virtuosität für jenes Unaussprechliche ebenfalls ein anderes Zeichen sucht. Dieses Zeichen heißt bei ihm an einer Stelle „Weisheit", so wie sie Hesse in direktem Bezug auf Lao Tse in einem Brief vom Februar 1922 an einen jungen Lehrer darlegt:

> Wer nicht beweisen, sondern Weisheit atmen und leben will, dem geht es immer wie es Lao Tse ging, dem weisesten der Menschen, welcher erkannte, daß jeder Versuch, die eigentliche Weisheit in Formeln auszusprechen, sie schon zur Narrheit mache. Die Ehrfurcht und Frömmigkeit vor dem Unaussprechlichen aber, das ist die Frömmigkeit von uns Narren und Weltfrommen, denn im Gegensatz zu den Theologen besitzen zwar auch wir eine Weisheit und sind uns ihrer sehr bewußt, können und wollen sie aber nicht in Formeln bringen, können sie nicht beweisen, nicht im Wortstreit verteidigen, denn sie ist für uns keine intelligente Angelegenheit.①

So ist klar zu ersehen, wie Hesse die grundlegende Intuition des *Taoteking*, wie sie Richard Wilhelm darstellt, begreift und wie er die Einsicht Wilhelms rezipiert. Er selbst fühlt sich in Lao Tse, der inzwischen bereits die Verkörperung aller Weisheiten und Weisen geworden ist, ein und stellt in seinem eigenen Denken ebenfalls Weisheit und sprachliche Formeln in Gegensatz, was aber der traditionellen europäischen Denkart widerspricht und vielmehr der chinesischen nahekommt. Diese Denkweise ist für Hermann

---

① Hesse H. Gesammelte Briefe: Zweiter Band[M]. Frankfurt a. M.: Suhrkamp, 1979:10.

Hesse derart relevant, dass sie ihm einerseits einen neuen Horizont eröffnet und ihn andererseits aber auch großen Herausforderungen gegenüberstellt, denn Hesse ist keineswegs damit zufrieden, selbst die „Weisheit" in seinem Sinne nur „atmen und leben" zu wollen, sondern er will unbedingt diese Weisheit in sprachlichen Formeln, und zwar literarisch, zum Ausdruck bringen, so wie er in einem Brief vom September 1932 an Georg Winter formuliert:

> Meine Dichtung, das Bekenntnis eines alternden Dichters, versucht, ... gerade das Undarstellbare darzustellen, an das Unaussprechliche zu erinnern. ... kennen Sie wirklich und im Ernst irgend eine Dichtung oder Philosophie, die etwas andres versucht, als gerade das Unmögliche zu ermöglichen, gerade das Verbotene mit dem Gefühl der Verantwortung zu wagen?①

Dies alles verdankt Hermann Hesse, wenn nicht völlig, zumindest zum großen Teil Richard Wilhelms Übersetzungsverdiensten.

4. Hermann Hesses Würdigung von Richard Wilhelm

15 Jahre nach dem Beginn der Beschäftigung mit der *Taoteking*-Übersetzung von Richard Wilhelm preist Hermann Hesse in dem Aufsatz *Chinesisches* vom 18. 07. 1926 in *Vossischer Zeitung* am Beispiel von *Taoteking* die großartigen Leistungen Wilhelms:

> Der chinesische Philosoph Lao Tse, vorher zwei Jahrtausende

---

① Hesse H. Ausgewählte Briefe [M]. Erweiterte Ausgabe. Frankfurt a. M.: Suhrkamp, 1974:74.

hindurch in Europa unbekannt, wurde in den letzten 15 Jahren in alle Sprachen Europas übersetzt und sein Tao-te-king ein Modebuch. In Deutschland war es Richard Wilhelm, dessen Übersetzungen und Einführungen die klassische Literatur und Weisheit Chinas in einem bisher unbekannten Umfang eingeführt haben.①

Obwohl nicht der erste deutsche *Taoteking*-Übersetzer, wird Richard Wilhelm in Hesses Augen schon ein epochemachender Vermittler chinesischer Philosophie und Kultur in Deutschland. Dabei spielt dessen *Taoteking*-Übersetzung eine entscheidende Rolle, denn Hesse liest sie gerade zu der Zeit, in der er sich große Sorgen um die Zukunft der europäischen Kultur macht und sich selbst mit einer persönlichen geistigen Krise konfrontiert sieht. Darum spricht Hesse bei verschiedenen Gelegenheiten unverdrossen seinen Dank an Wilhelm aus. Einmal z. B. in einem persönlichen Brief vom 04. 06. 1926:

> Sie sind mir seit langem lieb und wichtig. Ich verdanke Ihnen so ziemlich alles, was ich Beziehungen zum Chinesischen habe, das mir, nach einer vieljährigen mehr indischen Orientierung, sehr wichtig wurde.
>
> Für manchen Ihrer Aufsätze, vor allem aber für Ihren Lao Tse, Ihren Dschuang Dsi etc. etc. bin ich Ihnen seit langem vielen Dank schuldig, den ich nun auch einmal aussprechen möchte.②

Kurz nach dem Tod Wilhelms betont Hesse 1930 in der Zeitschrift

---

① Hesse H. Chinesisches (1926) [M]//Hesse H. Gesammelte Werke in zwölf Bänden: Zwölfter Band. Frankfurt a. M.: Suhrkamp, 1987:27.

② Hesse H. Gesammelte Briefe: Zweiter Band[M]. Frankfurt a. M.: Suhrkamp, 1979:142.

Bücherwurm sowohl die entscheidende Bedeutung von Wilhelms Arbeiten für ihn selbst als auch dessen hohen Wert für die Zukunft:

> Langsam wächst der Kreis derer, welche gemerkt haben, daß Wilhelms Lebenswerk zu den paar großen unserer Zeit gehört ... inmitten dauernder Mißverständnisse stand er lächelnd, freundlich, chinesischweise und tat in Ruhe sein großes Werk, dessen Umfang und Bedeutung von der öffentlichen Meinung Deutschlands noch nicht begriffen worden ist. Er hat Zeit, er hat nicht bloß für eine Generation gearbeitet ... Es ist bei uns in den letzten Jahrzehnten sehr viel entdeckt, übersetzt und neu herausgegeben worden. Nichts von allem ist mir im Laufe von beinahe 20 Jahren wichtiger und teurer geworden als Wilhelms deutsche Ausgabe der chinesischen Klassiker, sie haben mir und vielen eine Welt erschlossen, ohne die wir nicht mehr leben möchten.①

Besonders zu bemerken ist, dass hier von Hesse neben hoher Würdigung von Wilhelms Beiträgen auch Kritik ausgeübt wird, die Kritik an der damaligen kulturellen und gesellschaftlichen Stimmung Deutschlands und Europas gegenüber ausländischen Kulturen. Aber auf der anderen Seite ist es auch kein Zufall, wenn gerade Hermann Hesse Richard Wilhelms Arbeiten und Leistungen äußerst hochschätzt. Betont Hesse immer wieder, dass ihm Richard Wilhelm eine wichtige Orientierung, eine neue Welt erschließt, bedeutet das nicht bloß, dass er einfach neue Literatur und Philosophie kennenlernt und darin viel Interessantes entdeckt. Vielmehr entwickelt er in dieser neuen Welt auch sein eigenes Denken und findet in ihr, wie er in *Lieblingslektüre* erzählt, „eine Bestätigung eigener Ahnungen, eine geistige

---

① Hsia A. Hermann Hesse und China [C]. Frankfurt a. M.: Suhrkamp, 1981: 340f.

Atmosphäre und Heimat", obgleich er „ kein Wort Chinesisch kann und nie in China gewesen" ist.① In diesem Sinne spielt Richard Wilhelm für Hesse nicht nur die Rolle des Vermittlers, hilft ihm nicht nur dabei, die sprachliche Hürde beim Lesen chinesischer Werke zu beseitigen, vielmehr gibt er ihm auch ein Vorbild, das Hesse am 24. 04. 1956 in *Der Weltwoche* im Kommentar zu Salome Wilhelms Buch *Richard Wilhelm. Ein Mittler zwischen China und Europa* folgendermaßen beschreibt:

> Er war ein Vorläufer und ein Vorbild, ein Mensch der Harmonie, der Synthese zwischen Ost und West, zwischen Sammlung und Aktivität. Er hat in China, hat im jahrelangen intimen Umgang mit altchinesischer Weisheit und im persönlich-freundlichen Austausch mit der Elite chinesischer Gelehrsamkeit weder sein Christentum noch sein schwäbisch-thüringisch geprägtes Deutschtum, hat weder Jesus noch Plato noch Goethe verloren und vergessen, noch seine gesunde, kraftvolle, abendländische Lust am Wirken und Bilden, er ist keinem europäischen Problem davongelaufen, hat sich keinem Anruf des aktuellen Lebens entzogen, ist weder einem denkerischen noch einem ästhetischen Quietismus erlegen, sondern hat, Stufe um Stufe, die Befreundung und Verschmelzung der beiden großen alten Ideale in sich vollzogen, hat China und Europa, Yang und Yin, Denken und Tun, Wirksamkeit und Beschaulichkeit in sich zur Versöhnung gebracht.②

Diese Darstellung soll nicht nur als Hesses Resümee von Richard Wilhelms Leben und Denken gelten, sondern sie gibt auch sein eigenes Denkideal zu erkennen. So heißt es in einem Brief von 1958 an die persischen Leser des *Siddhartha*:

---

① Hesse H. Lieblingslektüre (1945) [M]//Hesse H. Gesammelte Werke in zwölf Bänden: Elfter Band. Frankfurt a. M.: Suhrkamp, 1987:281.

② Hsia A. Hermann Hesse und China[C]. Frankfurt a. M.: Suhrkamp, 1981:343.

Ich suchte es zu ergründen, was allen Konfessionen und allen menschlichen Formen der Frömmigkeit gemeinsam ist, was über allen nationalen Verschiedenheiten steht, was von jeder Rasse und von jedem Einzelnen geglaubt und verehrt werden kann.①

Während Hermann Hesse in Richard Wilhelm einen erfolgreichen kulturellen Vermittler zwischen China und Europa sieht, leistet er selbst gleichzeitig ebenfalls mit seinem Denken und seinen Werken große Beiträge zur gegenseitigen Verständigung zwischen Ost und West.

---

① Michels V. Materialien zu Hermann Hesses „Siddhartha ": Erster Band [C]. Frankfurt a. M.: Suhrkamp, 1976:268.

257

Eine kritische Betrachtung über die Subjektivität in der Übersetzung Richard Wilhelms

Li Teng

摘要: 从伽达默尔的阐释学理论来看, 读者只有依靠"先在理解"才能完成对文本的理解, 但同时又必须与"先入之见"保持距离。同样, 卫礼贤在翻译《道德经》的核心概念时也指出, 尽管可以将"道"这一术语翻译成德语中的"Sinn", 因为二者在内涵上十分接近, 但还是必须提醒读者注意"道"与一般意义上的"Sinn"之间所存在的差别。但卫礼贤在翻译《道德经》过程中也同样受到了"先在理解"的消极影响。他曾多次基于自己的主观立场, 或从他本人在中国的生活经验出发, 或基于他对《道德经》中与《圣经》相近意象的偏好, 或出于寻找中国文字"原意"的执念, 抛开《道德经》的中文语境和相关古籍注疏, 留下了一些带有先入之见和过度阐释印记的译文。

Der deutsche Philosoph Hans-Georg Gadamer（1900-2002）hat in seinem 1960 erstmals erschienenen Werk *Wahrheit und Methode-Grundzüge einer philosophischen Hermeneutik* das Konzept der „Vorurteilsstruktur" des Verstehens und der „Horizontverschmelzung" vorgeschlagen und damit einen entscheidenden Beitrag zur Entwicklung der Hermeneutik geleistet. Er argumentiert, dass das Verstehen immer geschichtlich ist, und dass jedes Subjekt immer schon in einen bestimmten Horizont des Verstehens eingebettet ist. Dieser „Erwartungshorizont" ist durch Tradition und Überlieferung vorgegeben, der als „Vorverständnis" die Grundlage des Verstehens bestimmt

258

und in jedem Verstehensprozess erneuert wird. Das Verstehen ist somit für Gadamer ein Prozess der ständigen Verschmelzung von Horizonten: „ Das Verstehen ist selber nicht so sehr als eine Handlung der Subjektivität zu denken, sondern als ein Einrücken in ein Überlieferungsgeschehen, in dem sich Vergangenheit und Gegenwart beständig vermitteln. " ①

Das Verstehen kann sich also nur auf der Grundlage eines bereits bestehenden „ Vorverständnisses ", d. h. bestimmter vorhandener Vorstellungen und Erwartungen, vollziehen. Es kann auch nicht durch den Abbau der eigenen Vorstruktur vertieft werden, sondern nur durch den bewussten Umgang mit Vorverständnissen sowie Vorurteilen. Deshalb müssen wir „ die wesenhafte Vorurteilshaftigkeit alles Verstehens " anerkennen② und zugleich bewusst ein klares Verständnis von Vorurteilen bewahren, damit der Verstehensprozess nicht von Vorurteilen dominiert wird.

Da jede Übersetzungstätigkeit auf dem Textverständnis des Übersetzers beruht, wird die Übersetzung unweigerlich von der „ Vorstruktur " des Übersetzers und dem „ Horizont " des Verstehens der Zeit, in der er lebt, beeinflusst. Aus hermeneutischer Sicht ist es daher ein unerreichbares Ideal in der Übersetzung, eine völlige objektive Wiedergabe des Originals oder eine völlige Äquivalenz zwischen der Übersetzung und dem Original anzustreben. Wenn der Übersetzer also mit einer Art „ Vorverständnis " an die Bedeutung des Originals herangeht, muss er auch einen klaren Kopf bewahren und über die „ Vorurteilshaftigkeit " der bestehenden Konzepte in der „ Vorstruktur " nachdenken, um zu vermeiden, dass das Verständnis und die Übersetzung in Vorurteilen gefangen sind.

Im Vorwort zur deutschen Übersetzung des *Taoteking* erläutert Richard

---

① Gadamer H. Wahrheit und Methode. Grundzüge einer philosophischen Hermeneutik[M]. 6. Auflage. Tübingen: Beck, 1990:295.

② Gadamer H. Wahrheit und Methode. Grundzüge einer philosophischen Hermeneutik[M]. 6. Auflage. Tübingen: Beck, 1990:274.

Wilhelm die Verwendung des Wortes „Sinn" für den Begriff „Dao" — es sei selbst Laotse unmöglich, ein Wort zu finden, das diesem unaussprechlichen Begriff genau entspreche. Denn , Dao ' ist hintergründig, esoterisch, unsichtbar, unhörbar, unerreichbar und gestaltlos. Es ist das Sein, das jenseits aller Sinne und Wahrnehmungen liegt. Deshalb findet Laotse nur das Schriftzeichen „道" (Dao) als Symbol für den Grundbegriff seiner Philosophie. Er schreibt in Kapitel 25: „吾不知其名,强字之曰 ,道'。" (Ich kenne seinen Namen nicht. Ich nenne es SINN. ①)

Obwohl Richard Wilhelm das Dao schließlich mit dem Wort „ Sinn " wiedergegeben hat, weist er im Vorwort eigens anhand des Deutschen Wörterbuchs von M. Heyne (Leipzig 1906) auf die feinen Unterschiede zwischen den vorgegebenen Bedeutungen von „Sinn" und dem von Laotse als „unaussprechlich" bezeichneten Dao hin, damit der Leser von Anfang an genau über sein „Vorverständnis" nachdenkt:

> Es sind im wesentlichen ästhetische Gründe, die es wünschenswert erscheinen lassen, in einer deutschen Übersetzung ein deutsches Wort zu haben. Es wurde von uns durchgängig das Wort SINN gewählt. ... (vgl. M. Heyne, Deutsches Wörterbuch, Leipzig 1906) Von all diesen Bedeutungen fällt nur die unter 3. Verzeichnete als unbrauchbar weg, so dass die Übereinstimmung der Bedeutungen eine sehr weitgehende ist.②

Damit die deutschen Leser den Unterschied zwischen diesem „Sinn" und seinen im Deutschen vorgegebenen Bedeutungen nicht übersehen, betont

---

① Laotse. Taoteking. Das Buch des Alten vom SINN und LEBEN[M]. Wilhelm R., verdeutscht und erläutert. Jena: Diederichs, 1911:27.

② Wilhelm R. Einleitung[M]//Laotse. Taoteking. Das Buch des Alten vom SINN und LEBEN. Jena: Diederichs, 1911:XV-XVI.

Richard Wilhelm noch: „Um übrigens den algebraischen Charakter des Wortes deutlich zu machen, ist es von uns durchgängig mit großen Buchstaben geschrieben worden." So wird in seiner Übersetzung durchgängig der groß geschriebene „SINN" verwendet.

Allerdings ist Wilhelm nicht immer so vorsichtig mit seinen Vorverständnissen. Vor allem interpretiert er den Text manchmal aus seiner eigenen Lebenserfahrung heraus, so dass seine Kommentare an einigen Stellen subjektiv wirken. Vergleicht man Wilhelms Erläuterungen zu seiner Übersetzung mit dem Originaltext von Laotse, so entdeckt man auch einige Missverständnisse, die darauf zurückzuführen sind.

Zum Beispiel übersetzt Richard Wilhelm in Kapitel 26 das Wort 辎重（zi zhong）mit „das schwere Gepäck". Woher kommt dieses schwere Gepäck? Er erklärt es so:

> Das „schwere Gepäck" muss man beim Reisen in China immer bei sich haben, da man in der Herberge nichts vorfindet. Schon mancher Europäer, der in China reiste, hat in seiner Eile voranzukommen, die hier ausgesprochene Wahrheit bitter erleben müssen, wenn er abends in der leeren Herberge ankam und sein Bettzeug usw. noch meilenweit dahinten war. Das Bild ist daher überaus plastisch.[①]

Mit dieser Zusatzinformation wird für den deutschen Leser verständlich, warum Laotse in diesem Kapitel sagt: „Er wandert den ganzen Tag, ohne sich vom schweren Gepäck zu trennen." （是以君子终日行不离辎重 /Shi yi jun zi zhong ri xing bu li zi zhong）Aber Richard Wilhelm führt hier eigentlich die persönlichen Reiseerfahrungen einiger Europäer, wahrscheinlich auch seine

---

① Laotse. Taoteking. Das Buch des Alten vom SINN und LEBEN[M]. Wilhelm R., verdeutscht und erläutert. Jena: Diederichs, 1911:99.

eigenen, als Beispiel an. Tatsächlich hat er auch in seinem Tagebuch immer wieder auf die Rolle des Gepäckträgers bei der Chinareise hingewiesen. Die Leser, die schon einmal in China waren, werden sich vielleicht an ihre Erfahrungen erinnern und sich mit dem Bild vertraut fühlen, wenn sie es lesen. Aber leider unterliegt Richard Wilhelm einem Missverständnis. „zi zhong" ist eigentlich kein Gepäck, sondern hier ist nur ein Wagen gemeint, der das Kriegsgerät und die Verpflegung der Truppe transportiert. Günther Debon hat denselben Satz z.B. so wiedergegeben: „Er trennt sich von seinem Fuhrwerk nie, dem schweren. "① Daraus wird ersichtlich, dass Richard Wilhelm hier den Satz zu sehr subjektiv versteht.

Richard Wilhelm kam 1899 als Missionar nach China. Eine wichtige Quelle spielt die Bibel in seinem Vorverständnis. An einigen Beispielen können wir erkennen, dass Richard Wilhelm manchmal sehr tief im biblischen Bild verhaftet ist, so dass er alle chinesischen Kommentare außer Acht lässt. So heißt z.B. das 6. Kapitel des *Taoteking* bei ihm: „Der Geist des Tals stirbt nicht, das heißt das dunkle Weib."② (谷神不死,是谓玄牝。/Gu shen bu si, shi wei xuan pin.) „Gu" ist ein mehrdeutiges Wort und kann als „Tal" oder „Getreide" verstanden werden. Eine andere Bedeutung hat es jedoch in der Wortverbindung „Gu shen", die im Gegensatz zu „si" (sterben) im selben Satz steht und sich auf den „Gott des Lebens oder die Erzeugung" bezieht. In seiner Erklärung schreibt Richard Wilhelm jedoch:

> Das „Tal" ist ein Ausdruck, der mehrfach vorkommt; ... Der Kern der Bedeutung ist der leere Raum zwischen den Bergwänden, nicht das, was wir unter Tal zu denken pflegen. In der übertragenen

---

① Lao-tse. Tao-Te-King. Das Heilige Buch vom Weg und von der Tugend [M]. Debon G., übersetzt. Stuttgart: Philipp Reclam, 1979:50.

② Laotse. Taoteking. Das Buch des Alten vom SINN und LEBEN[M]. Wilhelm R., verdeutscht und erläutert. Jena: Diederichs, 1911:8.

Bedeutung… kann man es fast gleichsetzen mit „Materie" als der noch ungestalteten, unsichtbaren, bloßen Möglichkeit zum Sein. „Geist" ist dann das Aktive, Gestaltende.①

Aber in den chinesischen Kommentarbüchern, die Richard Wilhelm bei seiner Forschung zu Nachschlag gezogen hat, steht es zweifelsohne anders. Es steht im alten chinesischen Wörterbuch *Erya Shiyan* (《尔雅・释言》): Gu bedeutet „ Sheng ", also Leben oder Erzeugen (穀, 生也). Nach dem ebenfalls so alten chinesischen Wörterbuch *Guangya Shigu* (《广雅・释诂》) bedeutet Gu „ ernähren ". „ Gu shen" ist also der Gott der Erzeugung und Ernährung (穀, 养也。谷神者, 生养之神。). Gao Heng (高亨), der berühmte Laotse-Forscher, ist der Ansicht, dass „ Gu shen" eigentlich ein anderer Name für „Dao" ist (谷神者, 道之别名也).② In der viel benutzten *Kommentarsammlung von Zhuzi* (《朱子集注》) vertritt auch Zhu Xi die Meinung: Gu bezieht sich darauf, dass es sich leert und alles annehmen kann; Shen bezieht sich auf seine unerschöpfliche Gegenreaktion (谷只是虚 而能受, 神谓无所不应). Richard Wilhelm ignoriert doch alle obigen Kommentare und beharrt auf dem Bild des „Tals" und damit auch auf dem „Geist des Tals". Warum? „Gu" erinnert Richard Wilhelm wahrscheinlich nicht nur an das Jordantal im *Alten Testament*, sondern auch an die berühmte Stelle im 23. Psalm, wo Gott als der „ gute Hirte " gepriesen wird: „ Er erquickt meine Seele. Er führet mich auf rechter Straße um seines Namens willen. Und ob ich schon wanderte im finstern Tal, fürchte ich kein Unglück; denn du bist bei mir, dein Stecken und Stab trösten mich. " Das ist die Lieblingsstelle eines Missionars in seiner Predigt. „Der Geist des Tals" erinnert Wilhelm also unweigerlich daran und belebt damit die christliche Sinngebung

---

①   Laotse. Taoteking. Das Buch des Alten vom SINN und LEBEN[M]. Wilhelm R., verdeutscht und erläutert. Jena: Diederichs, 1911:92.

②   参见老聃.老子[M].梁海明,译注.沈阳:辽宁民族出版社,1996:10.

im „Vorverständnis" wieder. Wie konnte Richard Wilhelm diesem Reiz widerstehen? Deshalb hat er mit aller Mühe das Bild vom „Geist des Tals" in der Übersetzung beibehalten, obwohl er sicher schon aus chinesischen Wörterbüchern und Kommentaren erfahren hat, dass damit der Gott der Erzeugung und Ernährung gemeint ist.

Das Vorverständnis führt Richard Wilhelm auch manchmal zu einer Überinterpretation, wenn er sich zu sehr auf seine persönliche Erfahrung, d. h. seinen eigenen Erwartungshorizont und das Vorverständnis des Übersetzers verlässt. Vor allem führt es leicht zu einer Interpretation, die den ursprünglichen philosophischen Rahmen des *Taoteking* außer Acht läßt.

Im Kapitel 10 schreibt Laotse: „天门开阖,能为雌乎?" Es geht um die Frage, ob man seine innere Ruhe bewahren kann, wenn seine Sinne die äußere Welt berühren. Das chinesische Wort „雌" bedeutet hier die Ruhe und die Zärtlichkeit. Aber Richard Wilhelm übersetzt den Satz mit „Kannst du, wenn des Himmels Pforten sich öffnen und schließen, wie eine Henne sein?"[1] Er hat ein anderes Vorverständnis des Wortes „雌". Seine Erklärung lautet folgendermaßen:

> Das Wort, das mit Henne übersetzt ist, bedeutet ursprünglich das Weibchen eines Vogels. Es ist höchst wahrscheinlich, dass hier auf einen dunklen Schöpfungsmythus angespielt ist. Vgl. auch die Auffassung des Heiligen Geistes als einer Taube in der christlichen Terminologie und die Vorstellung des über der Tiefe brütenden Geistes in Gen. I.[2]

---

[1] Laotse. Taoteking. Das Buch des Alten vom SINN und LEBEN[M]. Wilhelm R., verdeutscht und erläutert. Jena: Diederichs, 1911:12.

[2] Laotse. Taoteking. Das Buch des Alten vom SINN und LEBEN[M]. Wilhelm R., verdeutscht und erläutert. Jena: Diederichs, 1911:93.

Der Übersetzer hat gewissermaßen Recht; das Wort „Ci" hat tatsächlich u. a. auch die Bedeutung des Weibchens, aber nicht nur des Vogels, sogar des Weibchens aller Tiere. Jedoch betont hier Laotse den übertragenen Sinn, die Ruhe und die Zärtlichkeit, den Charakter des Weiblichen. Richard Wilhelm meint dagegen, das Wort sei höchstwahrscheinlich eine Anspielung auf einen dunklen Schöpfungsmythos und eine ähnliche Situation im Christentum. Seine Erklärung ist also weit entfernt vom ursprünglichen Rahmen des chinesischen Werkes.

Ein weiteres Beispiel ist die Übersetzung von Kapitel 20. Im chinesischen Original heißt es: „我独泊兮其未兆, 如婴儿之未孩". Das bedeutet: Nur ich bin so ruhig und gleichgültig gegenüber allem und reagiere nicht auf die Umgebung wie ein Baby, das noch nicht zu lachen weiß. Das chinesische Wort „兆" (Zhao) bedeutet Reaktion, Zeichen und Spur. Jedoch verweigert Richard Wilhelm diese eindeutige Erklärung und versucht den sogenannt ursprünglichen Sinn des Wortes in der alten Geschichte Chinas zu entdecken. Er übersetzt den Satz so und erklärt das Wort wie folgt:

„Nur ich bin wie zögernd, mir ward noch kein Zeichen." Das „Zeichen" ist das Orakel, das vor jeder wichtigen Unternehmung befragt wird (im Altertum durch Schildkrötenschalen, die angebrannt werden und aus deren Riss man die Antwort liest) und das gesprochen haben muss, ehe man etwas unternehmen kann.[1]

Mit der Geschichte von der Schildkrötenschale wird das Wort 兆 unter Vorzeichen oder Omen verstanden, das eigentlich nur das Zeichen bedeutet. Offensichtlich überinterpretiert Richard Wilhelm die Bedeutung des Wortes

---

[1] Laotse. Taoteking. Das Buch des Alten vom SINN und LEBEN[M]. Wilhelm R., verdeutscht und erläutert. Jena: Diederichs, 1911:97.

und seine Erklärung geht über den Kontext des Originaltextes hinaus. Obwohl er hier den Europäern einen uralten Brauch der Chinesen vorstellt und damit die Neugierde vieler Europäer befriedigt, ist diese altchinesische Färbung eigentlich überflüssig und unpassend.

Eine ähnliches Beispiel findet sich in Kapitel 62 vor. Das Anfangswort des Kapitels 62 ist 道者万物之奥. Das heißt, „Dao" ist der Beschützer aller Dinge. Richard Wilhelm übersetzt es hier mit „Der SINN ist aller Dinge Heimat." und erläutert folgendermaßen:

> Das Wort, das wir mit „Heimat" wiedergegeben haben (Au), bedeutet eigentlich die dunkle Südwestecke des Hauses, wo der Lar seinen Sitz hatte. Die Verehrung des Laren scheint übrigens im 6. Jahrhundert schon wesentlich zurückgegangen zu sein zugunsten des Herdgottes, der gegenwärtig den vollen Sieg davongetragen hat... Indem Laotse die Art dieser Gottheit, die in den dunklen Verborgenheiten des Hauses unsichtbar schützend thront, in erweitertem Maßstab auf den SINN anwendet, gewinnt er ein überaus bezeichnendes Bild für ihn...[1]

Hier zitiert Richard Wilhelm den volkstümlichen Glauben voller Wunder und Geister, um den Ursprung des Wortes „Au" zu erklären. Der Lar schützt unsichtbar das Haus, und auch die Familienmitglieder und alles in der Welt stehen unbewusst unter dem Schutz des „Dao". Ihre Schutzform ist also ähnlich. Diese Erklärung mit der Geschichte des Lars von Au ist wirklich sehr neu, interessant und faszinierend, sie stellt dem Leser auch ausführlich und bildhaft die Schutzfunktion des „Dao" dar. Doch die chinesischen Forscher

---

[1] Laotse. Taoteking. Das Buch des Alten vom SINN und LEBEN[M]. Wilhelm R., verdeutscht und erläutert. Jena: Diederichs, 1911:108.

sind anderer Meinung. Heshanggong meint: „奥, 藏也". Das heißt, Au ist der Schutz. Wang Bi kommentiert: „奥犹暖也, 可得庇荫之辞". „Au" ist nach dem Kommentar dasselbe wie „Ai", ein Ausdruck für den Schutz. Das Wort „Au" hat also die Bedeutung von Schutz und hat nichts mit der südwestlichen Ecke des Hauses oder dem Laren zu tun. Wilhelm versucht, die traditionelle und altchinesische Färbung des Textes zu betonen, kommt aber doch zu einer Überinterpretation.

Aus den oben genannten Beispielen ergibt sich die Ursache der Überinterpretation bei Richard Wilhelm. Er hat nämlich meist nach dem Ursprung eines Wortes gesucht und aus seiner Vorliebe den meisten Ursprüngen einen mythischen oder volksreligiösen Hintergrund gegeben. Diese Altertümlichkeit passt zwar gut zu einem alten Kanon, aber nicht immer. Man darf schließlich nicht vergessen, dass die chinesische Philosophie insbesondere zur Zeit Laotses eine in der chinesischen Geschichte beispiellos lebhafte Entwicklungsphase durchläuft. Die Sprache ist lebendig und bleibt natürlich nicht immer im Alten, wie Richard Wilhelm glaubt.

后　记

2011 年 10 月 22 日至 23 日，为纪念伟大汉学家卫礼贤对中德文化交流所作出的贡献，我与德国哥廷根大学德语系教授、德意志语言文学科学院院长海因里希·戴特宁（Heinrich Detering）院士共同发起了"纪念卫礼贤翻译《道德经》100 周年暨翻译研讨会"。出席该次盛会的有孙立新教授（现任职于山东大学历史文化学院）、柯兰霓（Claudia von Collani）博士（德国维尔茨堡大学）、罗炜教授（北京大学）、马剑教授（北京大学）、吴建广教授（同济大学）、印芝虹教授（南京大学）等近 20 位学界同仁。他们当中有在卫礼贤研究领域硕果累累的学界前辈，有以钻研传教士来华史而著称的德国同行，也有以研究黑塞、德布林、布莱希特与中国文化关系见长的青年一辈学者。

在有 700 多年历史的道家圣地——武汉长春观藏经阁中，与会者就卫礼贤传播中国文化的贡献以及卫译本在德语世界的影响进行了激烈的讨论。2011 年 10 月 27 日的《中国社会科学报》曾以《卫礼贤译〈道德经〉促进东西方文化交流》为题对此进行过报道。本书第二部分收录的论文正是选自此次"长春观报告"，其中部分报告在研讨会后已经陆续发表在学术期刊和文集中，在此特作说明。

此外，参加该研讨会的还有 Jutta Kleinhenz、Heidrun Hörner、Christine Detering、沙藤、林纯洁、周晓敏等同仁以及李腾等华中科技大学学子。为会务组织作出贡献的有刘琼、望路、袁帅、邓婷婷等，我也借此机会表示衷心感谢！

同时，2023 年正值卫礼贤诞辰 150 周年，笔者主编的《德意志研究 2023》（武汉大学出版社，2024 年出版）为此推出"纪念卫礼贤诞辰 150

周年专栏",其中刊登有笔者和弟子共同翻译的卫礼贤《道德经》译本导言。

本课题的研究得到了华中科技大学自主创新研究基金项目"《老子》对德国文学的影响与'文化走出去'研究"(HUST2015AB002)的资助,本书的最终出版得到了华中科技大学外国语学院学术出版基金的支持,笔者在此表示衷心的感谢!

转眼间,十多年过去,当此书姗姗来迟,终于可以与各位同仁见面时,已是纪念卫礼贤诞辰 150 周年之际。借此机会,我们便将此书献给这位为中德文化交流作出巨大贡献的"德意志中国人"。

谨以此书对伟大的德国汉学家卫礼贤表示最诚挚的敬意!

谭 渊

2023 年 5 月 10 日

纪念卫礼贤翻译《道德经》100周年暨翻译研讨会
于2011年10月22—23日在武汉长春观召开